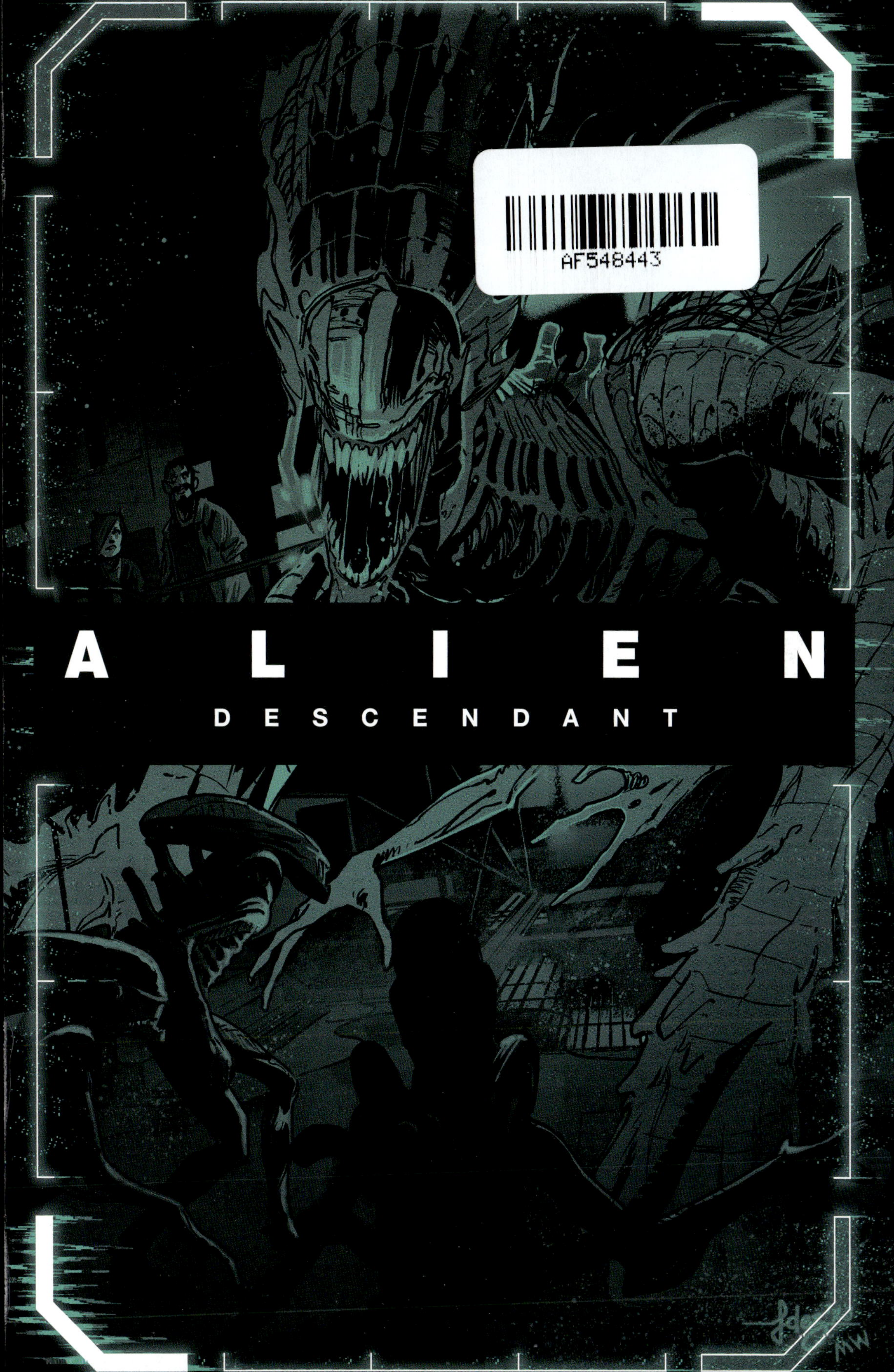

ALIEN

DESCENDANT

A L I E N

Im Jahr 2122 erteilte das multinationale Unternehmen **Weyland-Yutani** seinem Raumfrachter **USCSS Nostromo** den Befehl, von der geplanten Route abzuweichen und zum Mond **LV-426** zu fliegen. Unter dem Vorwand, einen möglichen Notruf zu verifizieren, wollte der Konzern in Wahrheit Exemplare einer tödlichen außerirdischen Rasse, der **Xenomorphe**, sichern, um sie zu studieren und kommerziell nutzen zu können. So begegnete die Besatzung der Nostromo der Tragödie.

Im Jahr 2179 wurde eine Kolonie namens **Hadley's Hope**, die auf LV-426 gebaut wurde, von Xenomorphen überfallen. Auch die Militärexpedition zur Rettung der Kolonie endete in einer Tragödie.

Im Jahr 2195 erwarb Weyland-Yutani eine Forschungsstation von **Talbot Engineering** auf dem Eismond **LV-695**, nachdem sich herumsprach, dass die leitende Wissenschaftlerin **Batya Zahn** möglicherweise lebensfähige Proben der Xenomorph-Spezies entdeckt hatte. Ihre Ankunft befreite Hunderte von Xenomorphen, die unter der Oberfläche schlummerten, und führte zum Auftauchen eines seltsamen, blass gefärbten Exemplars. Es kam zu einer Katastrophe, bei der fast alle beteiligten Menschen starben und das Schiff von W-Y, die **Boreas**, in den eisigen Tiefen des Mondes versank. Die einzige Person, die entkommen konnte, war Batyas Tochter **Zasha**.

Inzwischen schreiben wir das Jahr 2208. Über ein Jahrzehnt ist vergangen, seit die Boreas verschwand, aber sie wurde nicht vergessen ...

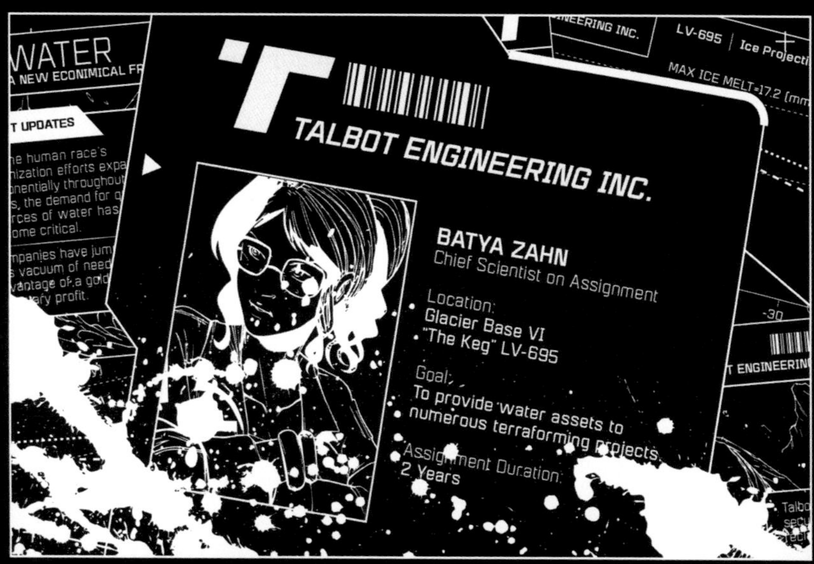

DECLAN SHALVEY • STORY

DANNY EARLS (*ALIEN ANNUAL* 1),
ANDREA BROCCARDO
(*ALIEN* 1-4 GEGENWART) UND
DECLAN SHALVEY
(*ALIEN* 1-4 FLASHBACKS) • ZEICHNUNGEN

RUTH REDMOND
(*ALIEN ANNUAL* 1, *ALIEN* 1-4 GEGENWART) UND
DECLAN SHALVEY
(*ALIEN* 1-4 FLASHBACKS) • FARBEN

DECLAN SHALVEY • COVER

ALEXANDER RÖSCH • ÜBERSETZUNG

ALESSIO D'UVA (SYMMACEO) • LETTERING

SARAH BRUNSTAD UND
LINDSEY COHICK • REDAKTION USA

C. B. CEBULSKI • CHEFREDAKTION USA

BESONDERER DANK AN: **STEVE ASBELL**, **LeANNE HACKMANN**, **SARAH HUCK**, **JEREMY HULING**, **ALISON GIORDANO**, **KENDRICK PEJORO**, **NICOLE SPIEGEL**, **ROBERT SIMPSON** UND **JEFFREY THOMAS** BEI DISNEY

INHALT

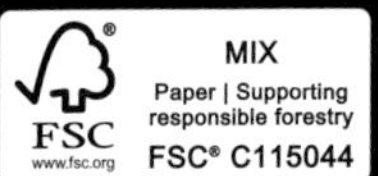

ALIEN: DESCENDANT erscheint bei **PANINI COMICS**, Schloßstraße 76, D-70176 Stuttgart. Druck: Tecnostampa srl – Pigini Group - Loreto – Trevi. Pressevertrieb: Stella Distribution GmbH, D-22297 Hamburg. Direkt-Abos auf **www.paninicomics.de**. Geschäftsführer **Hermann Paul**, Publishing Director Europe **Marco M. Lupoi**, Finanzen/Logistik **Felix Bauer**, Marketing Director **Holger Wiest**, Marketing **Dr. Rebecca Haar**, Vertrieb **Alexander Bubenheimer**, PR/Presse **Steffen Volkmer**, Publishing Manager **Lisa Pancaldi**, Redaktion **Marlene Eggertsberger**, **Stephanie Jakob**, **Nicola Soressi**, **Francesco Tedeschi**, **Daniela Uhlmann**, Übersetzung **Alexander Rösch**, Proofreading **Katrin Hoppe**, Lettering **Alessio D'Uva (Symmaceo)**, grafische Gestaltung **Marco Paroli** (coordinator), **Cinzia Morando**, **Angelo Costellini**, Art Director **Alessandro Gucciardo**, Redaktion Panini Comics **Annalisa Califano**, **Beatrice Doti**, Prepress **Cristina Bedini**, **Daniela Guidetti**, **Andrea Lusoli**, Repro/Packager **Alessandro Nalli** (coordinator), **Anna Boselli**, **Mario Da Rin Zanco**, **Valentina Esposito**, **Luca Ficarelli**, **Linda Leporati**.

Digitale Ausgaben: ISBN 978-3-7569-1277-3 (.pdf) / ISBN 978-3-7569-1278-0 (.epub) / ISBN 978-3-7569-1279-7 (.mobi)

Bibliografische Information der Deutschen Nationalbibliothek
Die Deutsche Nationalbibliothek verzeichnet diese Publikation in der Deutschen Nationalbibliografie; detaillierte bibliografische Daten sind im Internet über dnb.d-nb.de abrufbar.

EINLEITUNG

Mit diesem zweiten Band erreichen wir den Abschluss der Serie, die vom Veteranen **Declan Shalvey** geschrieben und vom Italiener **Andrea Broccardo** gezeichnet wurde (mit einem Beitrag von **Danny Earls**, der diesen Band mit einer ganz besonderen Geschichte eröffnet). *Descendant* ist die direkte Fortsetzung von *Tauwetter* und setzt einige Zeit nach dessen Ende an, um die Geschichte der Protagonisten zum Abschluss zu bringen. Aus diesem Grund wollen wir die Ereignisse des ersten Bandes kurz Revue passieren lassen: Im Jahr 2195 lebt die Wissenschaftlerin **Batya Zahn** mit ihrer Tochter **Zasha** und ihrem ungeborenen Kind auf dem Planetoiden **LV-695**. Dort führt sie mit einem Mann namens **Dayton** Experimente durch, um das für das Terraforming neuer Welten notwendige Wasser zu gewinnen.

Eines unglückseligen Tages entdeckt Zasha jedoch einen anormalen weißen Facehugger, der in einem Eisblock überwintert, und beschließt, ihn zu ihrer Mutter zu bringen, ohne die geringste Ahnung zu haben, was sie da gerade gefunden hat. Auch auf den Gletschern von LV-695 wimmelt es von Xenomorphen, die aus ihrem gefrorenen Zustand zum Leben erwachen, als das Raumschiff **Boreas** der **Weyland-Yutani Corporation** auf dem Planetoiden landet. Der Grund für die Anwesenheit des Unternehmens auf LV-695 ist erneut die Mission, eine biologische **Xenomorph**-Probe zu bergen, und in kurzer Zeit bricht auf dem Himmelskörper das Chaos aus. Dayton entpuppt sich als Androide, und während er, Batya und Zasha ums Überleben kämpfen, erweisen sich die W-Y und ihre Agenten einmal mehr als unmenschlicher als die außerirdischen Monster selbst, die die Basis bevölkern. Damit nicht genug, hat sich aus unbekannten Gründen (vielleicht wegen des extrem rauen Klimas) eine neue Variante des Xenomorphs auf dem Planetoiden entwickelt, zu der auch der von Zasha im Eis gefundene Facehugger gehört. Diese neue Kreatur, die sich durch ihre weiße Farbe, scharfe stachelige Fortsätze an verschiedenen Stellen ihres Körpers und eine massivere und mächtigere Statur als der „klassische" *Internecivus raptus* auszeichnet, rettet Zasha unwissentlich vor den Agenten der Corporation. Aber in dem Chaos verlieren Batya und ihr ungeborenes Kind – an dem die Mutter erfolglos versucht hatte, mit der DNA des Facehuggers Experimente zur Erhöhung seiner Widerstandsfähigkeit durchzuführen – ihr Leben, und Dayton wird irreparabel beschädigt.

Zasha, die einzige Überlebende von LV-695, gelingt die Flucht, aber sie hat alle verloren, die sie liebt. Das sollte man im Hinterkopf behalten, während man *Descendant* liest. Doch bevor die Geschichte zu Ende geht, erzählen uns Shalvey und Earls als Einstieg etwas über den Evolutionskampf der neuen Albino-Xenomorph-Variante. Viel Spaß beim Lesen!

Francesco Tedeschi

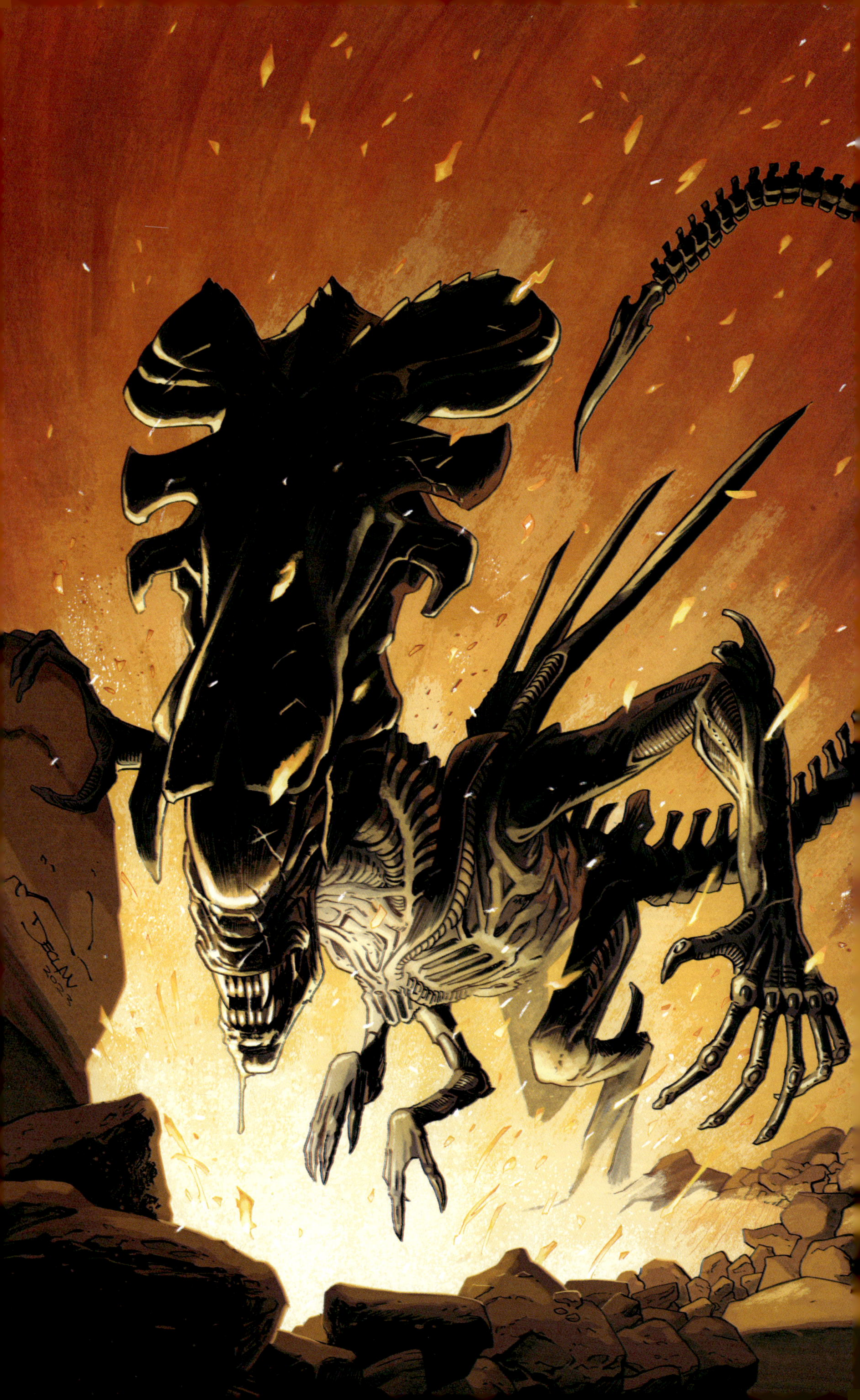

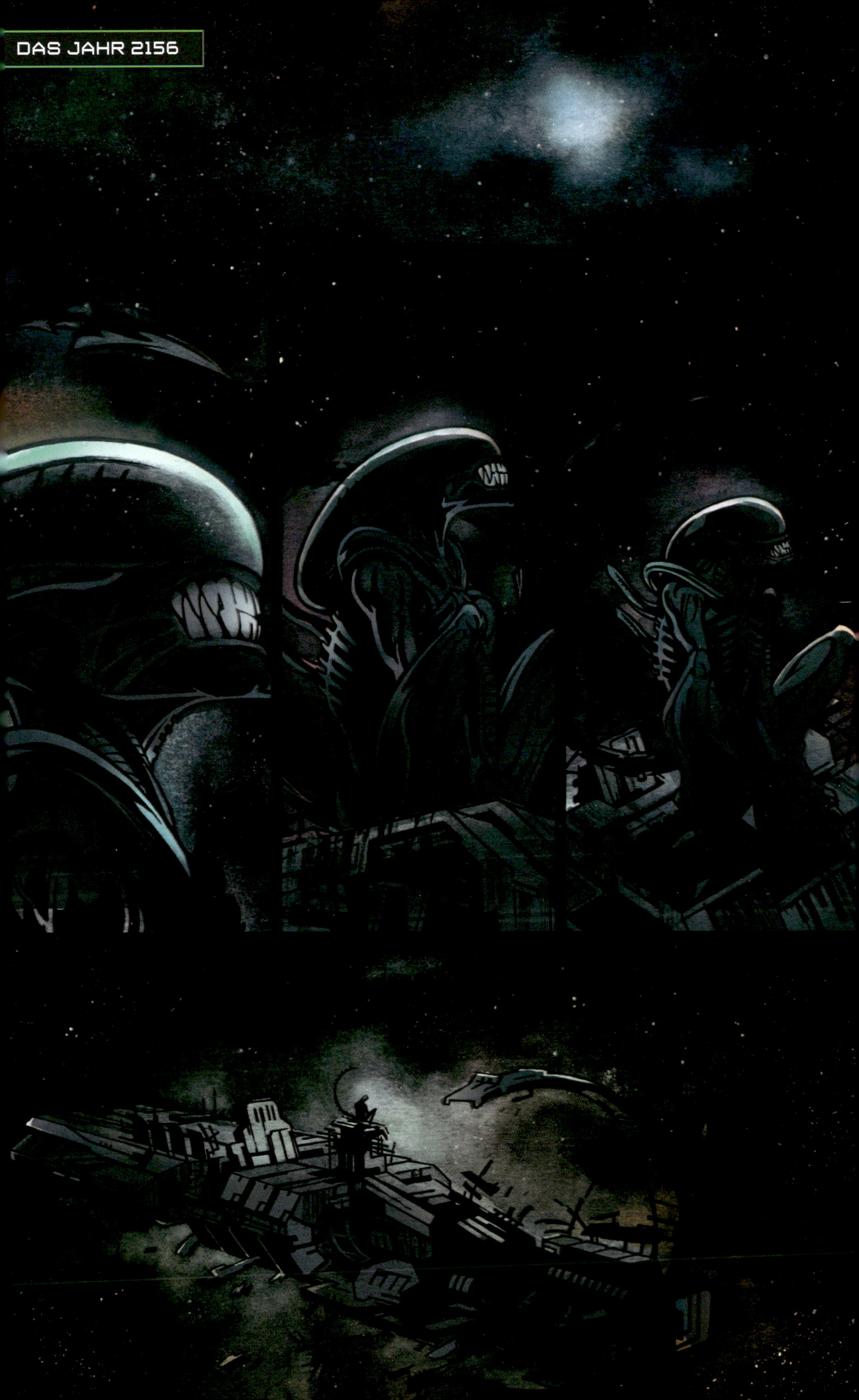
DAS JAHR 2156

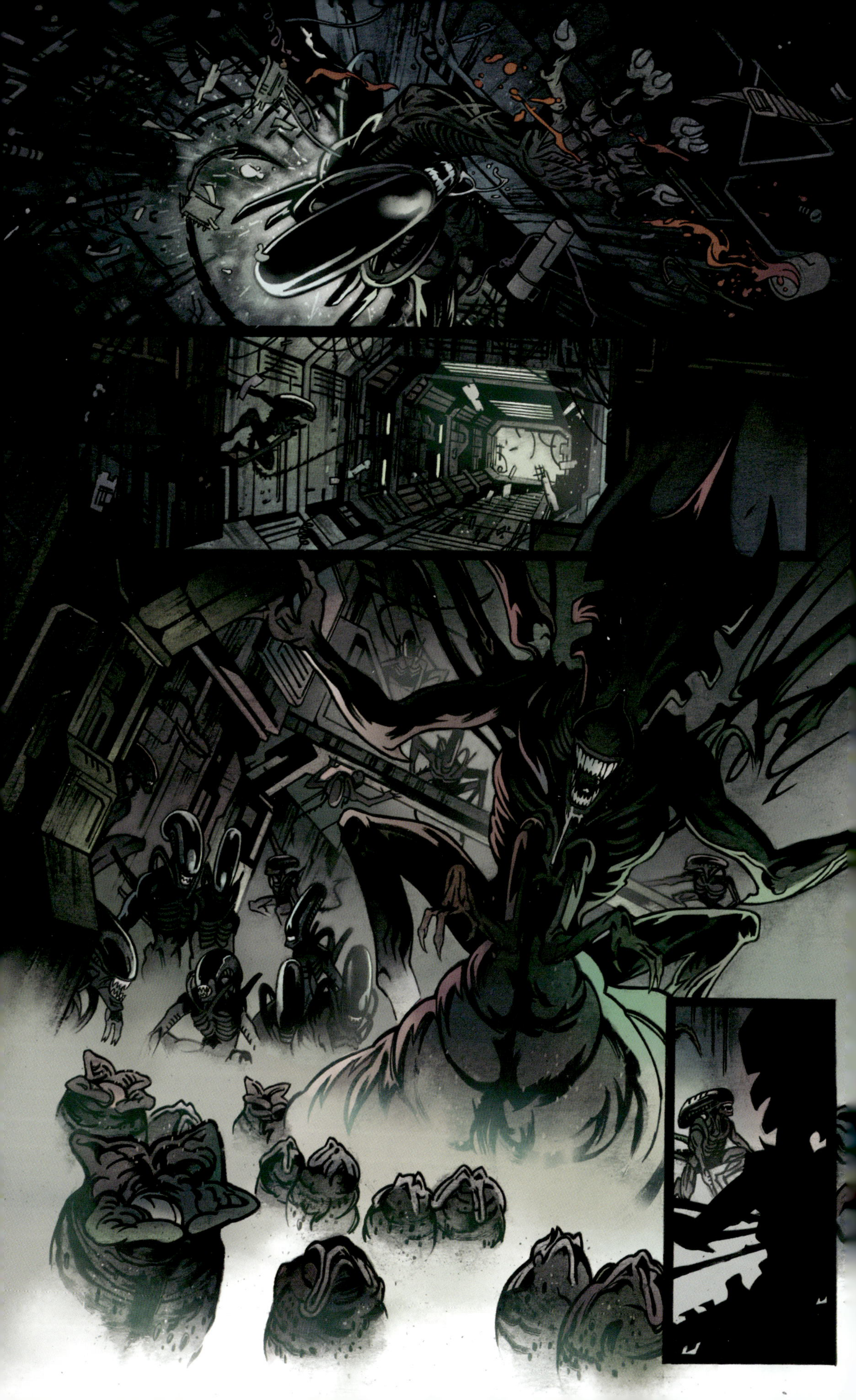

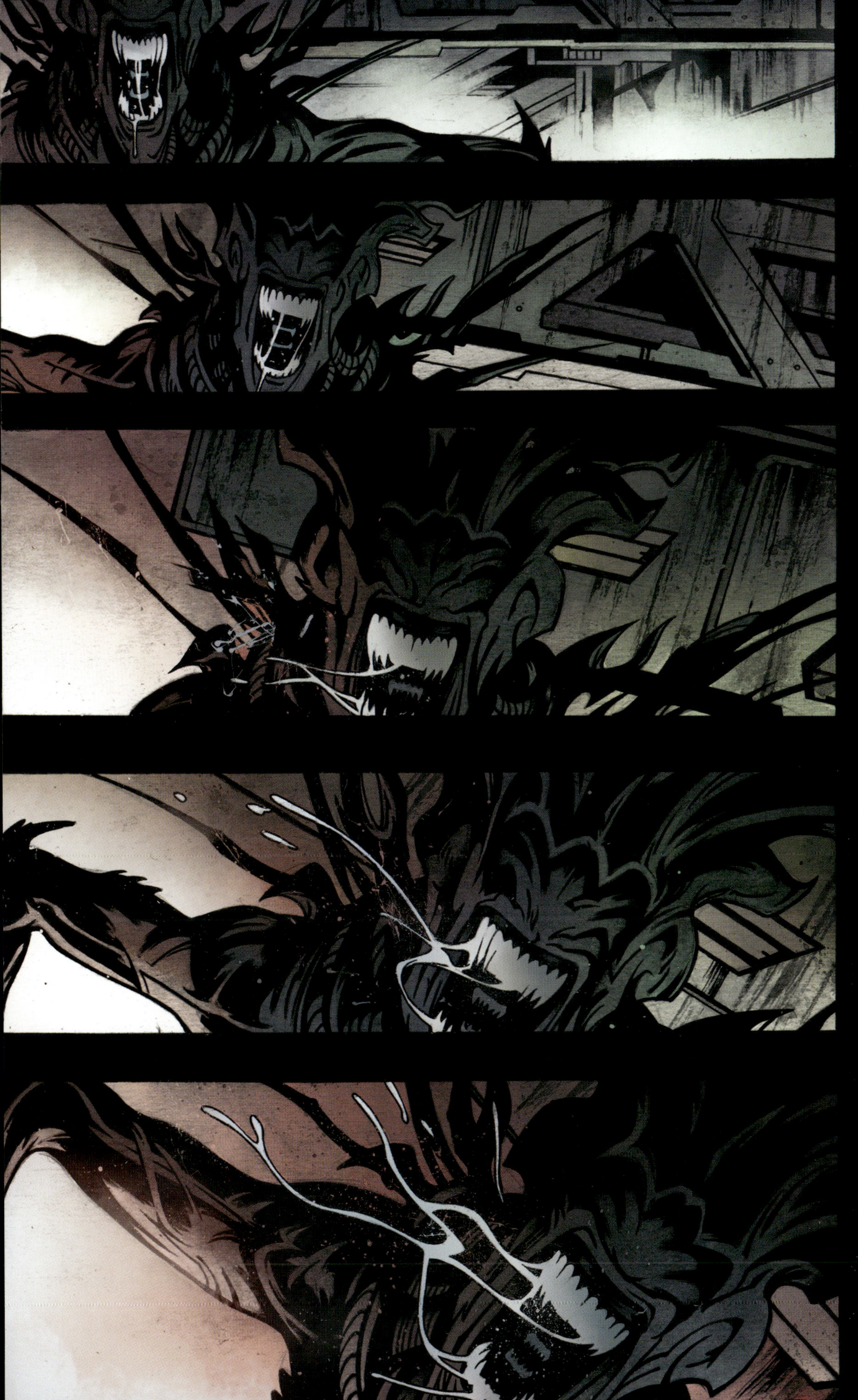

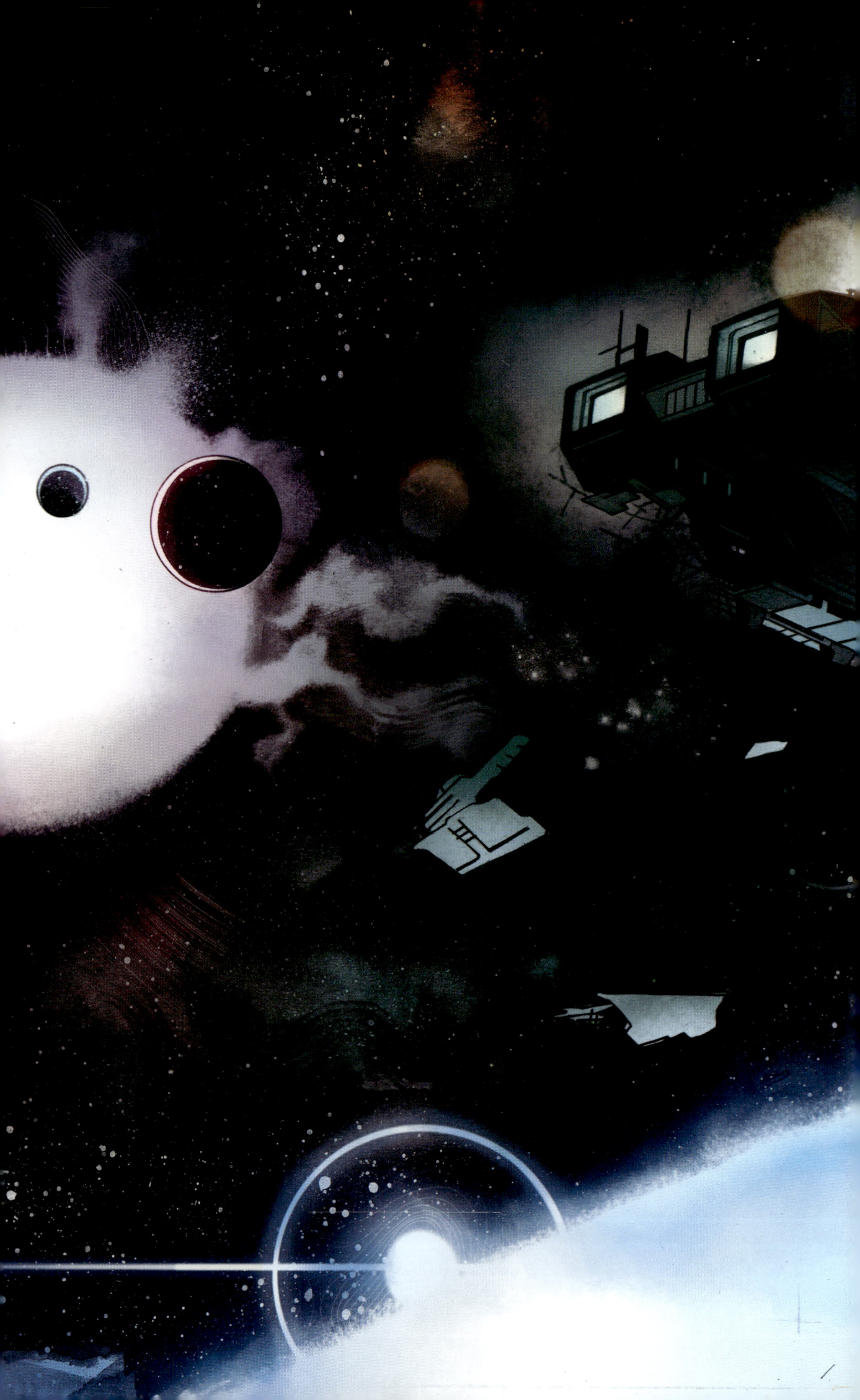

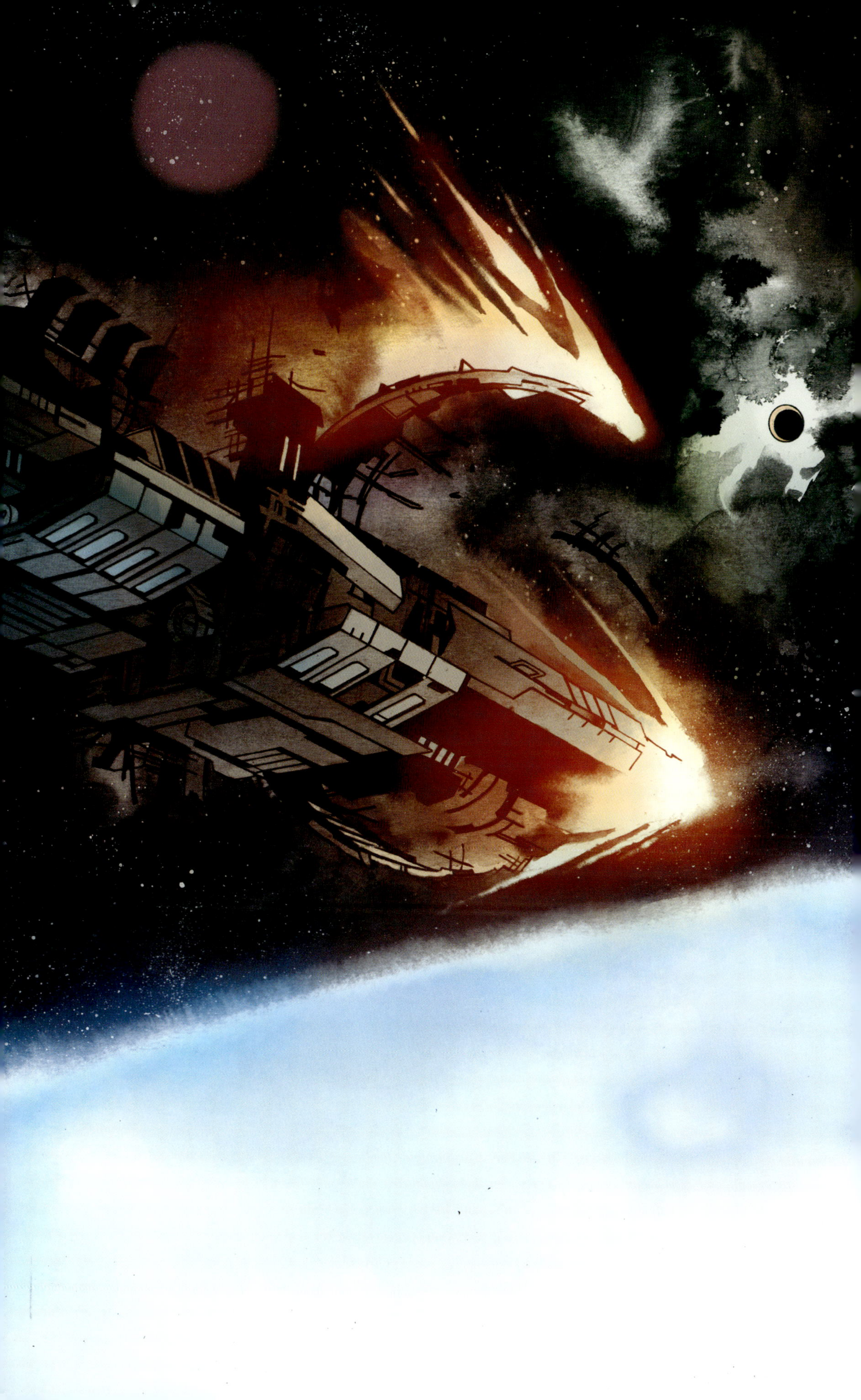

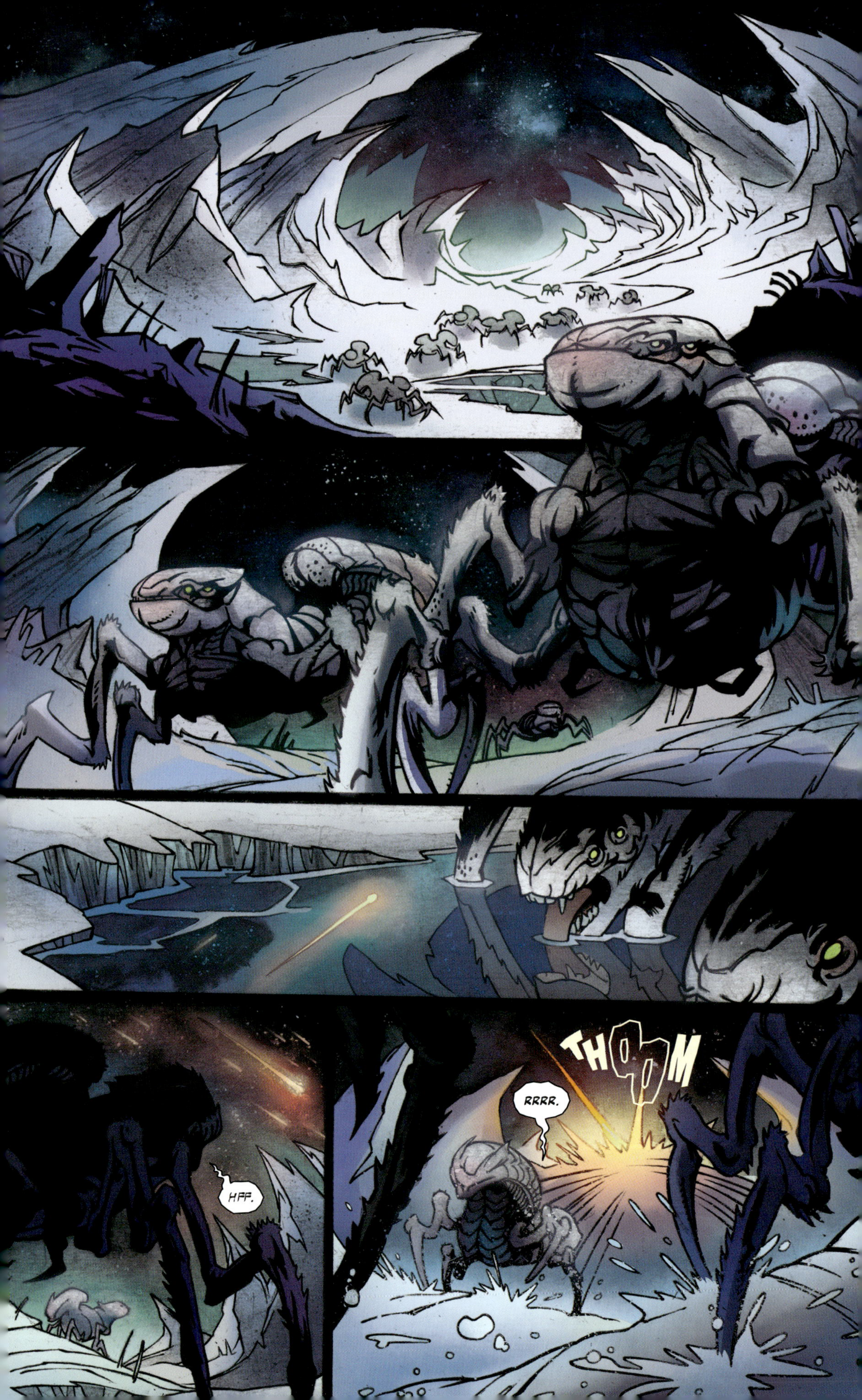
HFF.
RRRR.
THOOM

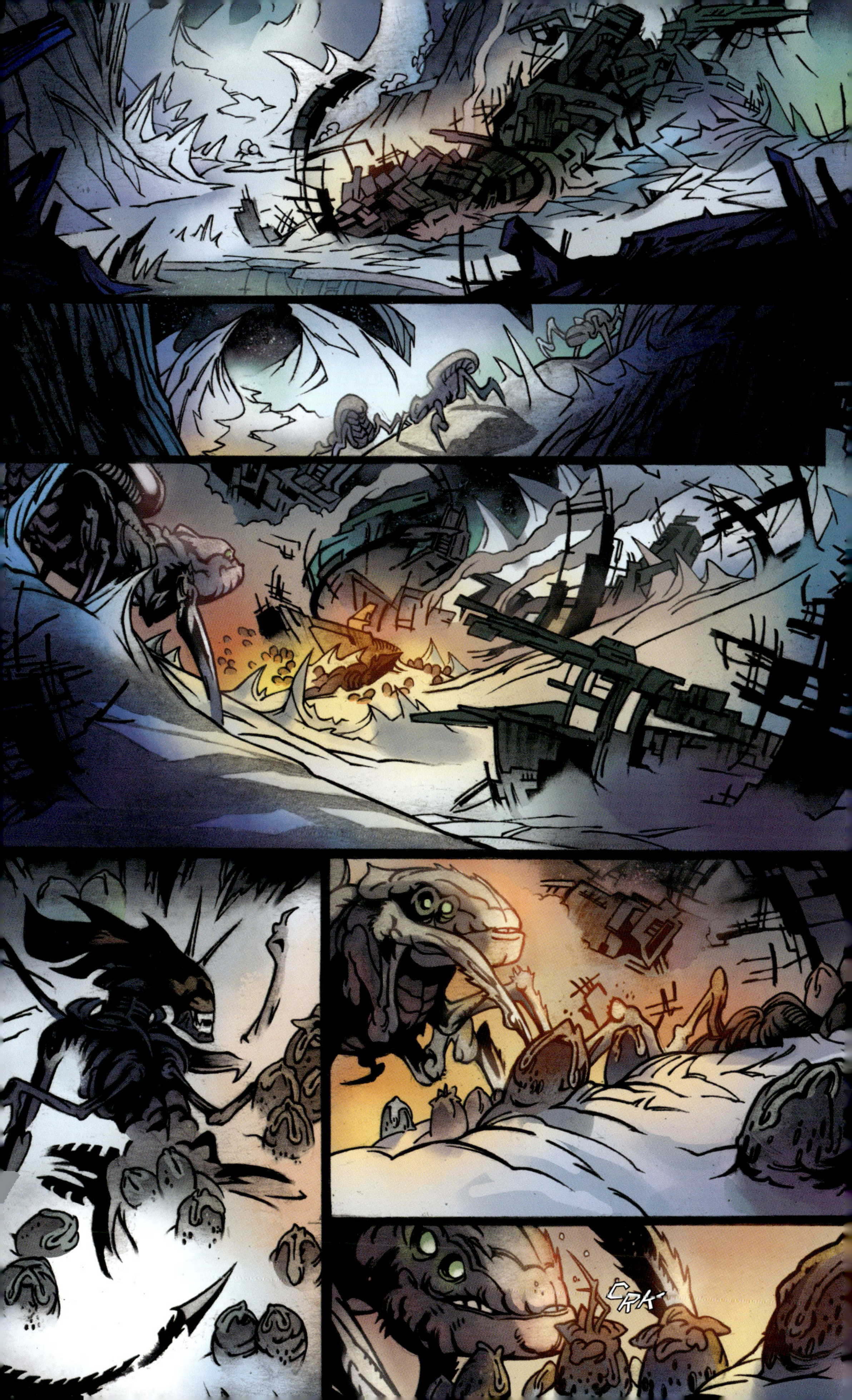
CRK

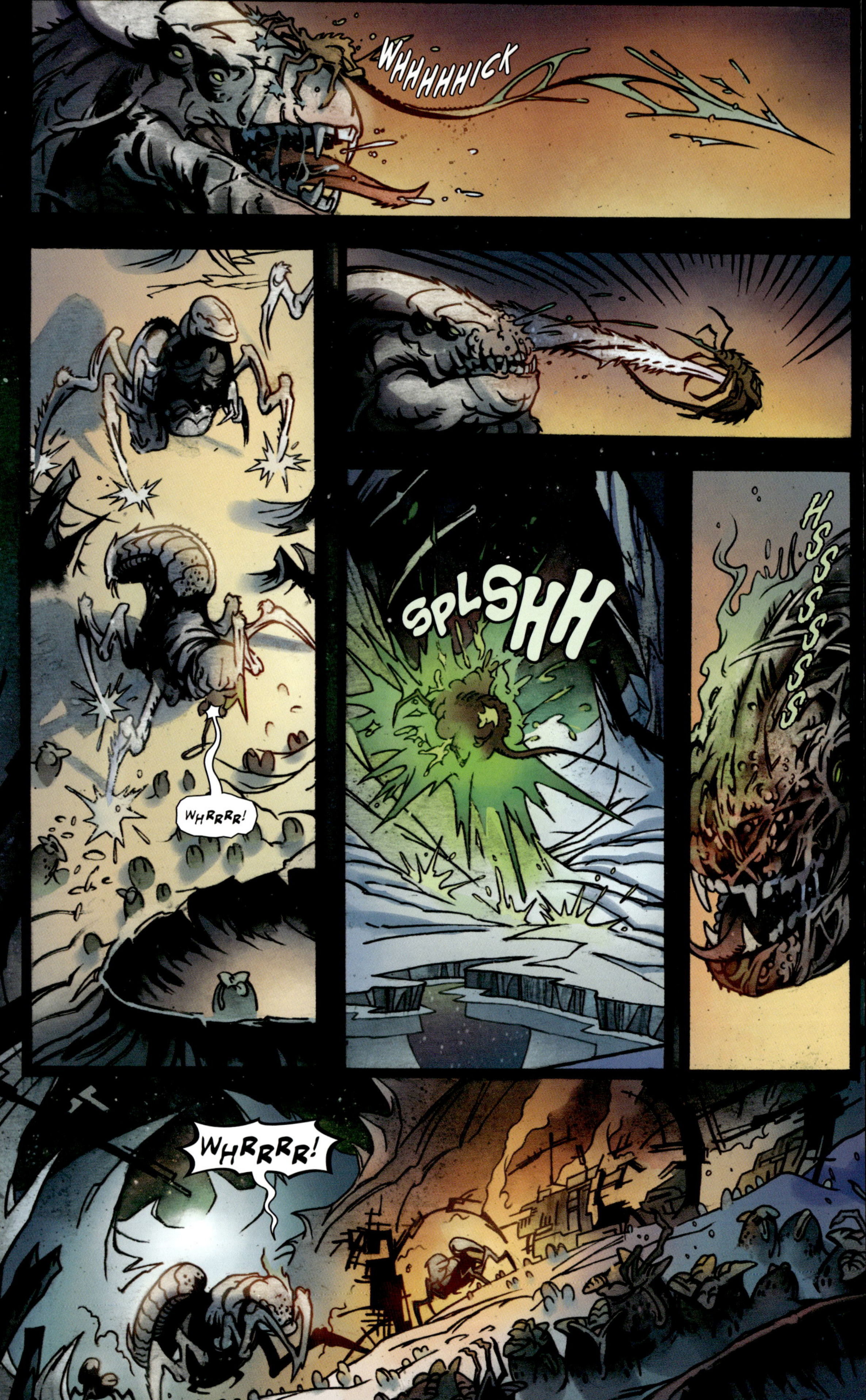
WHHHHHICK
WHRRRR!
SPLSHH
HSSSSSSS
WHRRRR!

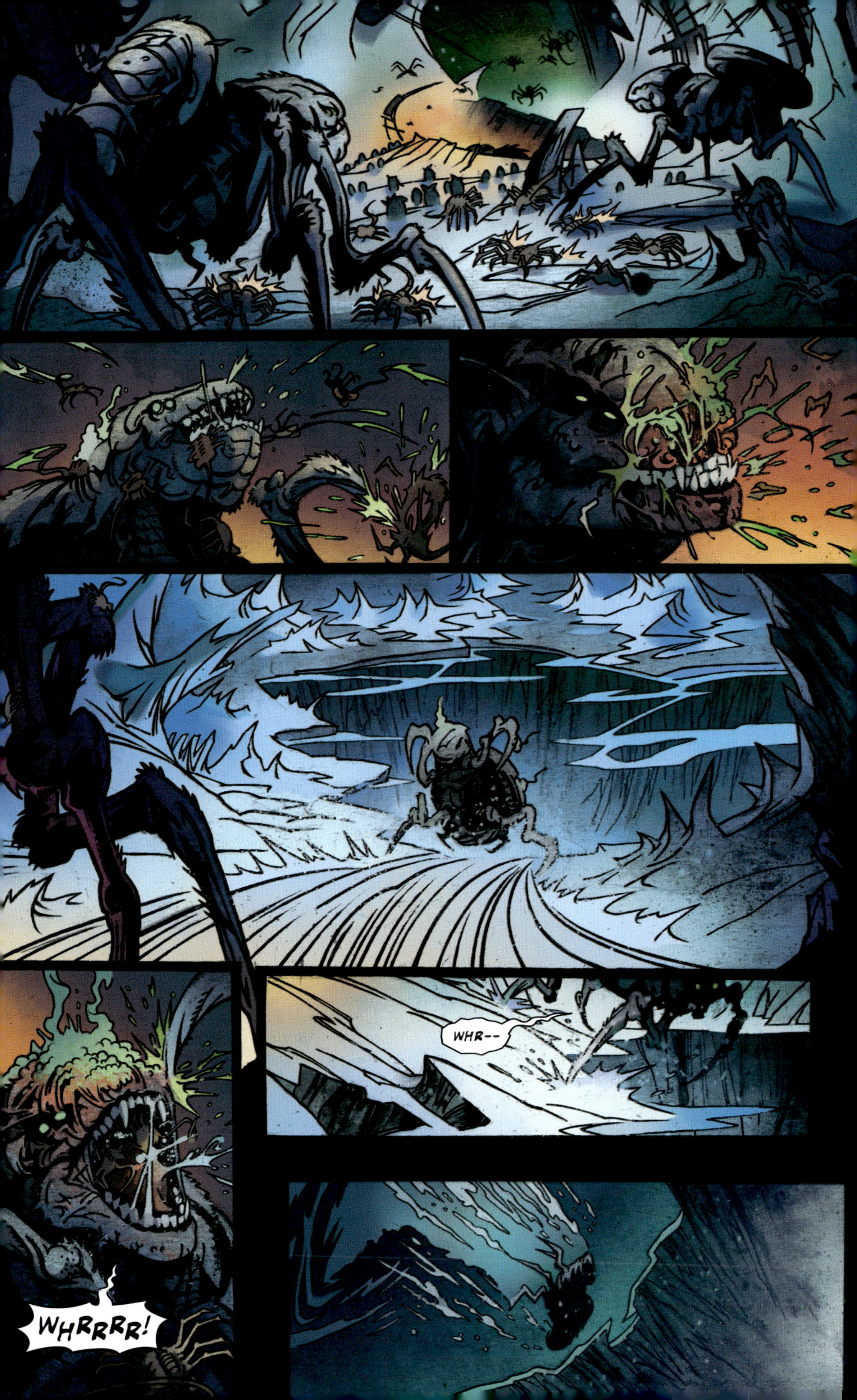
WHR--
WHRRRR!

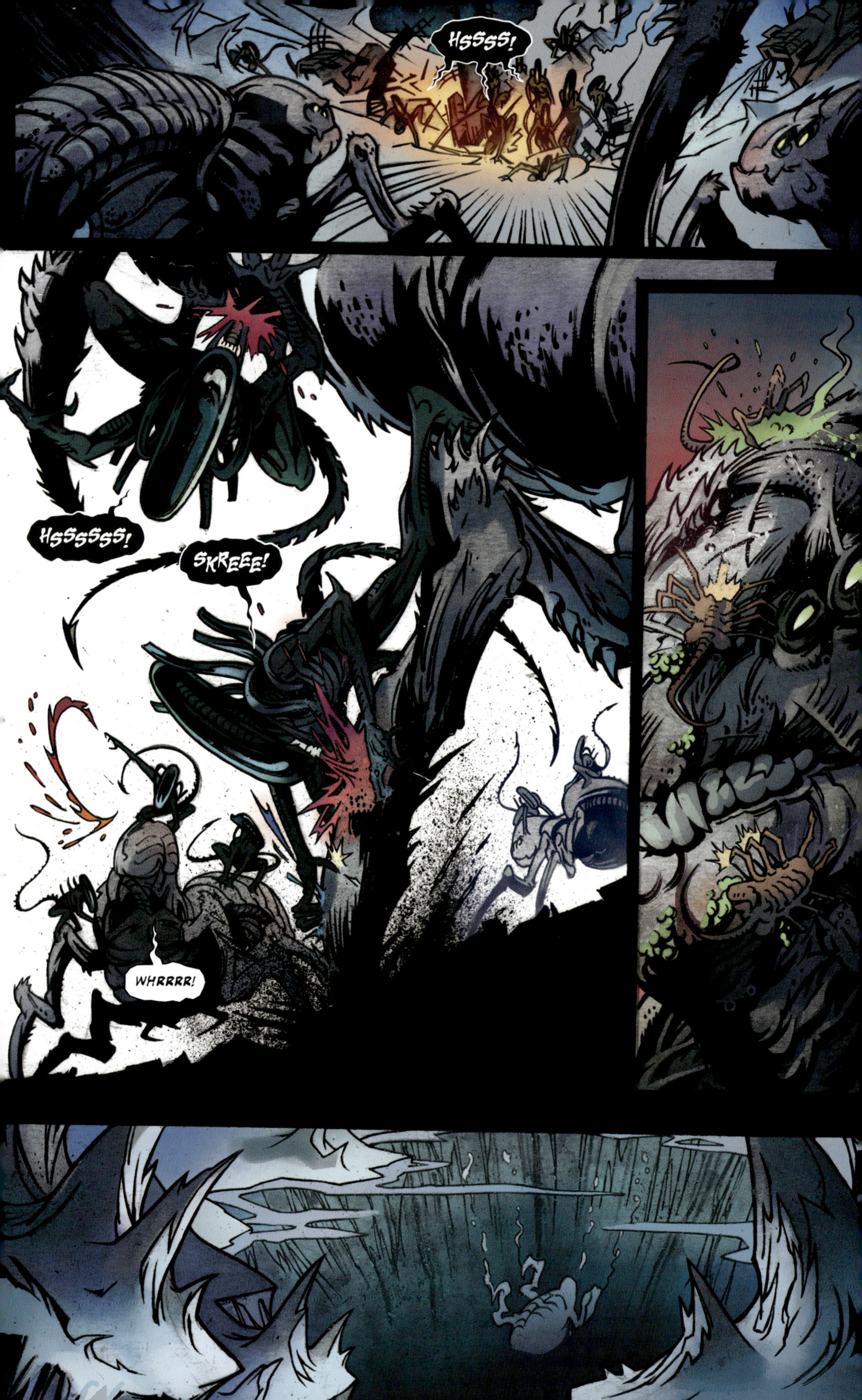
HSSSS!
HSSSSSS!
SKREEE!
WHRRRR!

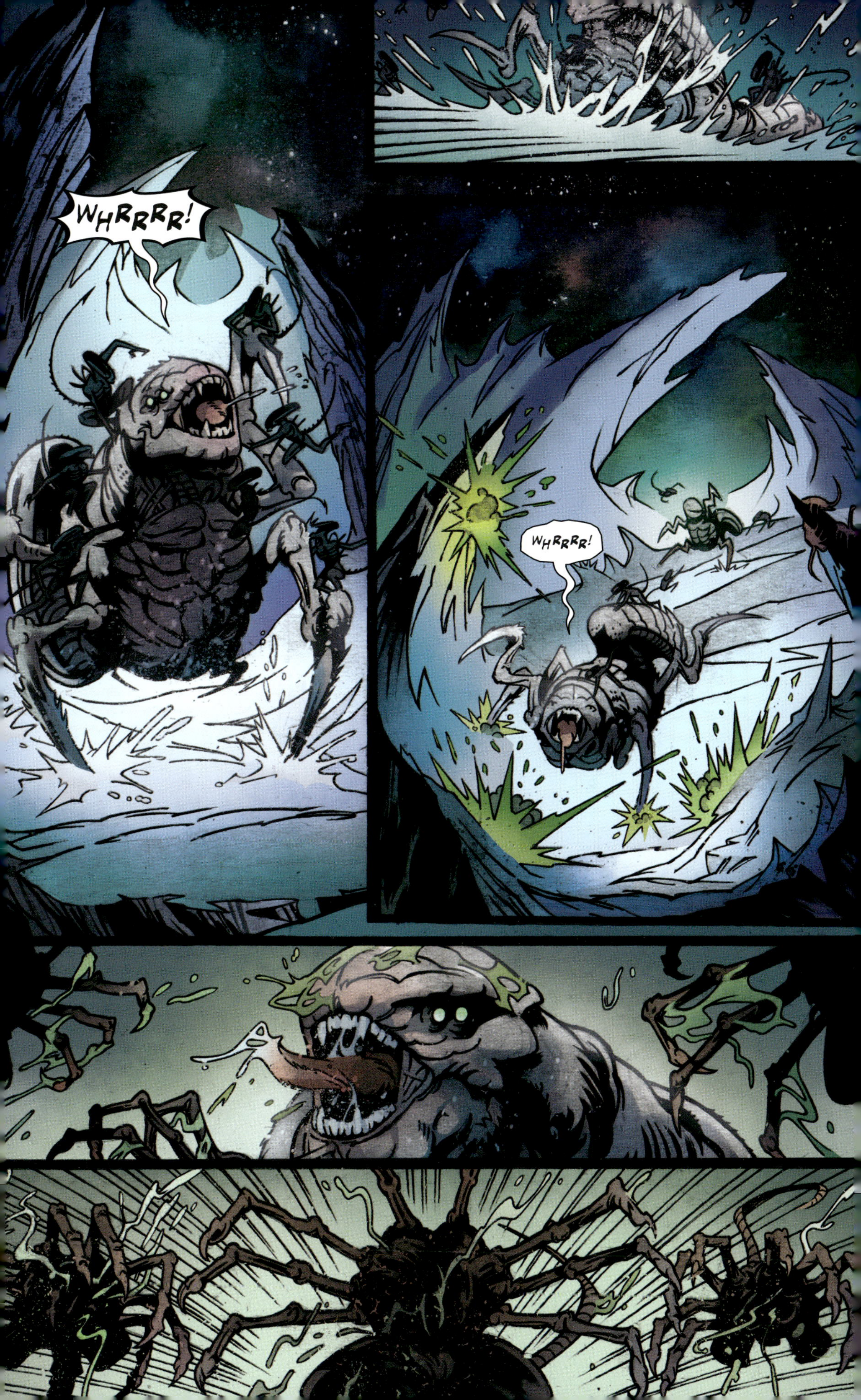
WHRRRR!
WHRRRR!

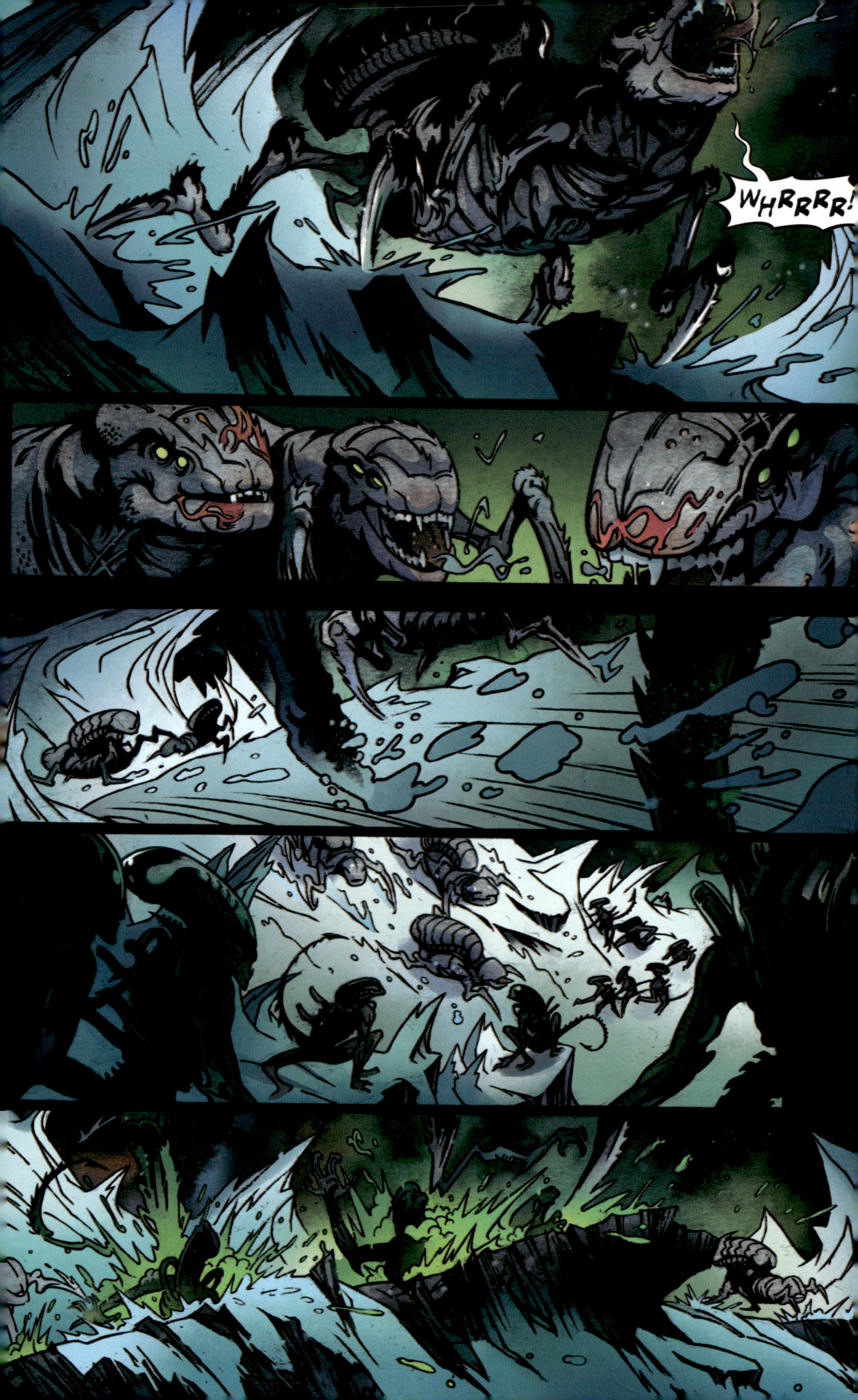
WHRRRR!

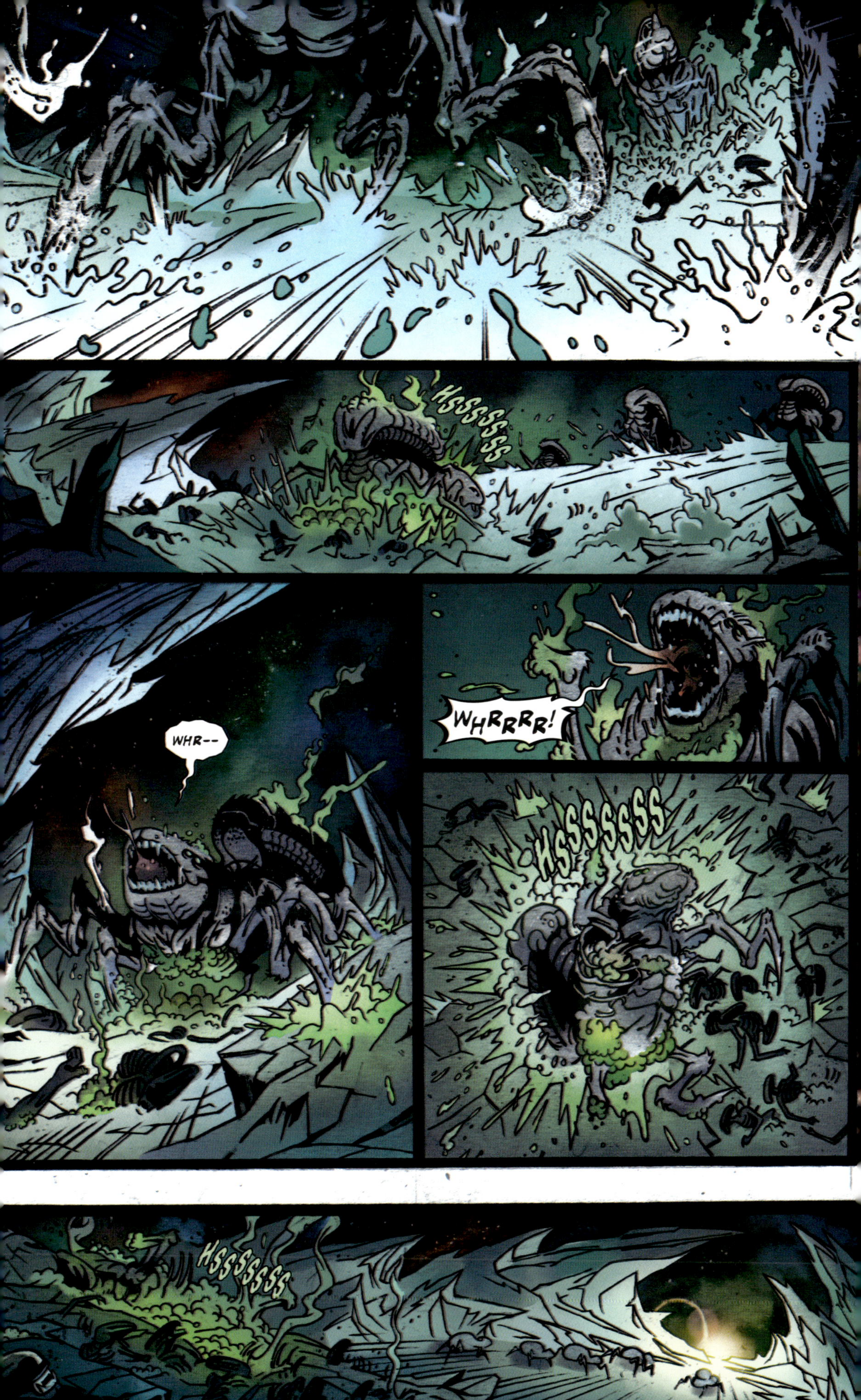
HSSSSSSS
WHR--
WHRRRR!
HSSSSSSS
HSSSSSSS

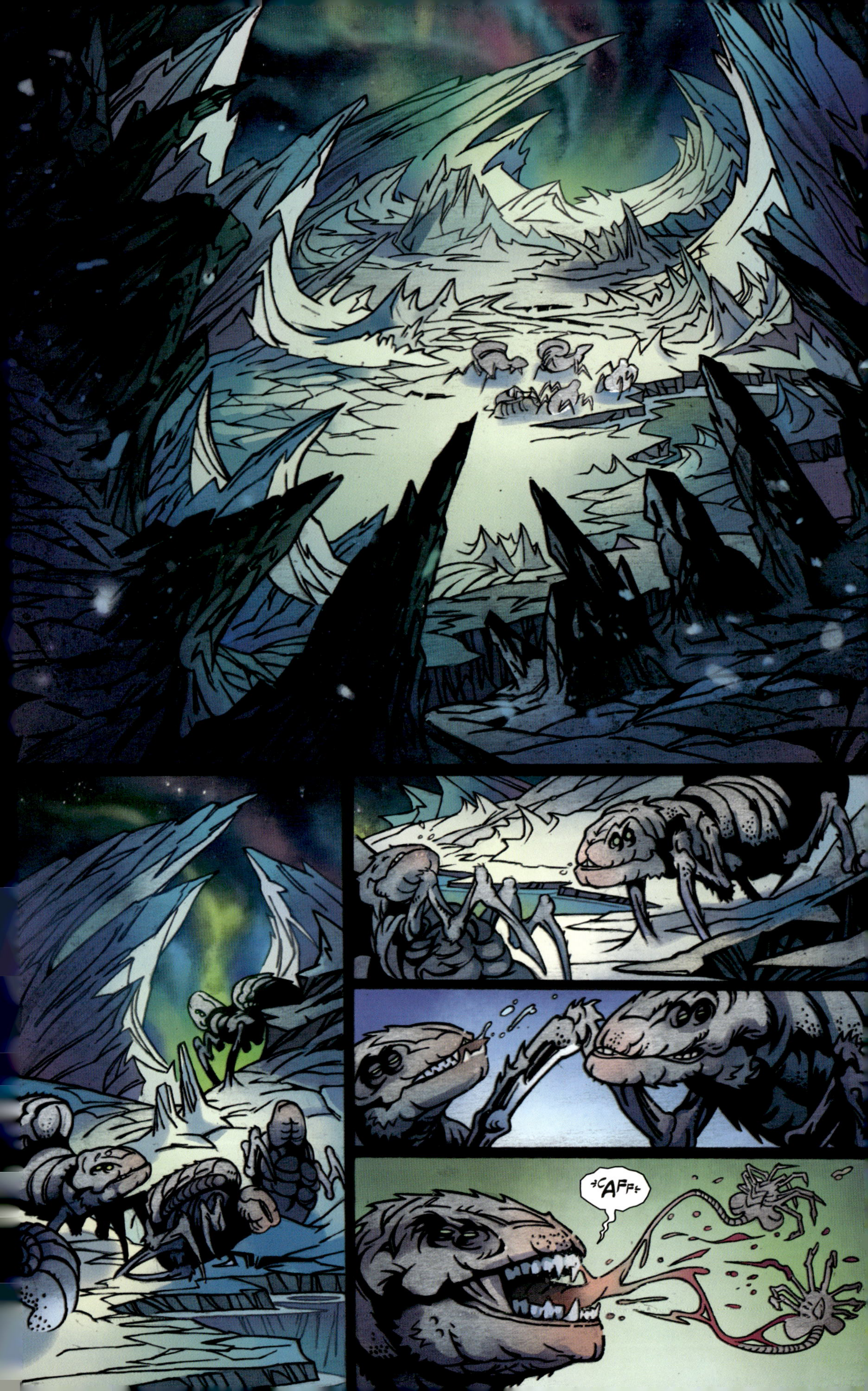

CAFF

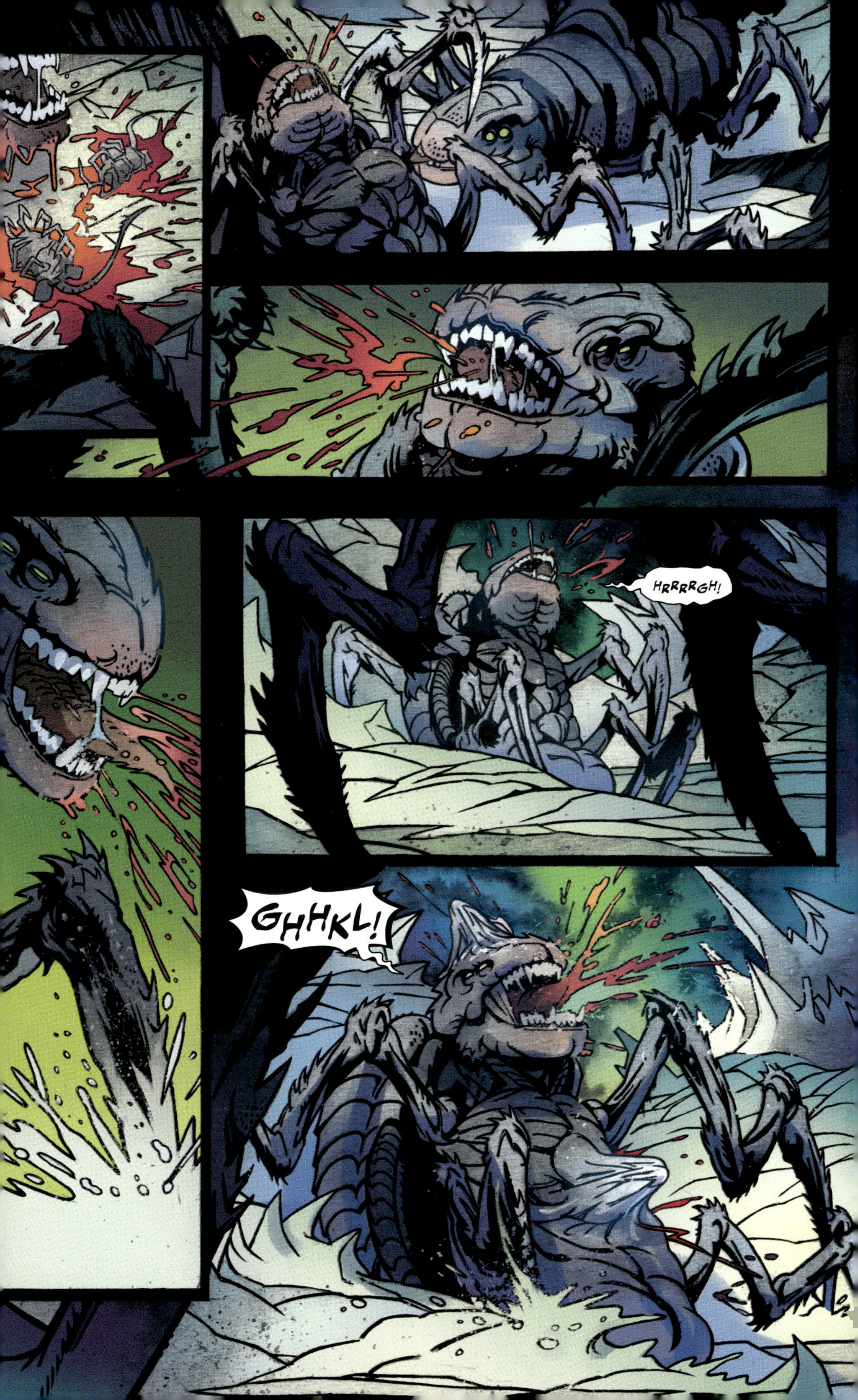
HRRRRGH!
GHHKL!

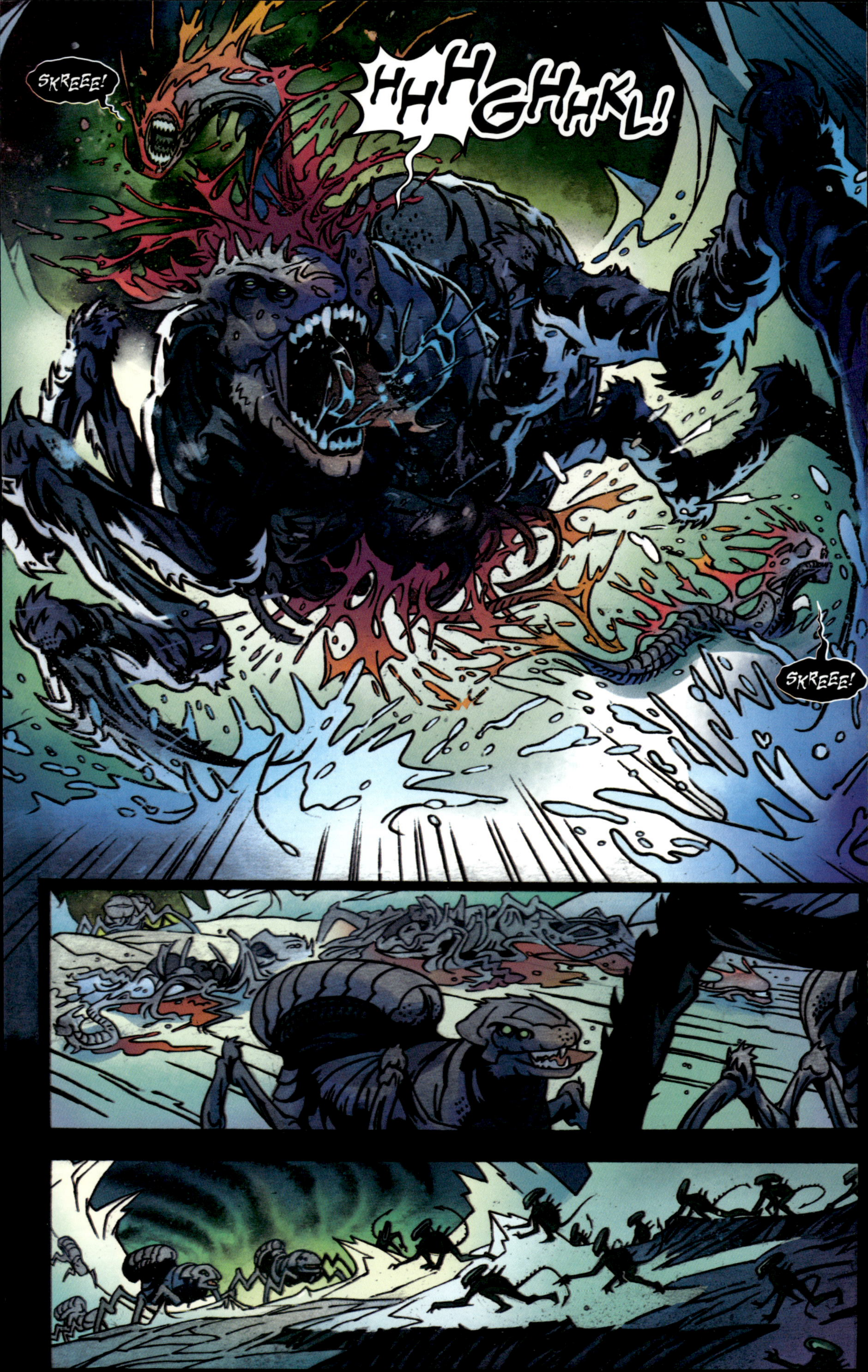
SKREEE!
HHHGHHKL!
SKREEE!

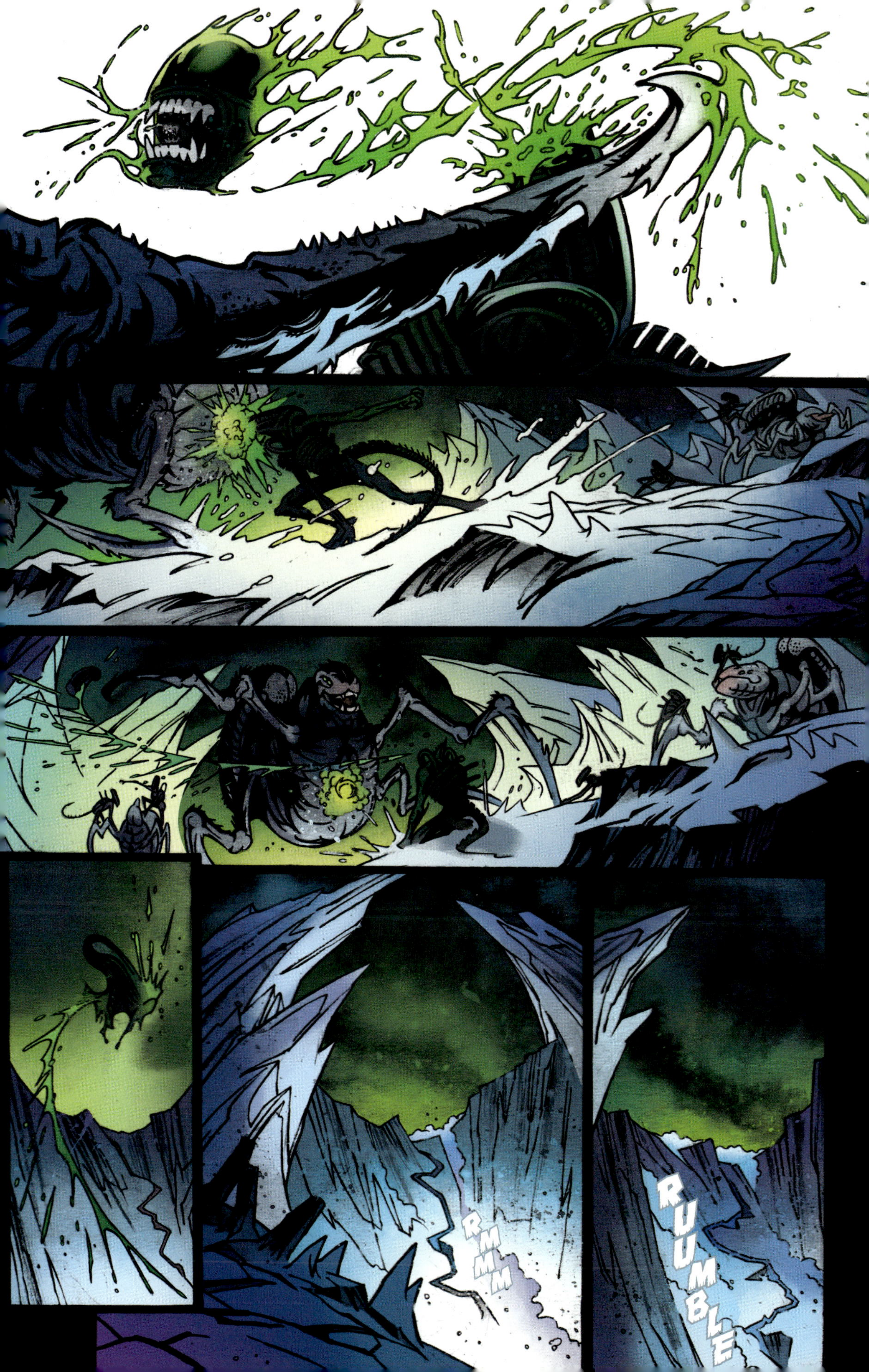
RMMM
RUUMBLE

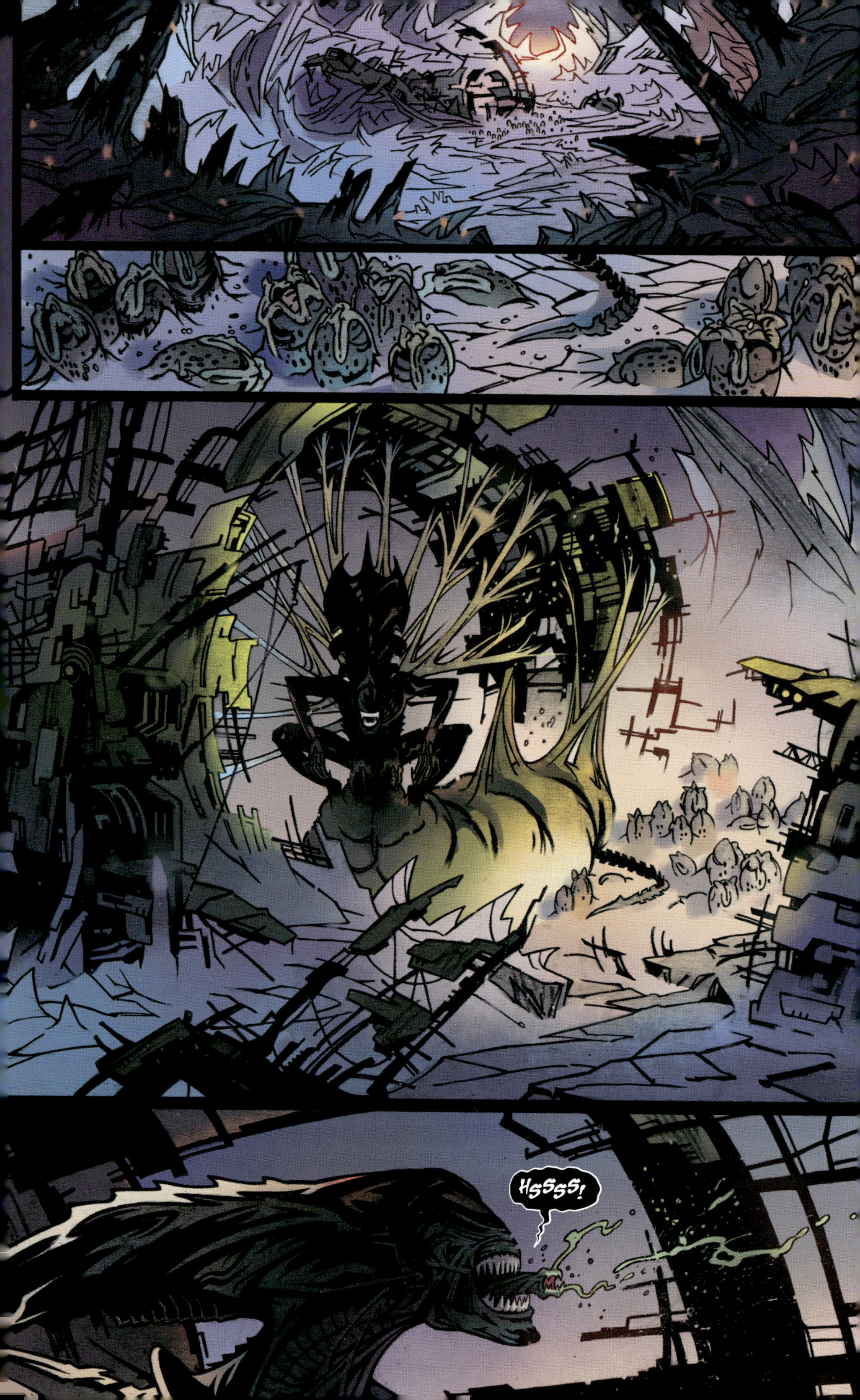
HSSSS!

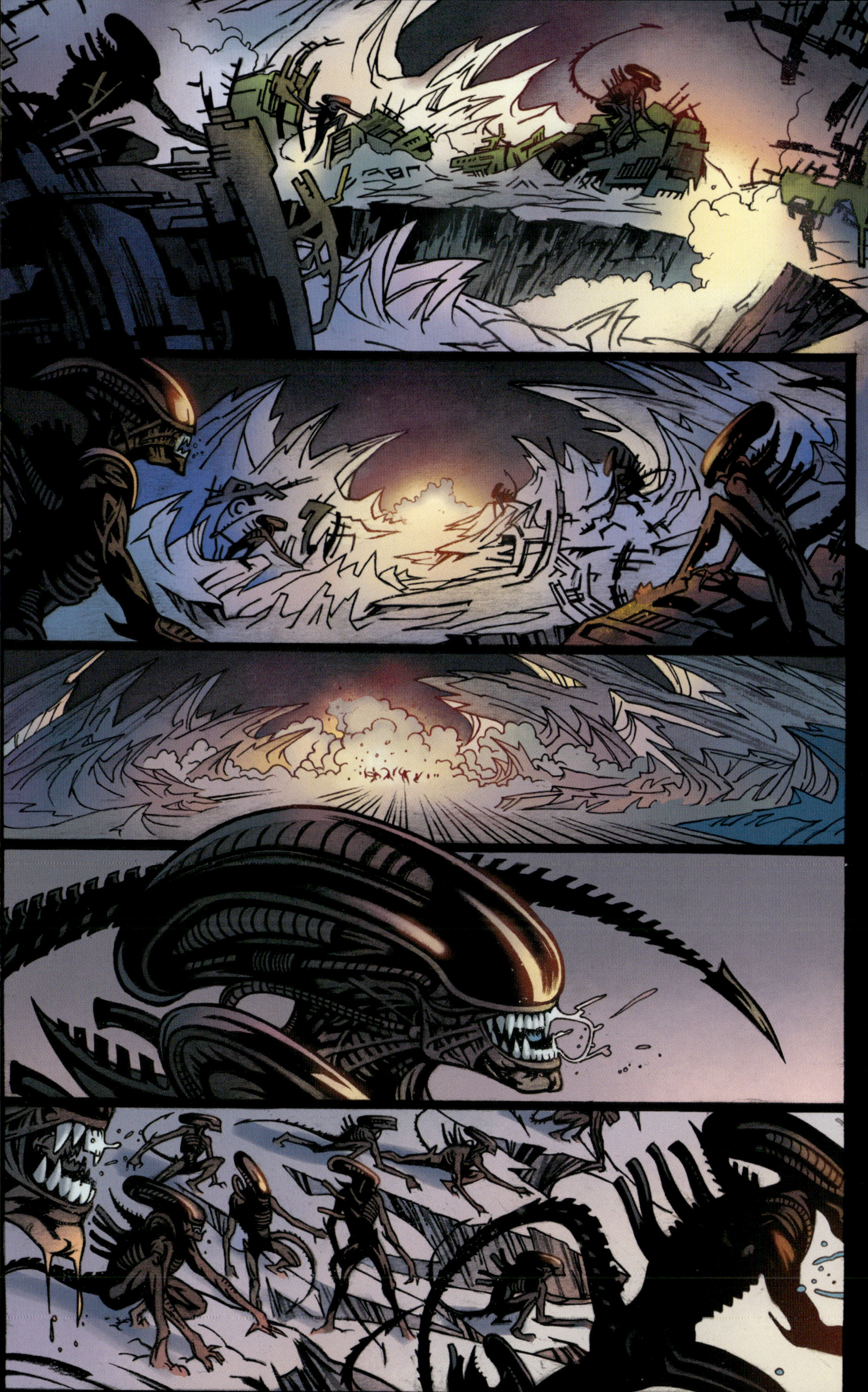

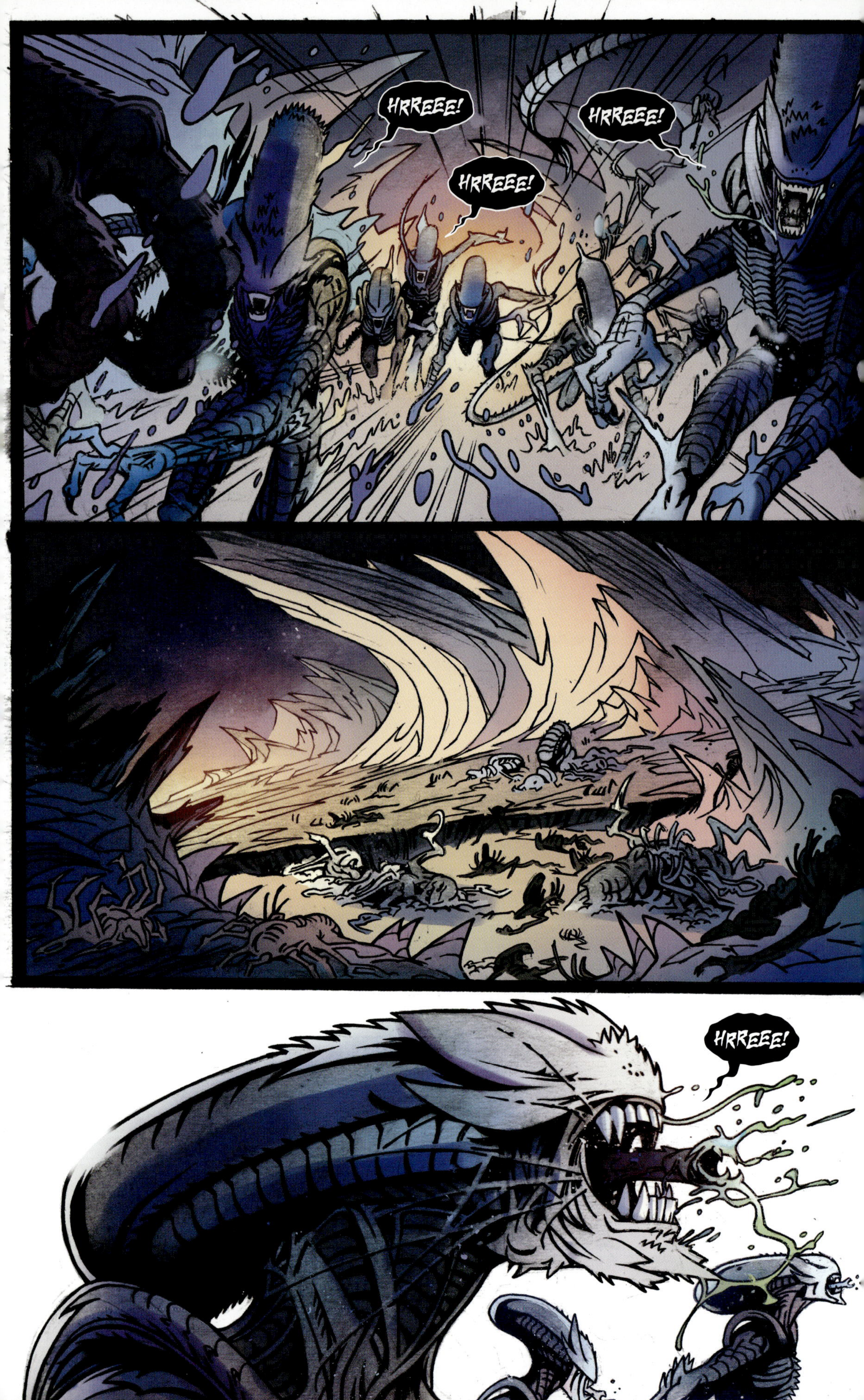
HRREEE!
HRREEE!
HRREEE!
HRREEE!

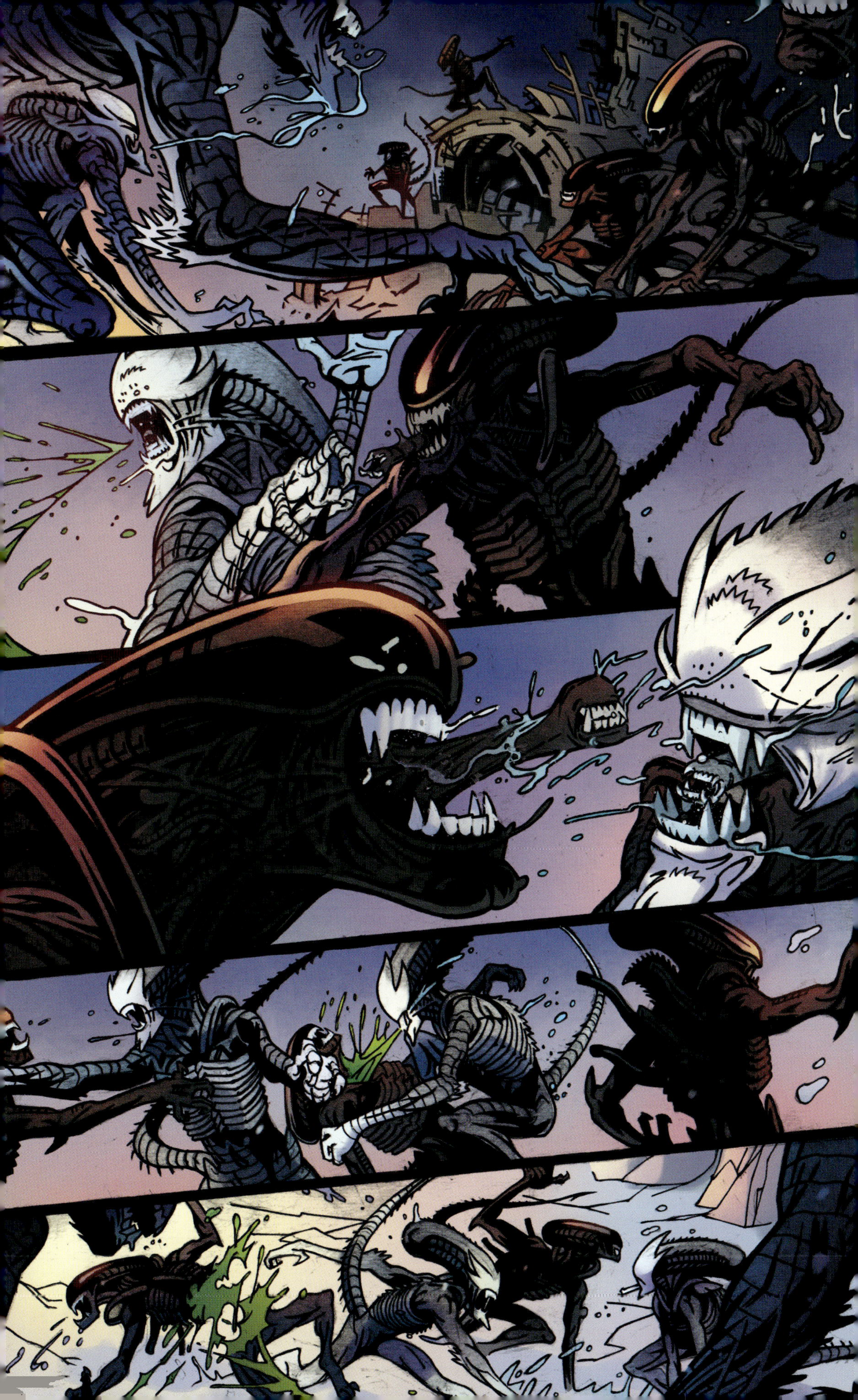

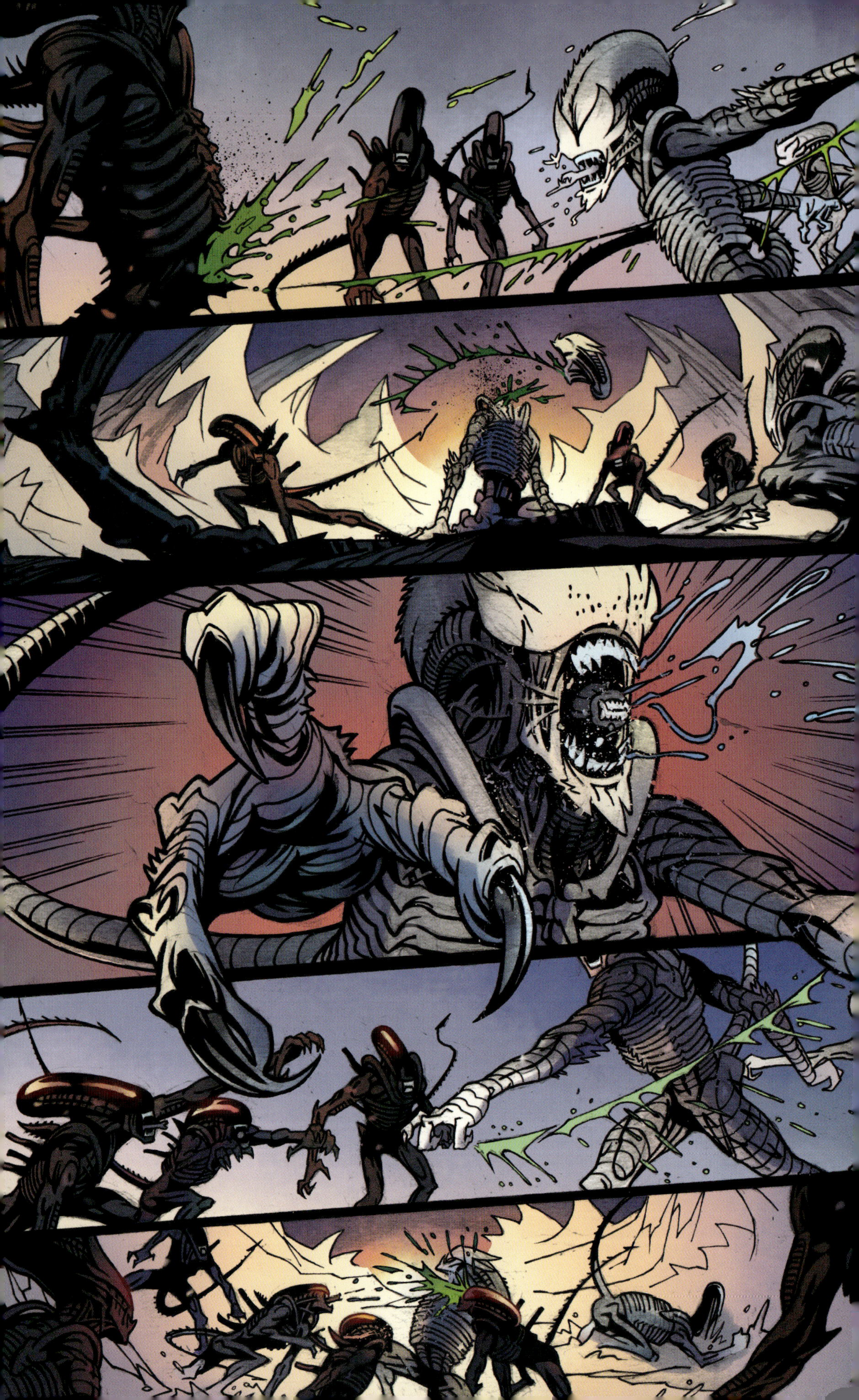

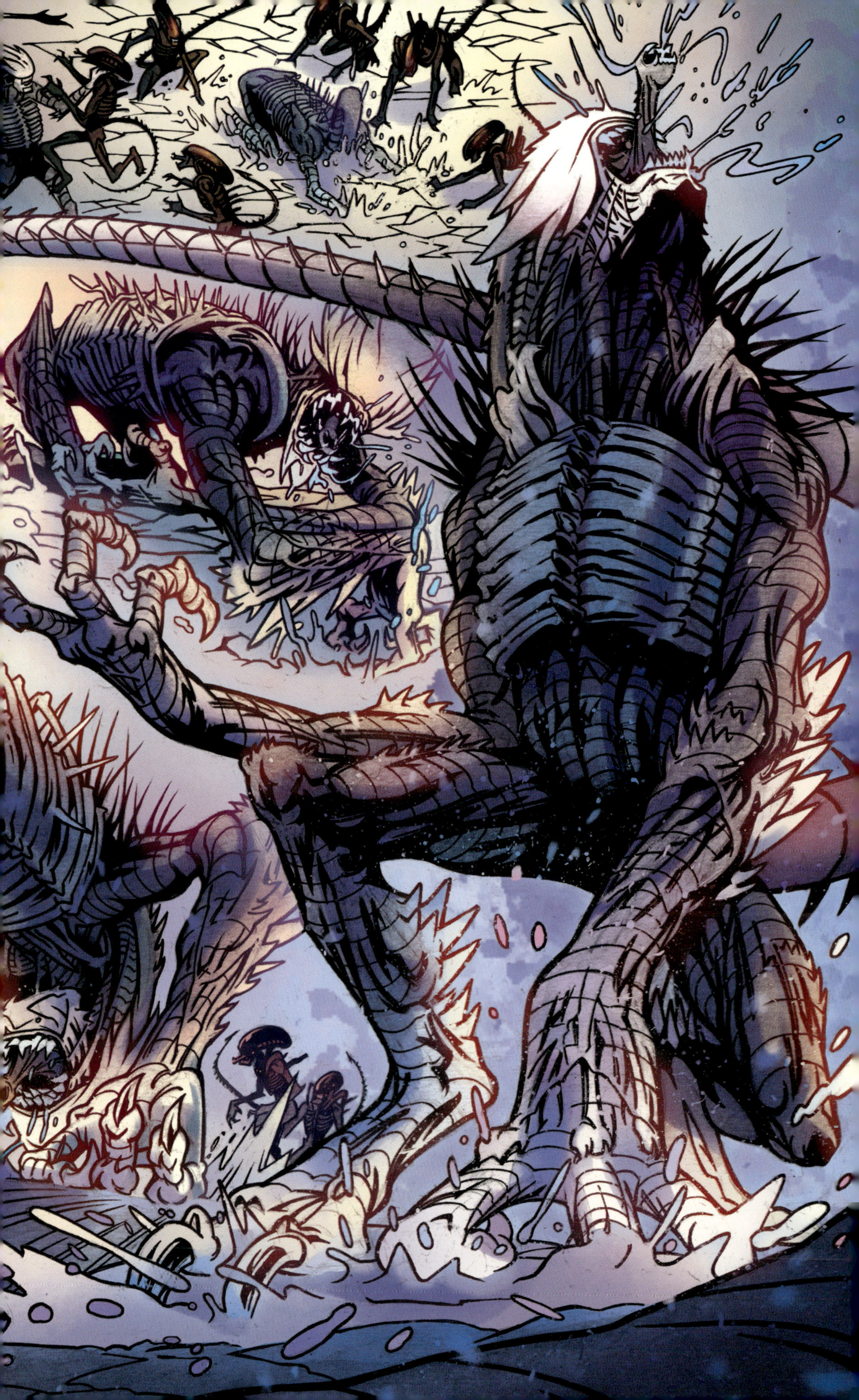

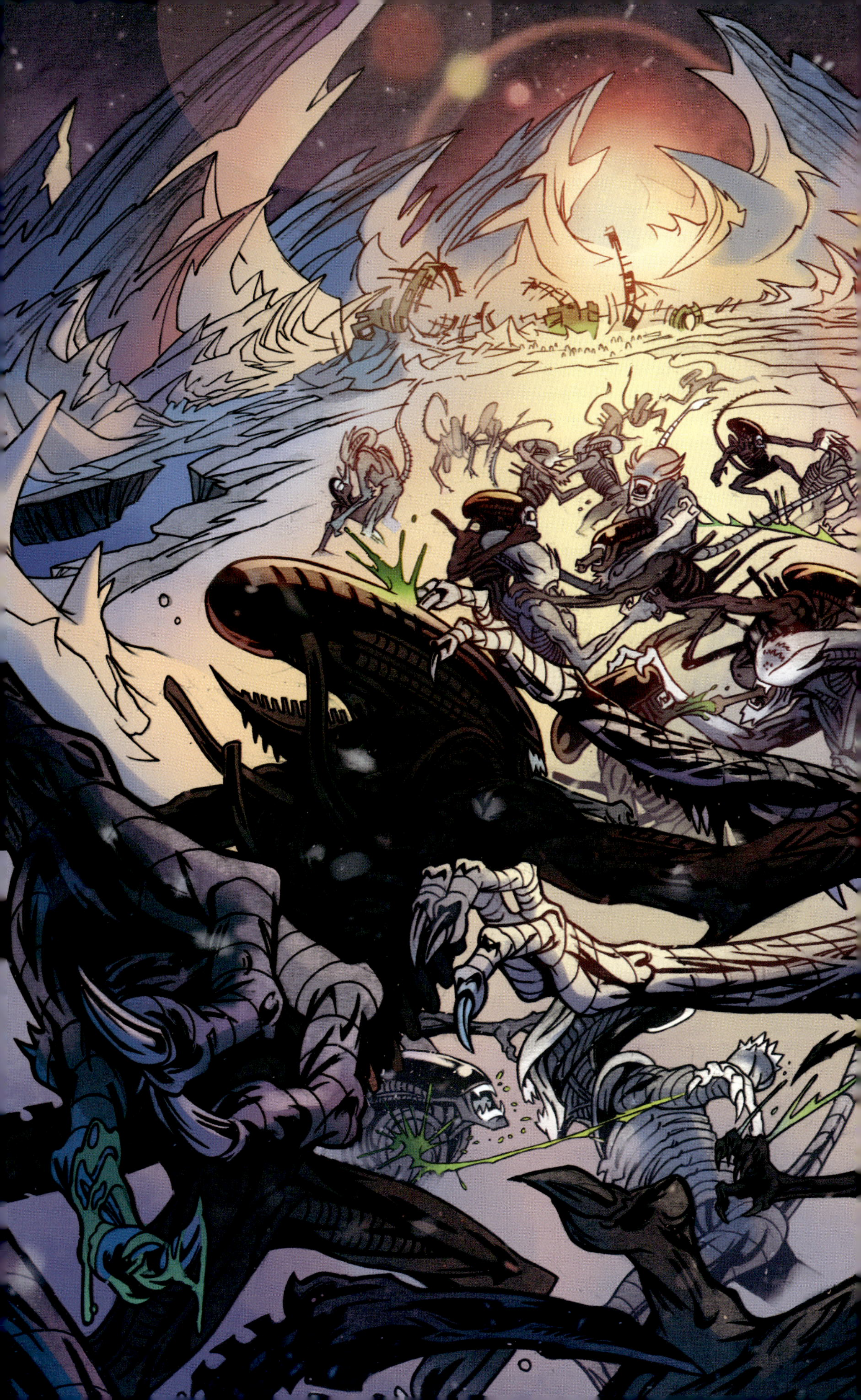

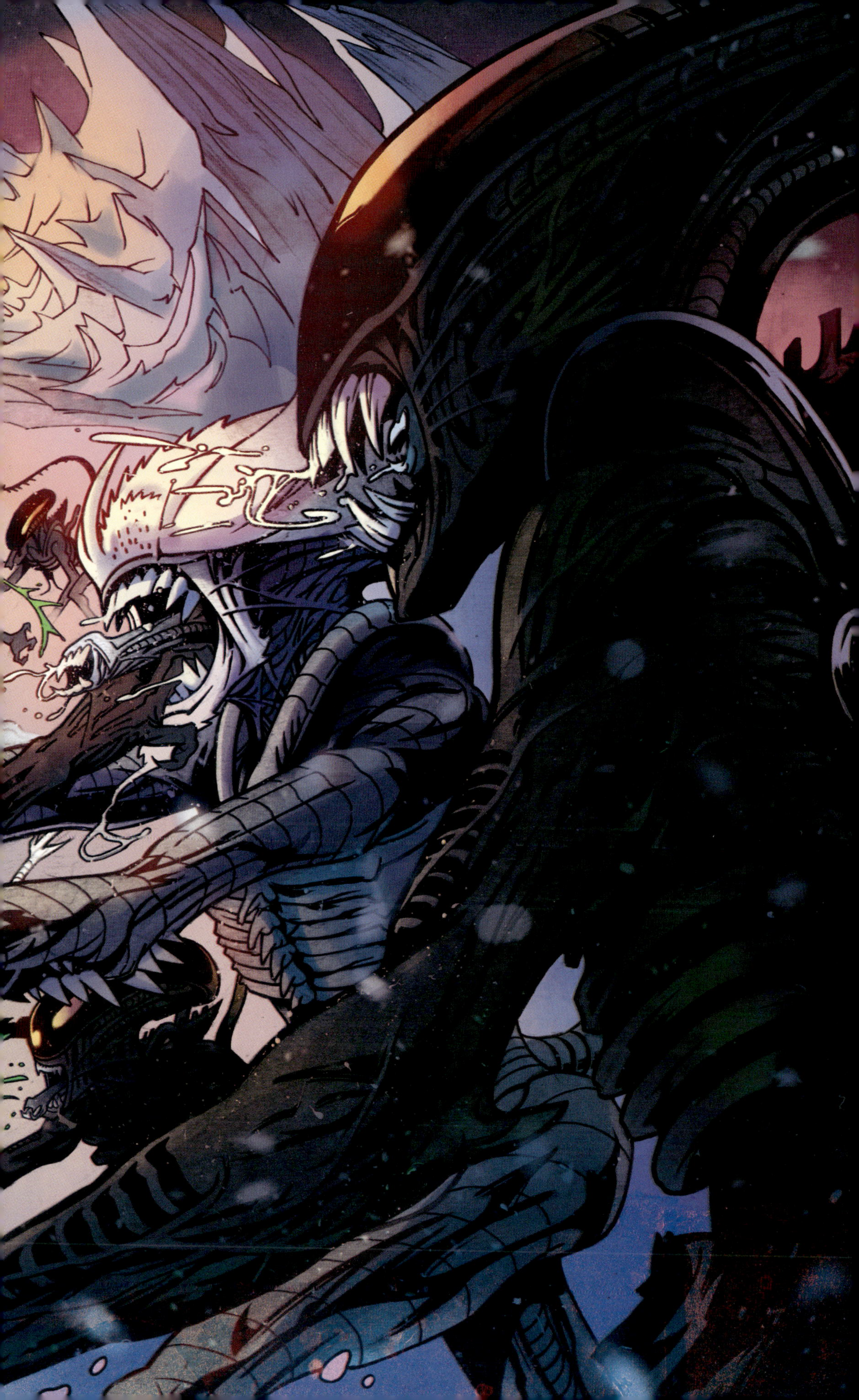

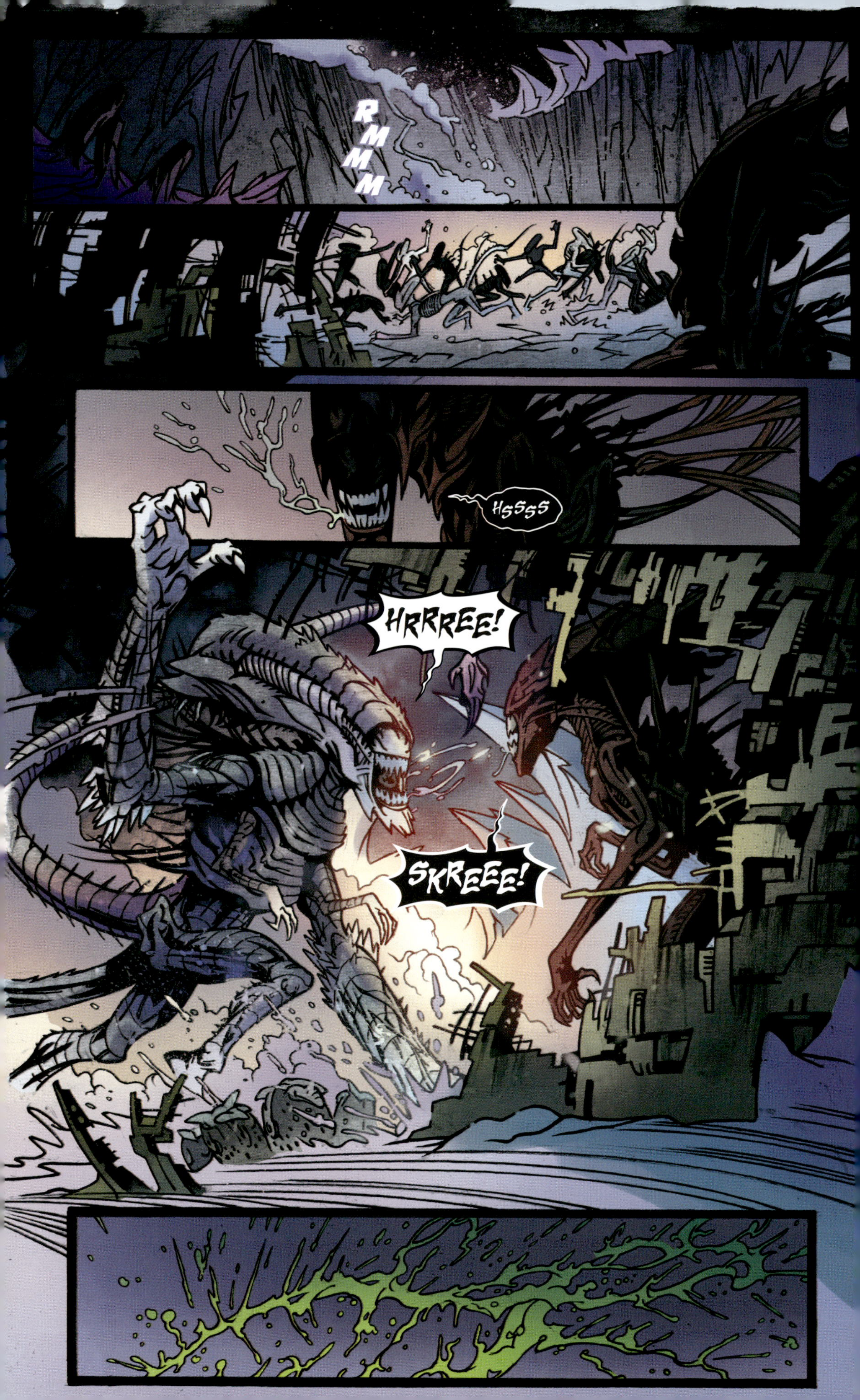
RMMM
HSSSS
HRRREE!
SKREEE!

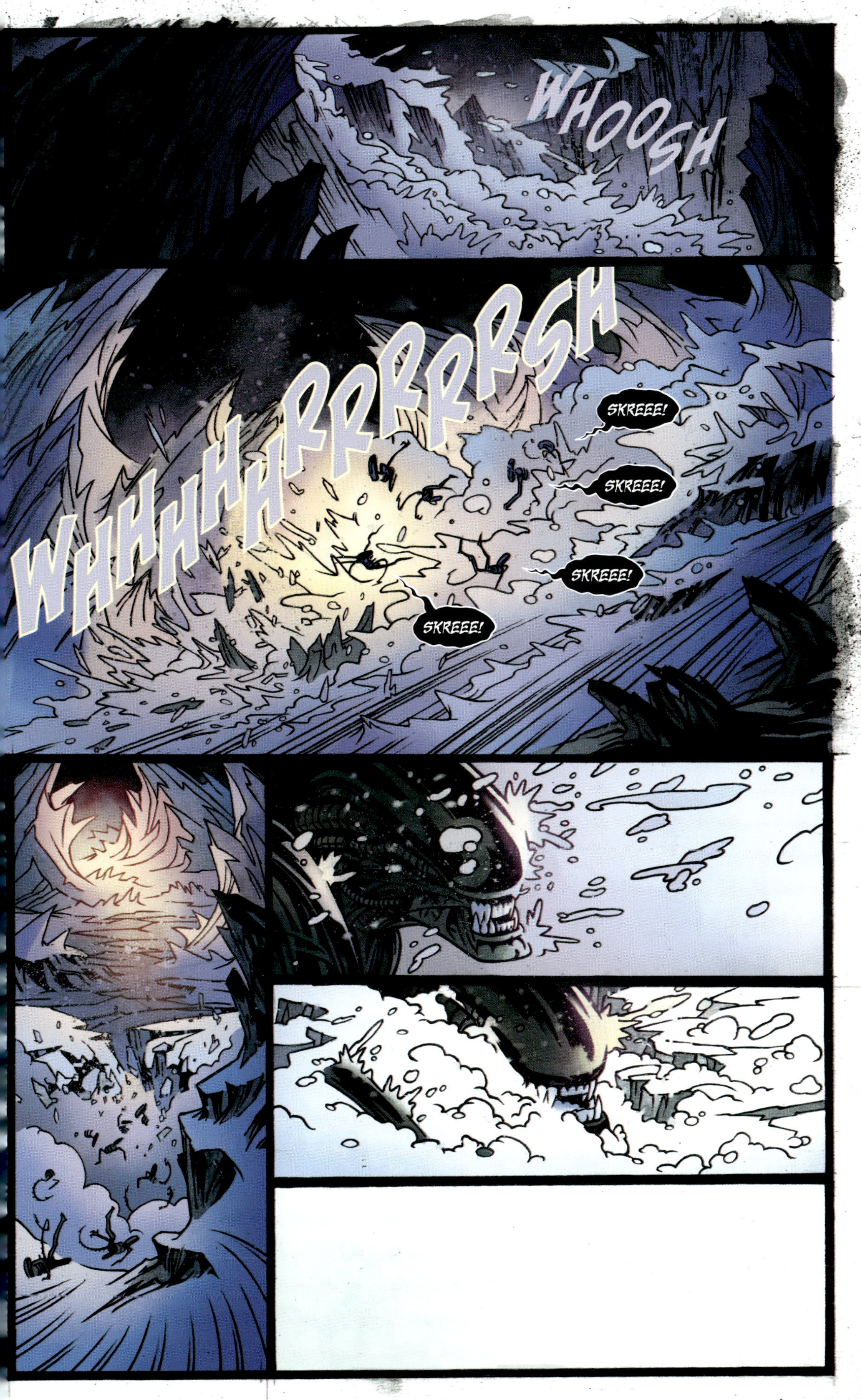
WHOOSH
WHHHHHRRRRRSH
SKREEE!
SKREEE!
SKREEE!
SKREEE!

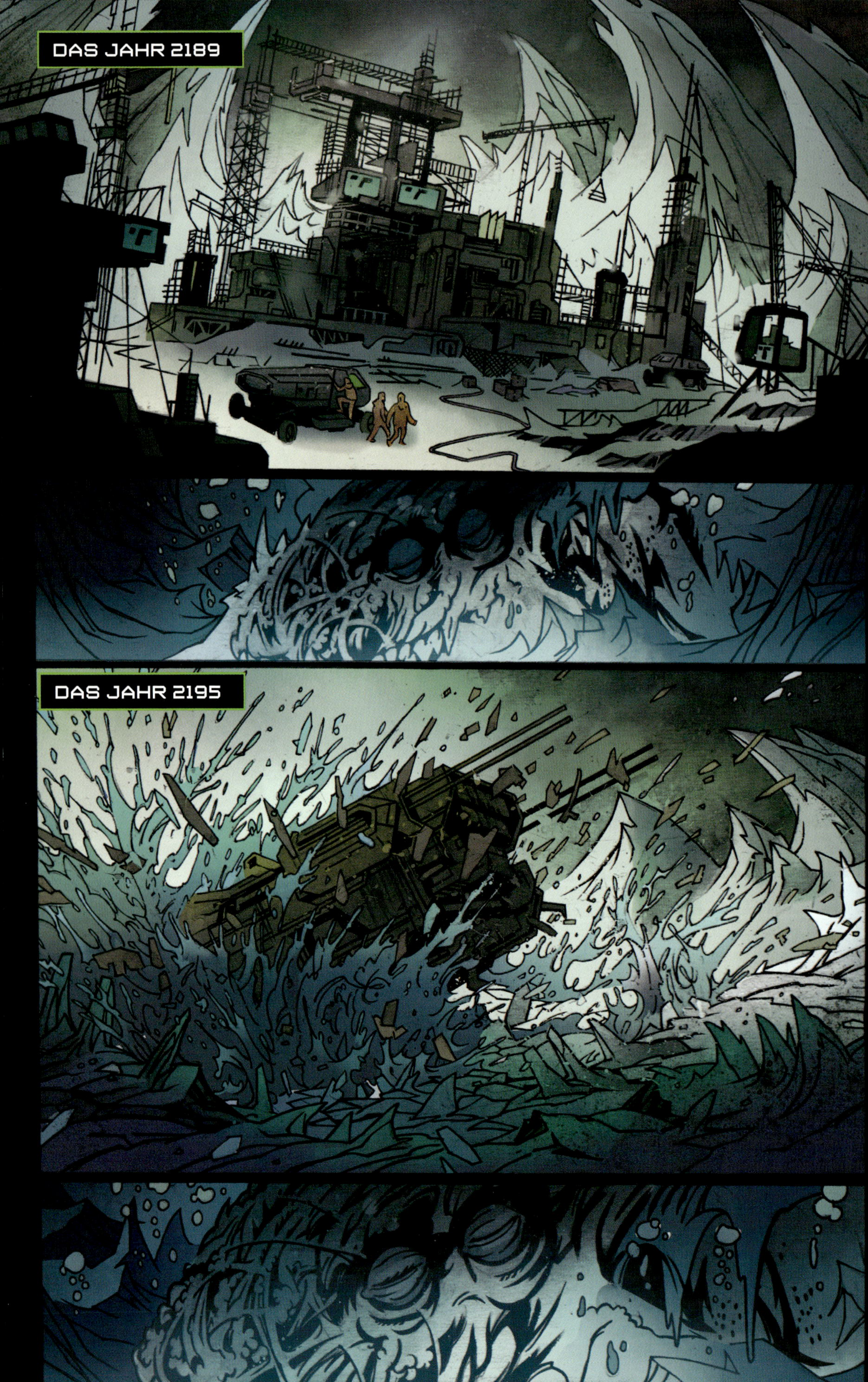
DAS JAHR 2189
DAS JAHR 2195

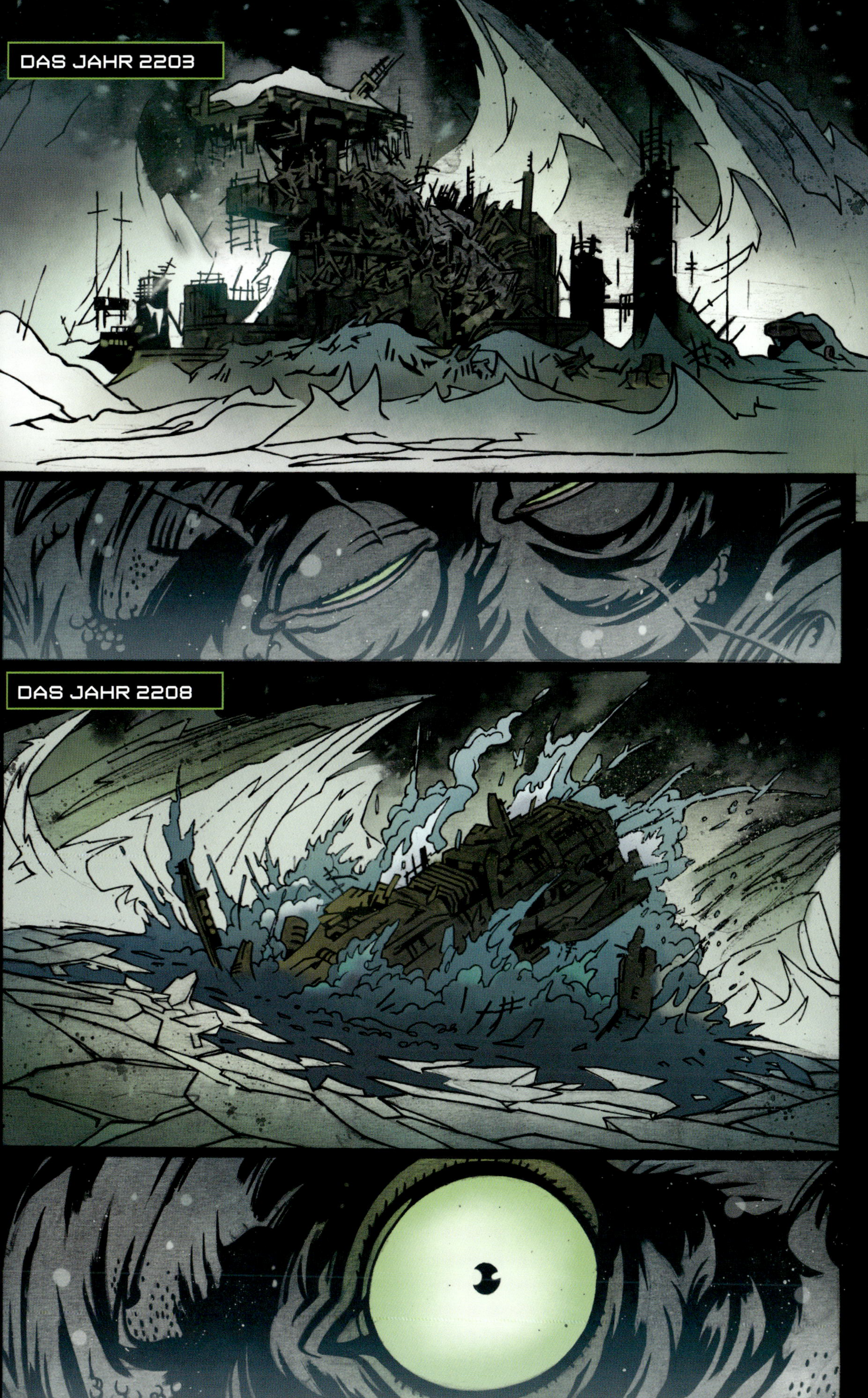
DAS JAHR 2203
DAS JAHR 2208

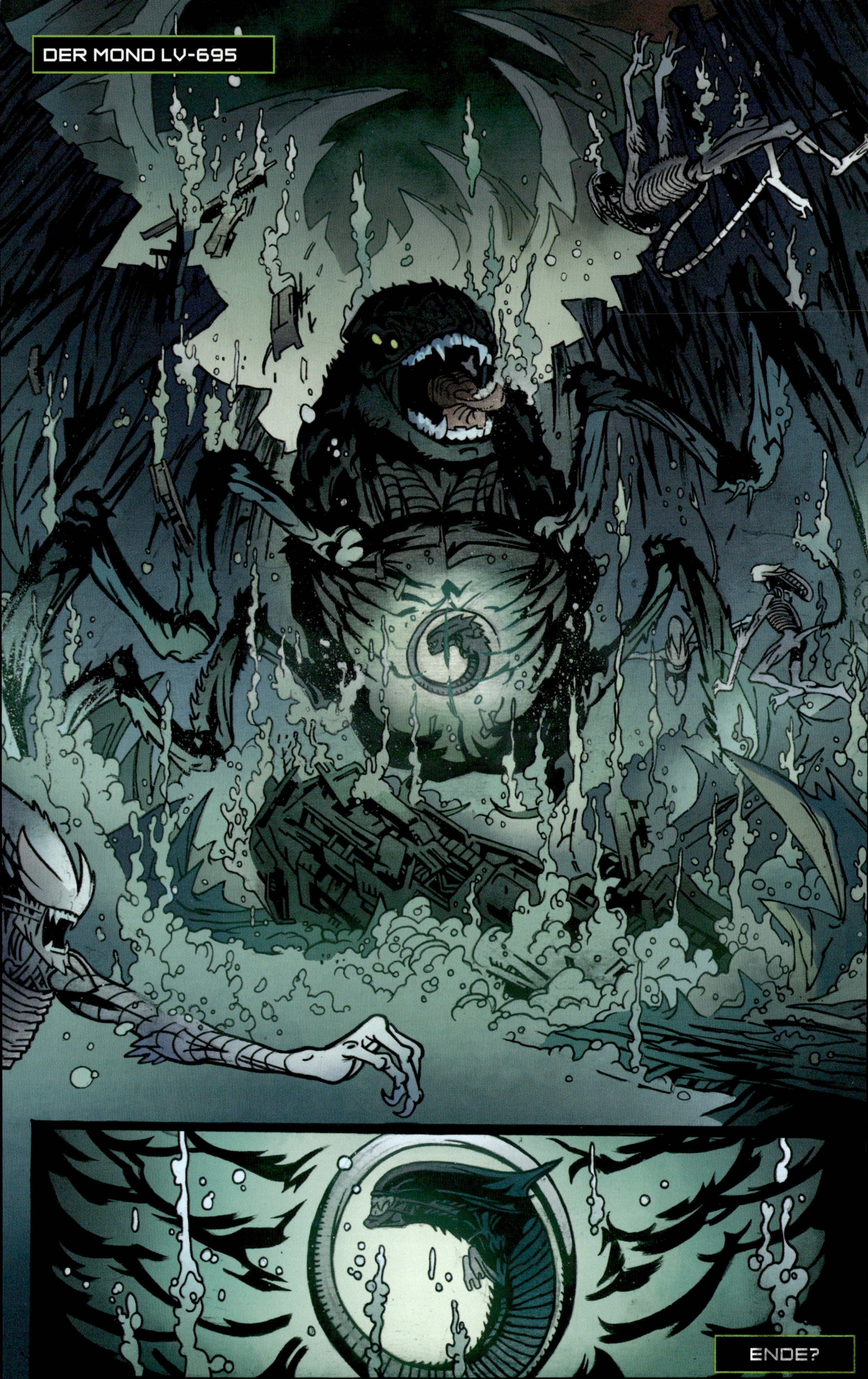
DER MOND LV-695
ENDE?

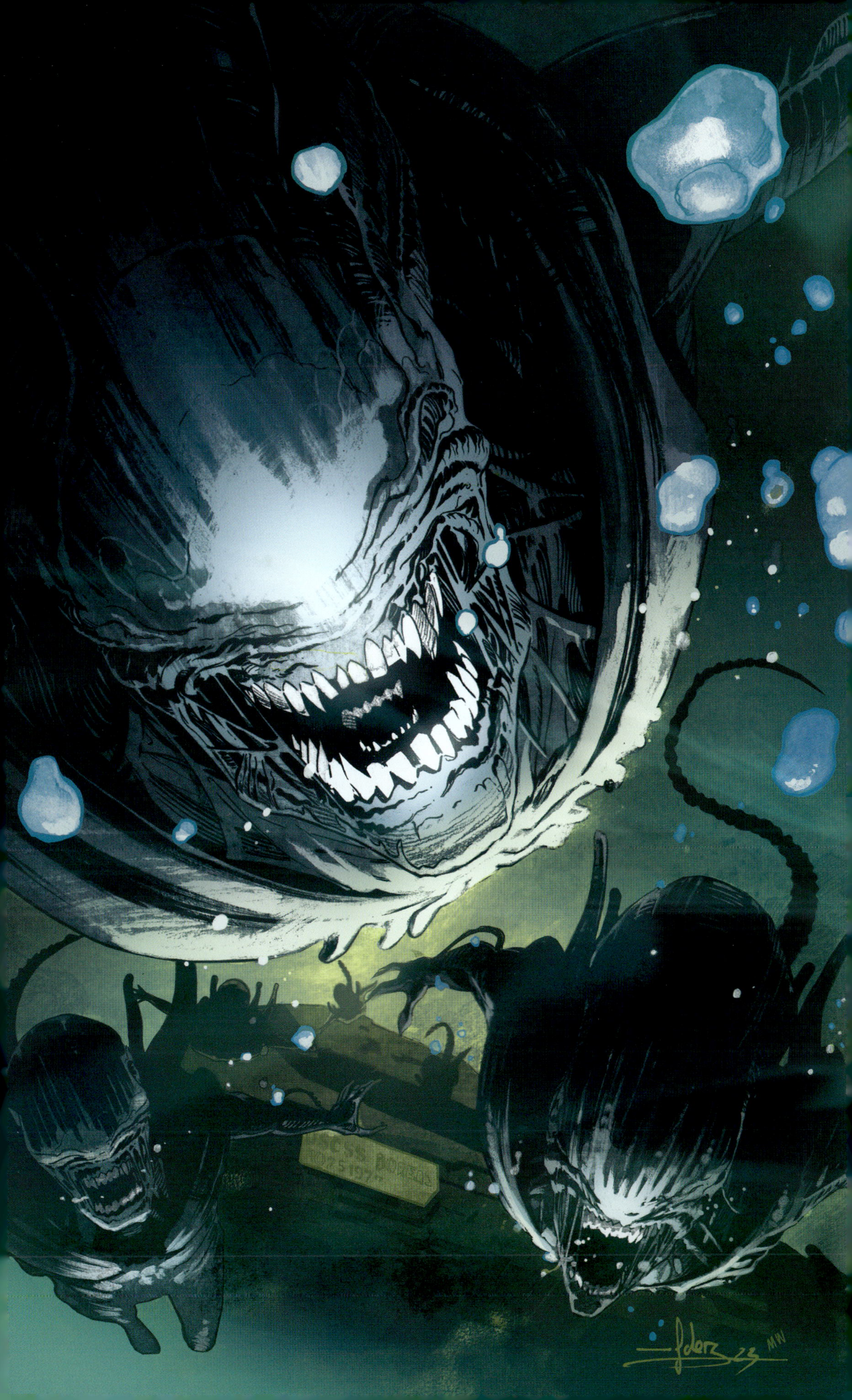

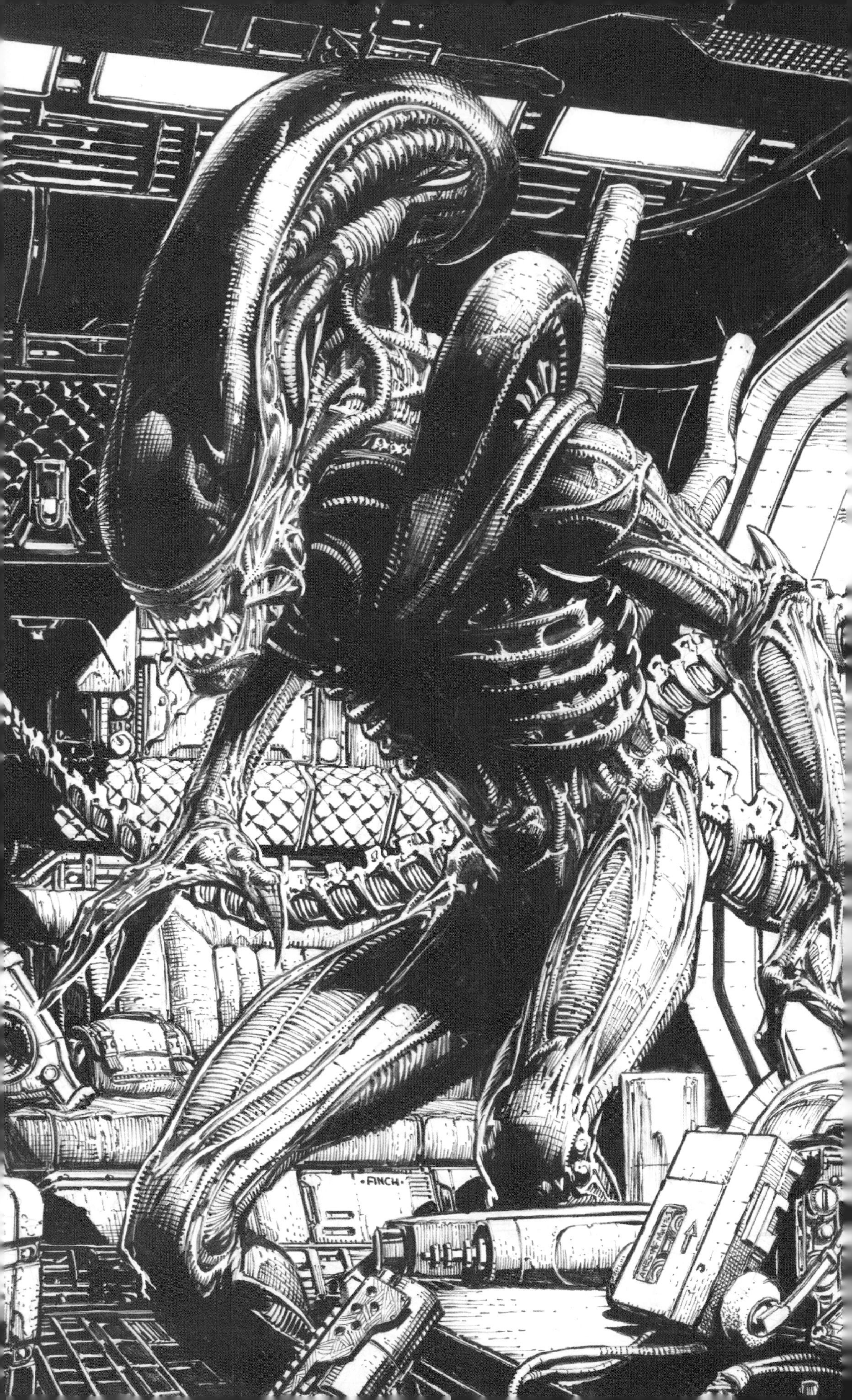
FINCH

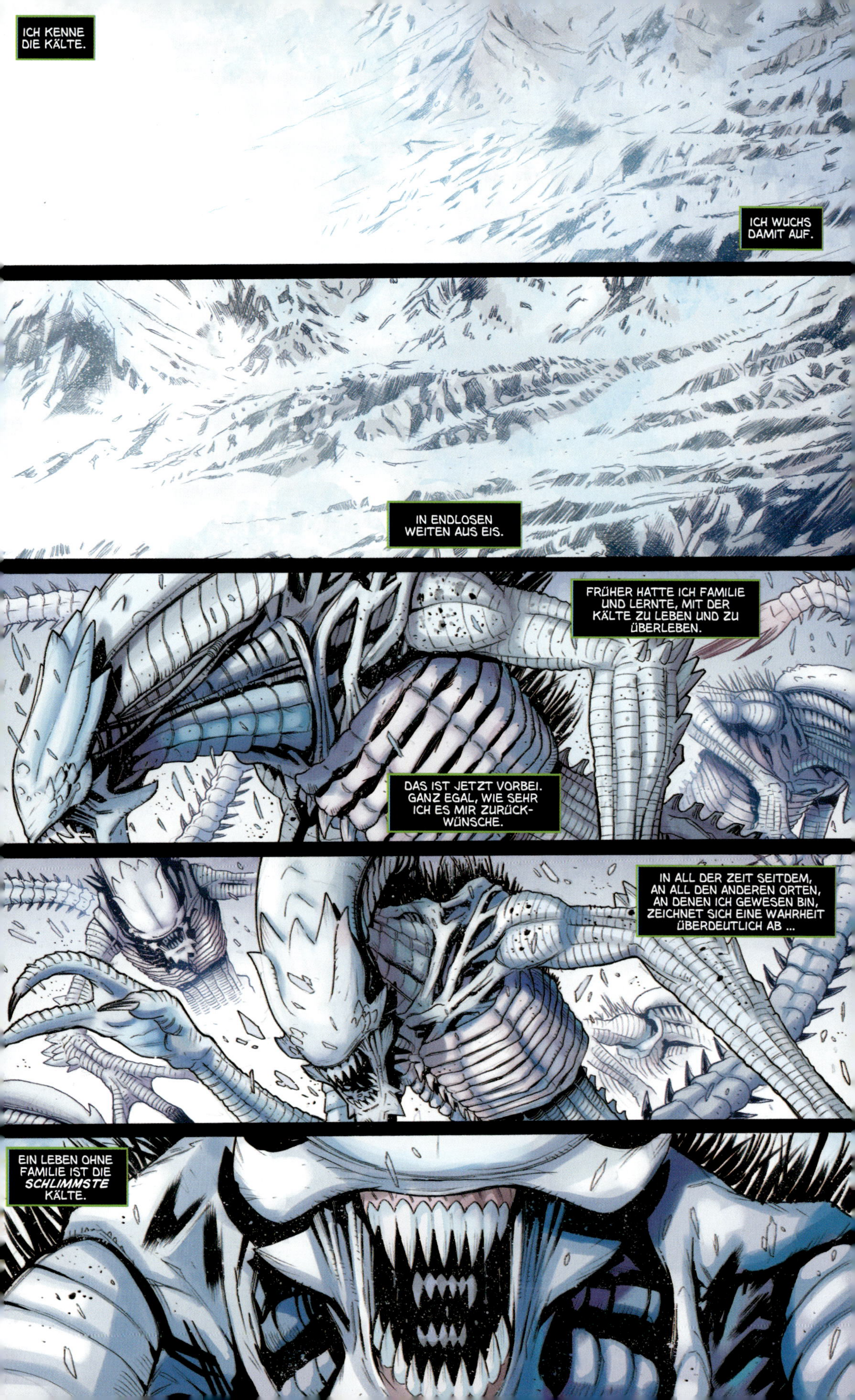
ICH KENNE DIE KÄLTE.
ICH WUCHS DAMIT AUF.
IN ENDLOSEN WEITEN AUS EIS.
FRÜHER HATTE ICH FAMILIE UND LERNTE, MIT DER KÄLTE ZU LEBEN UND ZU ÜBERLEBEN.
DAS IST JETZT VORBEI. GANZ EGAL, WIE SEHR ICH ES MIR ZURÜCK-WÜNSCHE.
IN ALL DER ZEIT SEITDEM, AN ALL DEN ANDEREN ORTEN, AN DENEN ICH GEWESEN BIN, ZEICHNET SICH EINE WAHRHEIT ÜBERDEUTLICH AB ...
EIN LEBEN OHNE FAMILIE IST DIE *SCHLIMMSTE* KÄLTE.

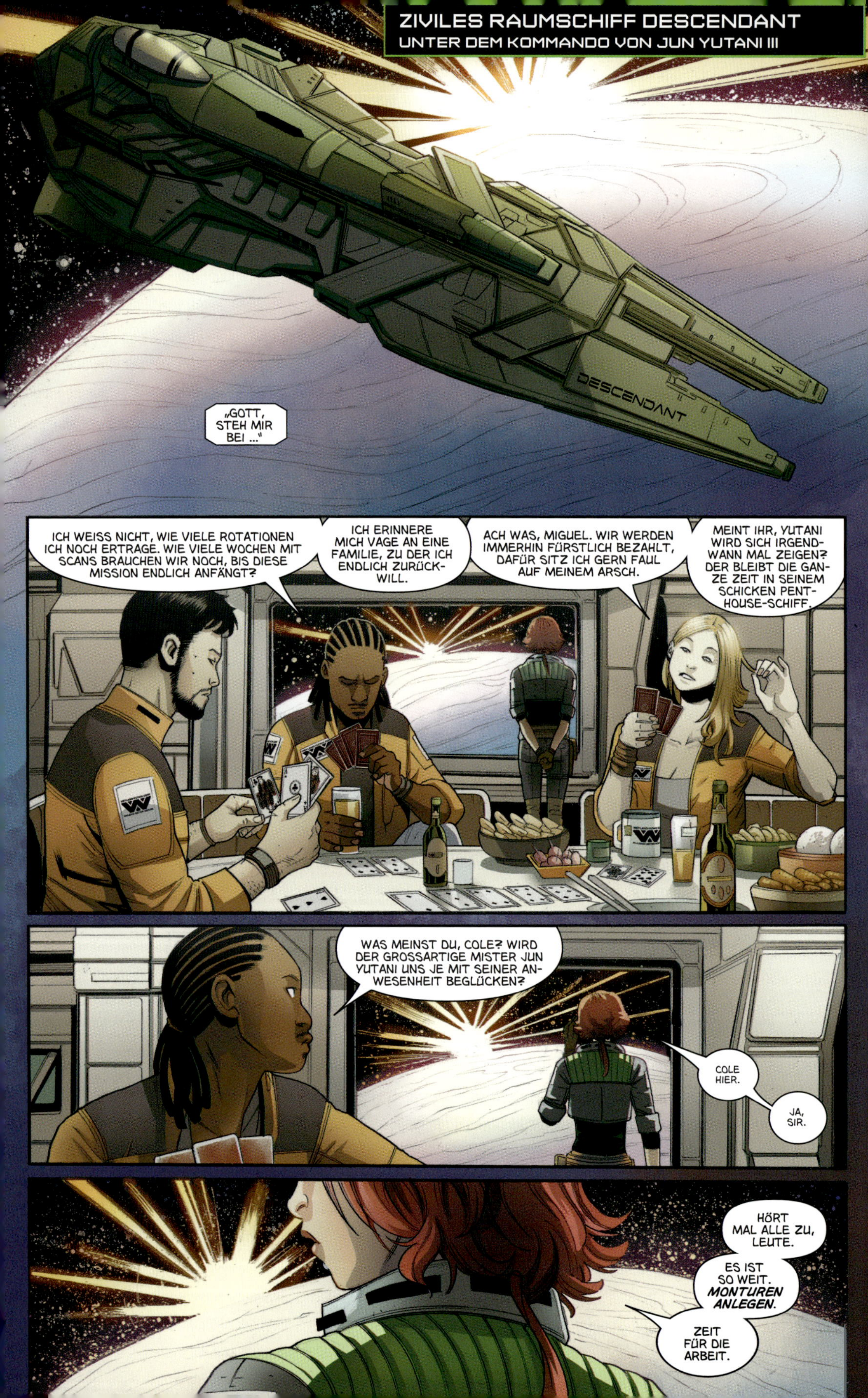
ZIVILES RAUMSCHIFF DESCENDANT
UNTER DEM KOMMANDO VON JUN YUTANI III
DESCENDANT
„GOTT, STEH MIR BEI ..."
ICH WEISS NICHT, WIE VIELE ROTATIONEN ICH NOCH ERTRAGE. WIE VIELE WOCHEN MIT SCANS BRAUCHEN WIR NOCH, BIS DIESE MISSION ENDLICH ANFÄNGT?
ICH ERINNERE MICH VAGE AN EINE FAMILIE, ZU DER ICH ENDLICH ZURÜCK-WILL.
ACH WAS, MIGUEL. WIR WERDEN IMMERHIN FÜRSTLICH BEZAHLT, DAFÜR SITZ ICH GERN FAUL AUF MEINEM ARSCH.
MEINT IHR, YUTANI WIRD SICH IRGEND-WANN MAL ZEIGEN? DER BLEIBT DIE GAN-ZE ZEIT IN SEINEM SCHICKEN PENT-HOUSE-SCHIFF.
WAS MEINST DU, COLE? WIRD DER GROSSARTIGE MISTER JUN YUTANI UNS JE MIT SEINER AN-WESENHEIT BEGLÜCKEN?
COLE HIER.
JA, SIR.
HÖRT MAL ALLE ZU, LEUTE.
ES IST SO WEIT. MONTUREN ANLEGEN.
ZEIT FÜR DIE ARBEIT.

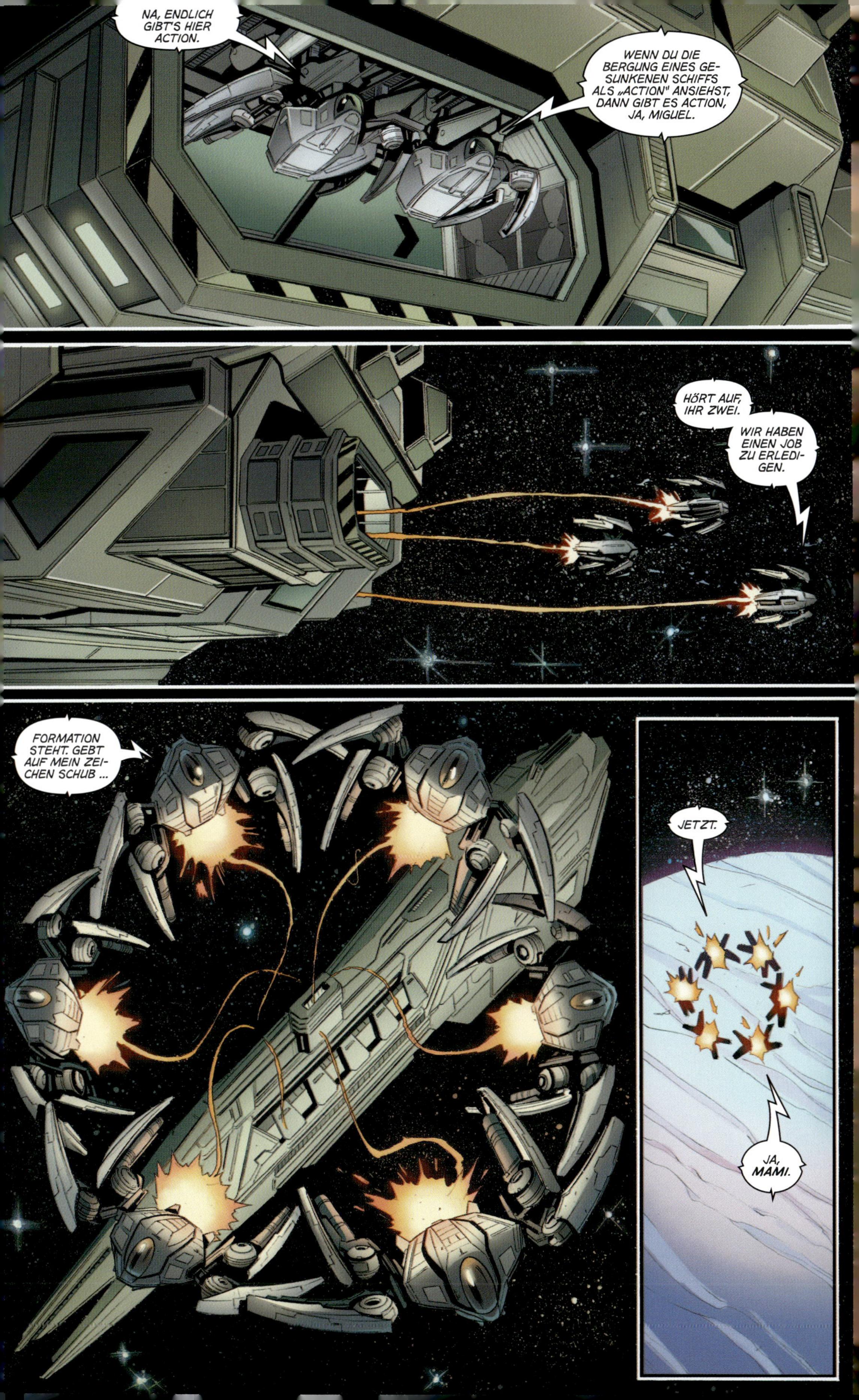

NA, ENDLICH GIBT'S HIER ACTION.

WENN DU DIE BERGUNG EINES GESUNKENEN SCHIFFS ALS „ACTION" ANSIEHST, DANN GIBT ES ACTION, JA, MIGUEL.

HÖRT AUF, IHR ZWEI.

WIR HABEN EINEN JOB ZU ERLEDIGEN.

FORMATION STEHT. GEBT AUF MEIN ZEICHEN SCHUB ...

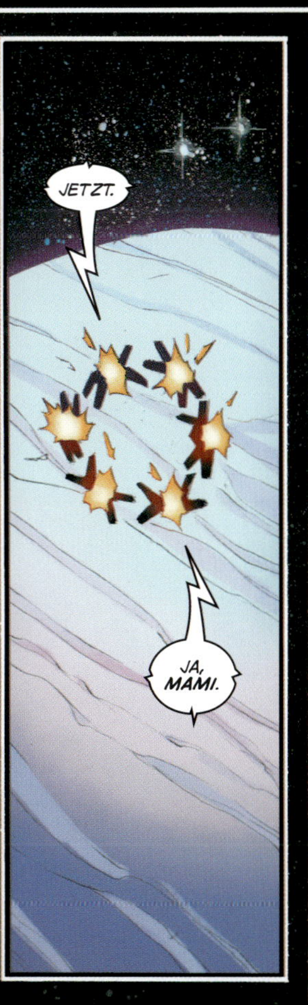

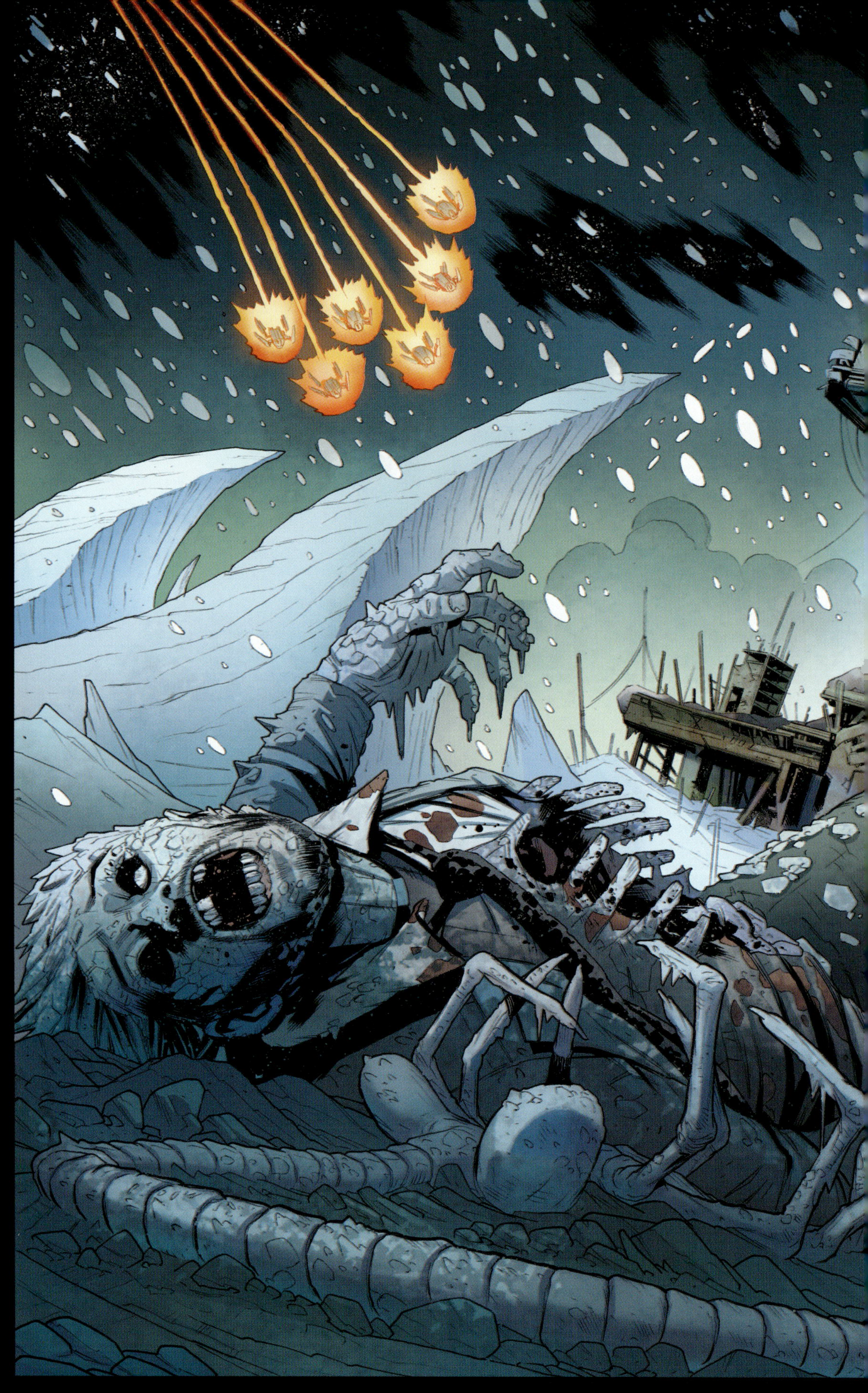

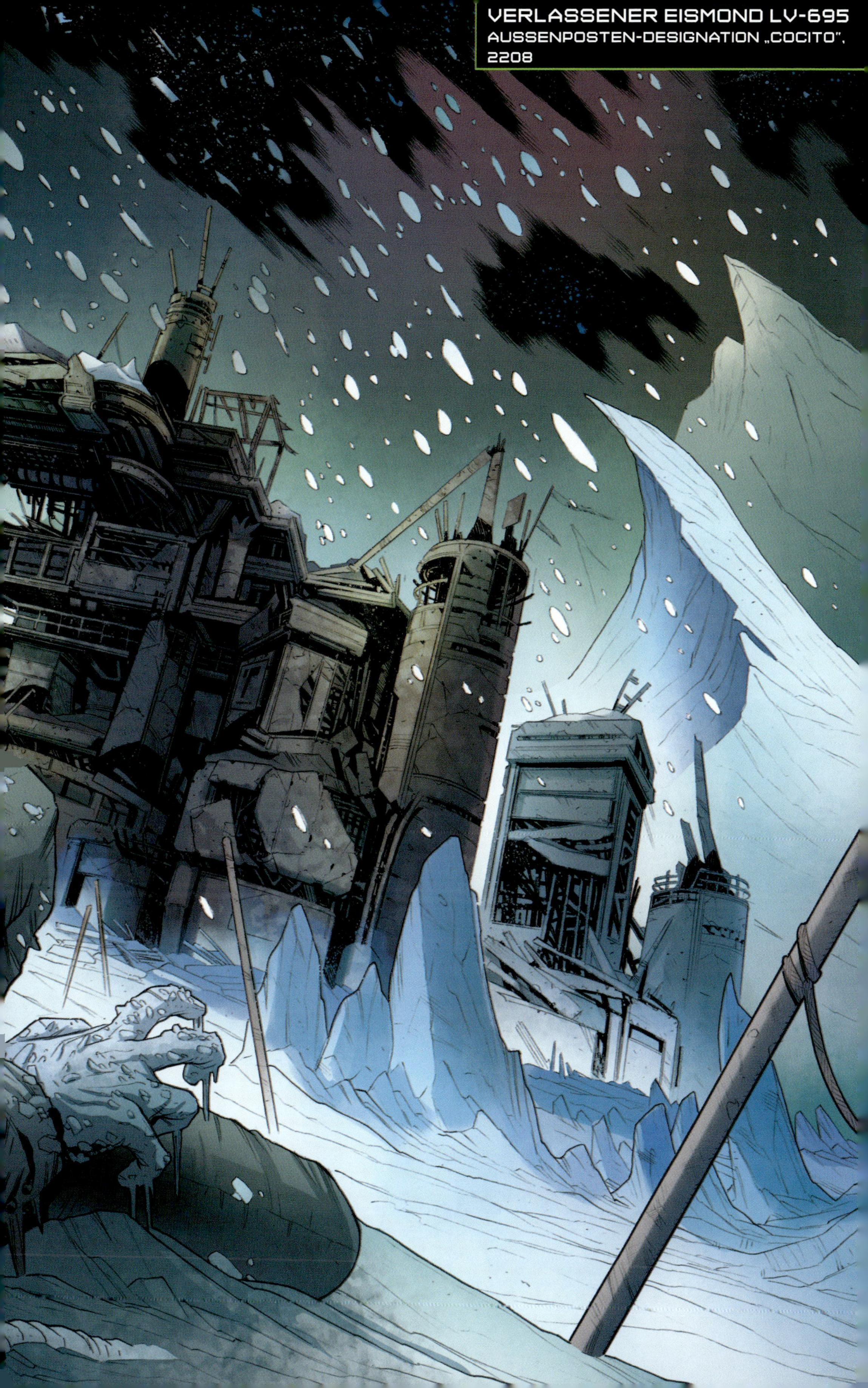
VERLASSENER EISMOND LV-695
AUSSENPOSTEN-DESIGNATION „COCITO",
2208

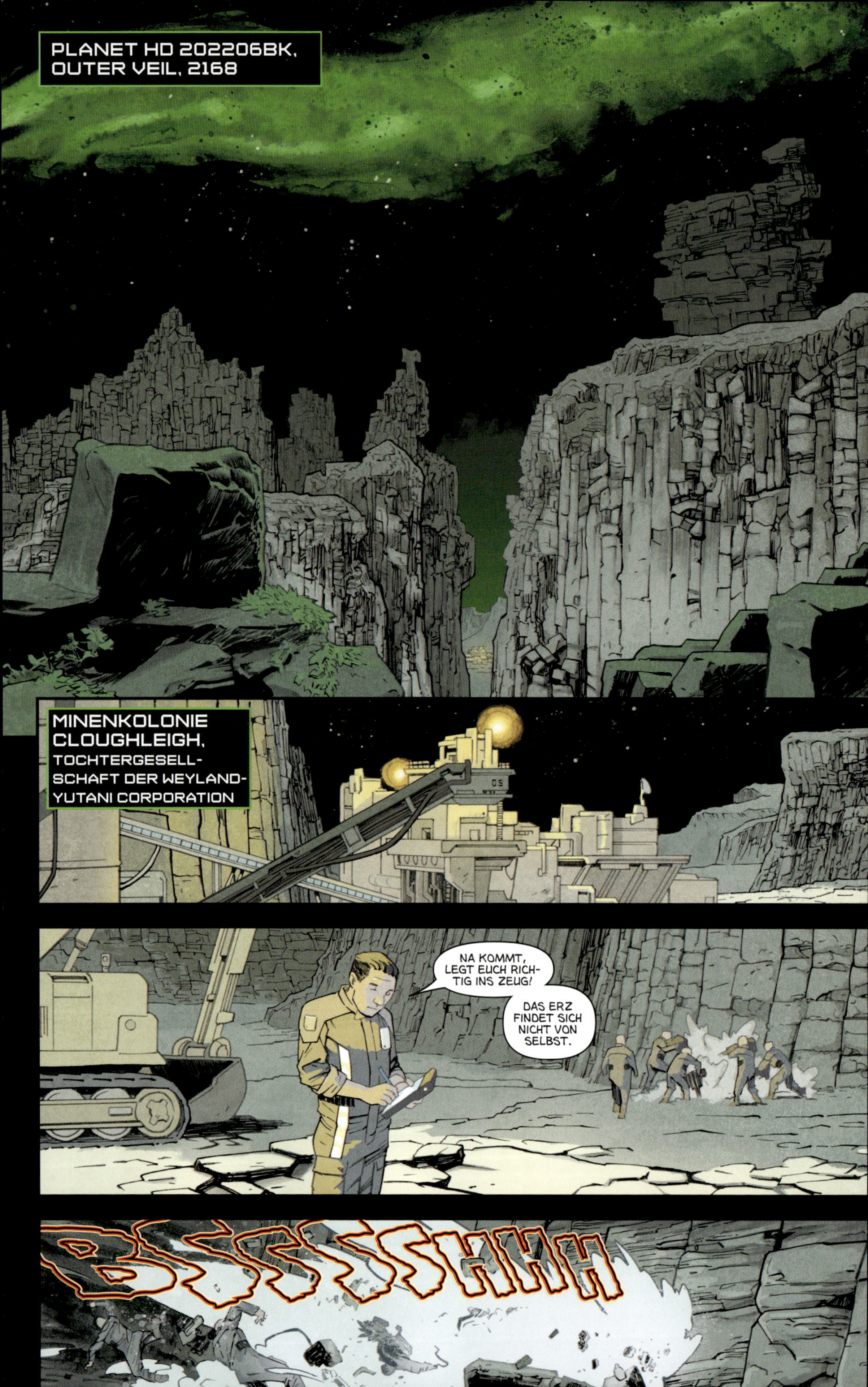
PLANET HD 202206BK, OUTER VEIL, 2168
MINENKOLONIE CLOUGHLEIGH, TOCHTERGESELL-SCHAFT DER WEYLAND-YUTANI CORPORATION
NA KOMMT, LEGT EUCH RICH-TIG INS ZEUG!
DAS ERZ FINDET SICH NICHT VON SELBST.
BSSSSHHH

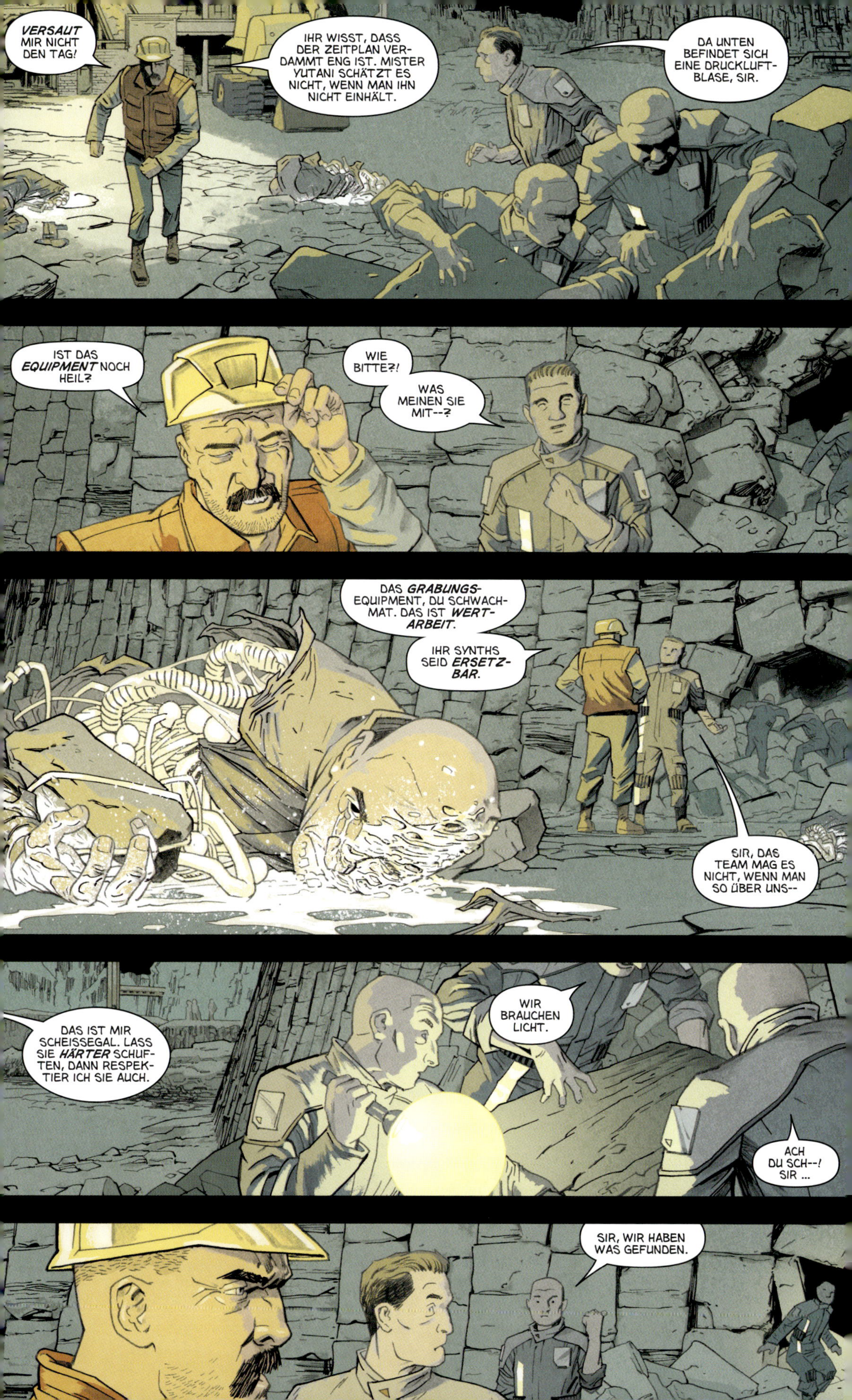
VERSAUT MIR NICHT DEN TAG!
IHR WISST, DASS DER ZEITPLAN VERDAMMT ENG IST. MISTER YUTANI SCHÄTZT ES NICHT, WENN MAN IHN NICHT EINHÄLT.
DA UNTEN BEFINDET SICH EINE DRUCKLUFTBLASE, SIR.
IST DAS EQUIPMENT NOCH HEIL?
WIE BITTE?!
WAS MEINEN SIE MIT--?
DAS GRABUNGS-EQUIPMENT, DU SCHWACHMAT. DAS IST WERTARBEIT.
IHR SYNTHS SEID ERSETZBAR.
SIR, DAS TEAM MAG ES NICHT, WENN MAN SO ÜBER UNS--
DAS IST MIR SCHEISSEGAL. LASS SIE HÄRTER SCHUFTEN, DANN RESPEKTIER ICH SIE AUCH.
WIR BRAUCHEN LICHT.
ACH DU SCH--! SIR ...
SIR, WIR HABEN WAS GEFUNDEN.

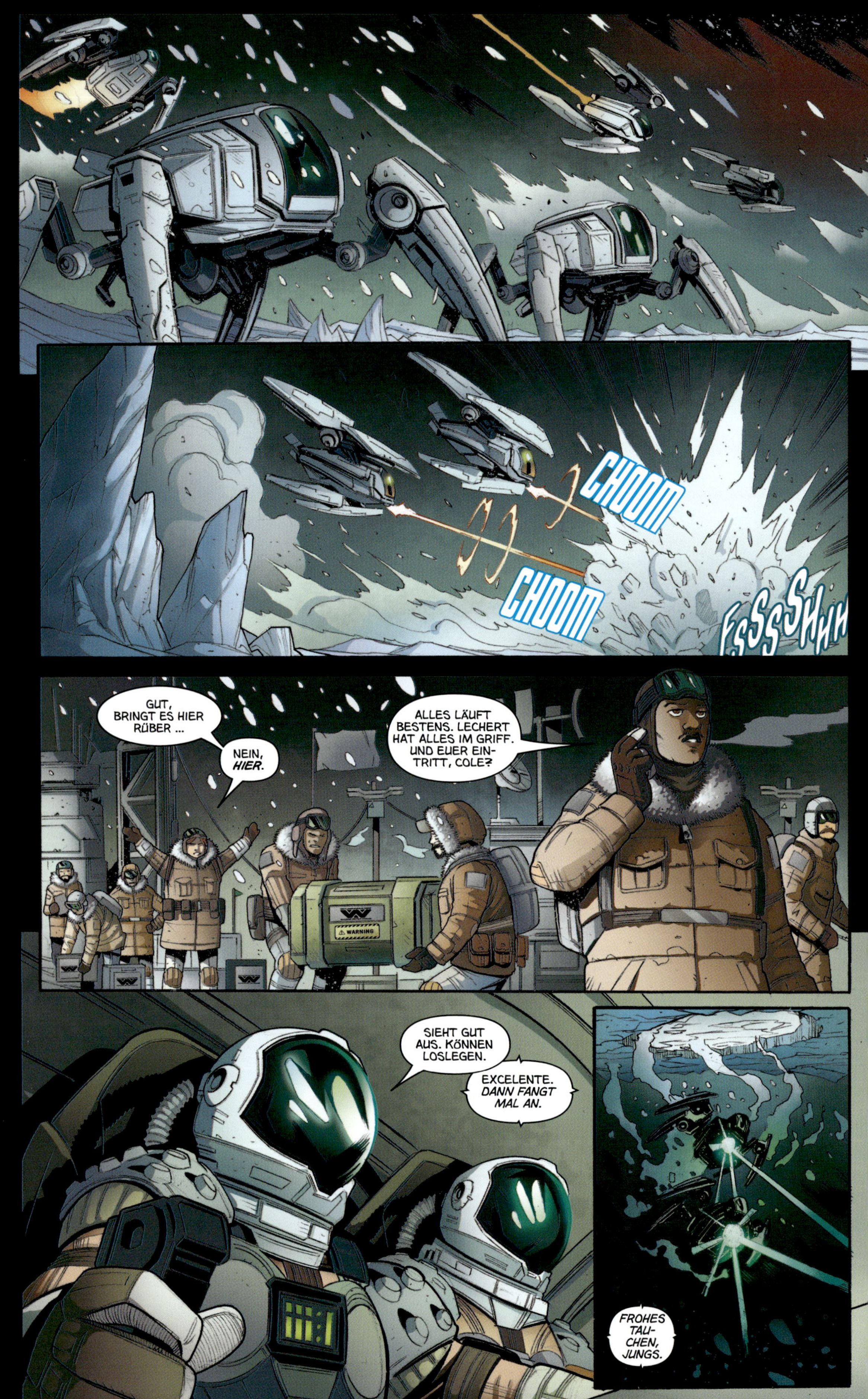
CHOOM
CHOOM
FSSSSHHH
GUT, BRINGT ES HIER RÜBER ...
NEIN, HIER.
ALLES LÄUFT BESTENS. LECHERT HAT ALLES IM GRIFF. UND EUER EIN- TRITT, COLE?
WARNING
SIEHT GUT AUS. KÖNNEN LOSLEGEN.
EXCELENTE. DANN FANGT MAL AN.
FROHES TAU- CHEN, JUNGS.

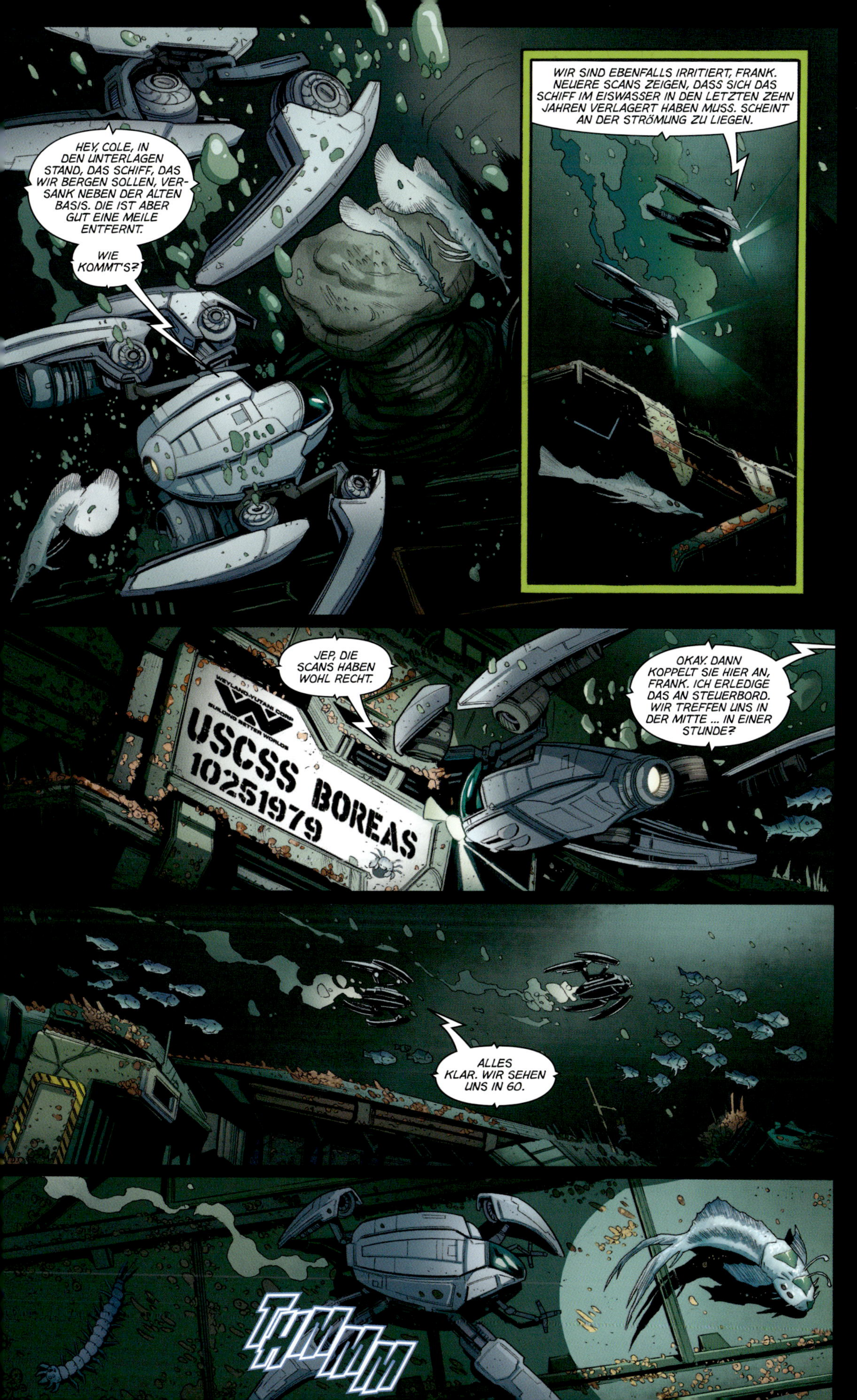
HEY, COLE, IN DEN UNTERLAGEN STAND, DAS SCHIFF, DAS WIR BERGEN SOLLEN, VERSANK NEBEN DER ALTEN BASIS. DIE IST ABER GUT EINE MEILE ENTFERNT.
WIE KOMMT'S?
WIR SIND EBENFALLS IRRITIERT, FRANK. NEUERE SCANS ZEIGEN, DASS SICH DAS SCHIFF IM EISWASSER IN DEN LETZTEN ZEHN JAHREN VERLAGERT HABEN MUSS. SCHEINT AN DER STRÖMUNG ZU LIEGEN.
USCSS BOREAS
10251979
JEP, DIE SCANS HABEN WOHL RECHT.
OKAY. DANN KOPPELT SIE HIER AN, FRANK. ICH ERLEDIGE DAS AN STEUERBORD. WIR TREFFEN UNS IN DER MITTE ... IN EINER STUNDE?
ALLES KLAR. WIR SEHEN UNS IN 60.
THMMM

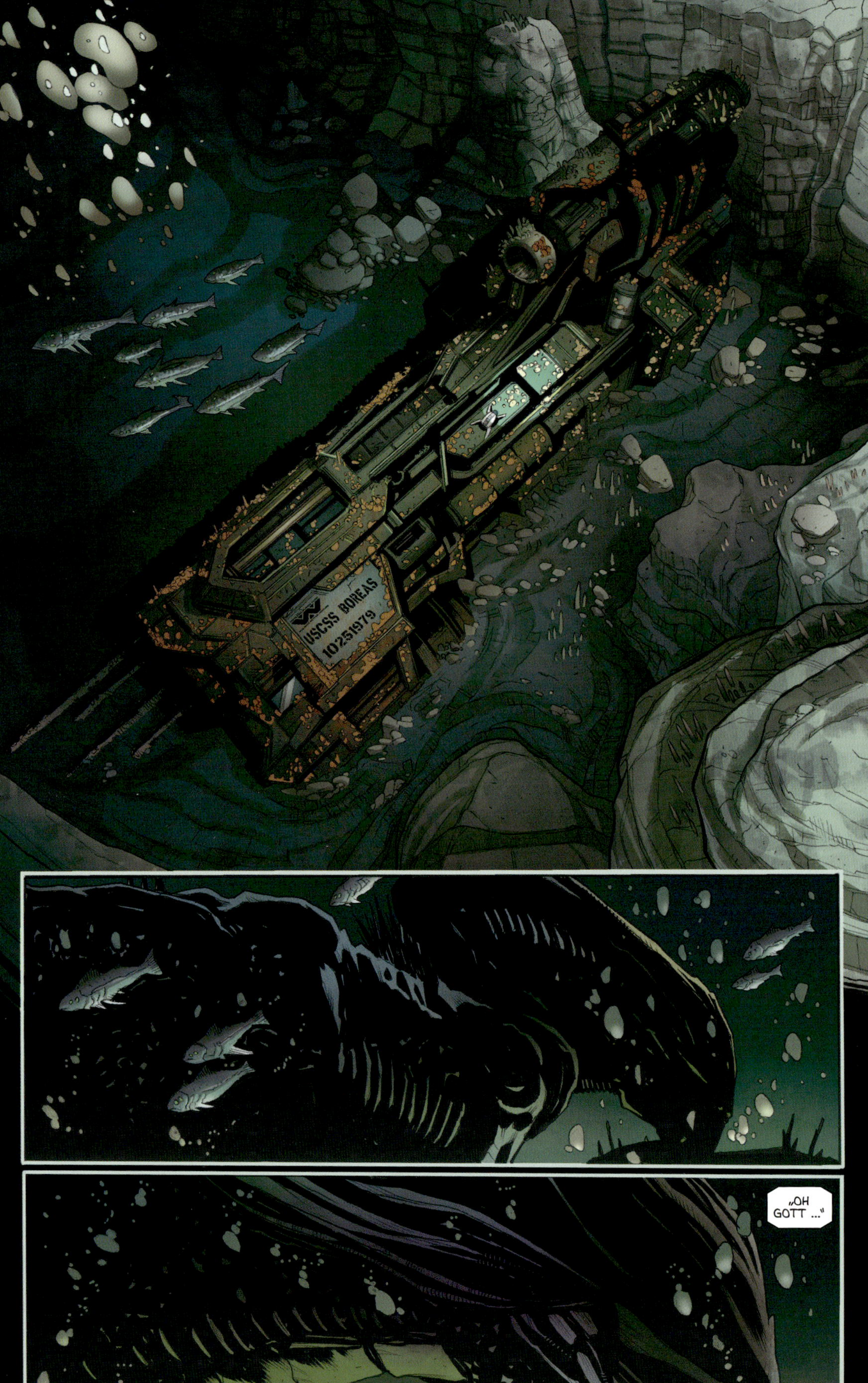
USCSS BOREAS
10251979
„OH GOTT ...“

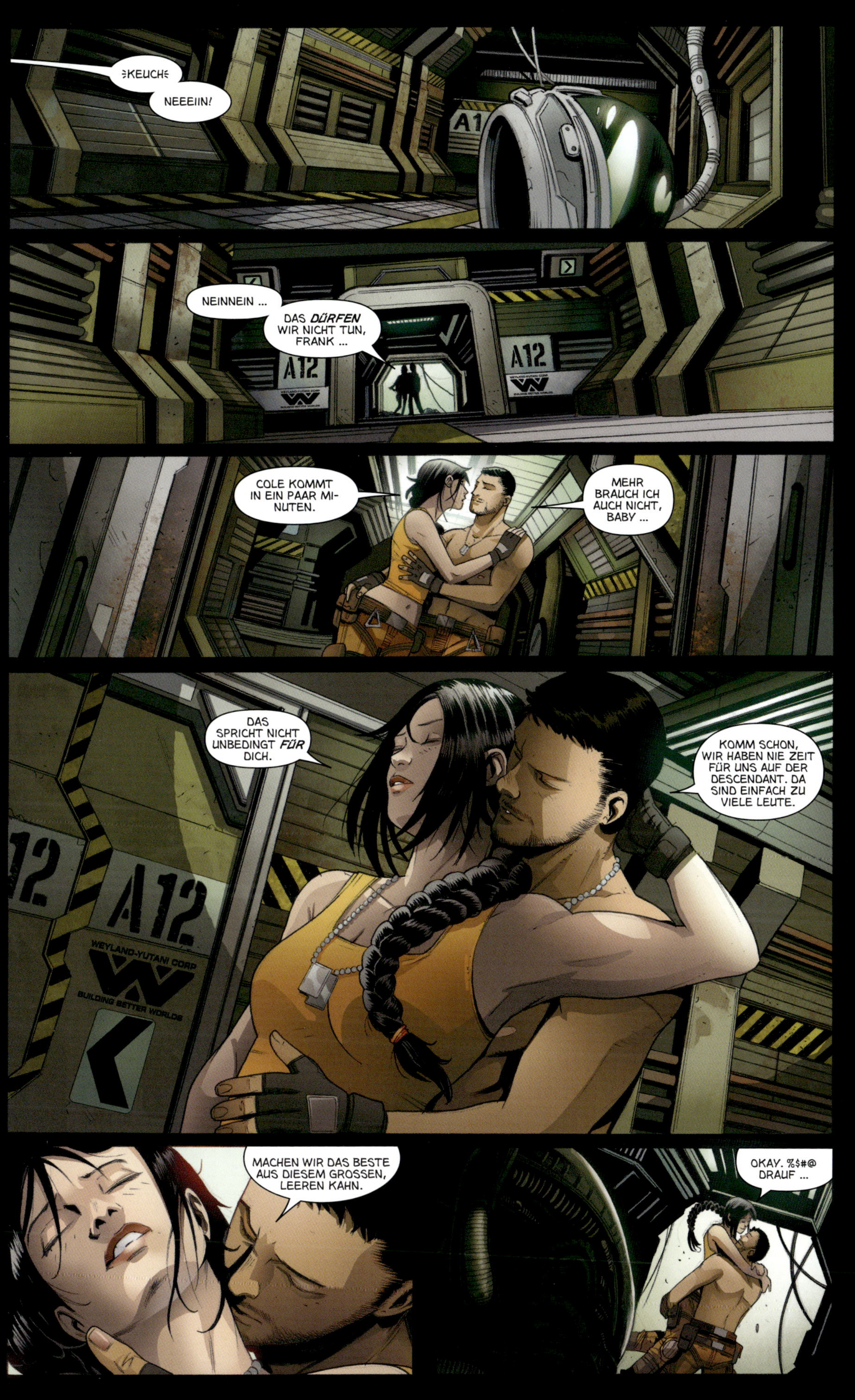

⋮KEUCH⋮
NEEEIIN!
A1
NEINNEIN ...
DAS DÜRFEN WIR NICHT TUN, FRANK ...
A12
A12
COLE KOMMT IN EIN PAAR MI-NUTEN.
MEHR BRAUCH ICH AUCH NICHT, BABY ...
DAS SPRICHT NICHT UNBEDINGT FÜR DICH.
KOMM SCHON, WIR HABEN NIE ZEIT FÜR UNS AUF DER DESCENDANT. DA SIND EINFACH ZU VIELE LEUTE.
A12
WEYLAND-YUTANI CORP
BUILDING BETTER WORLDS
MACHEN WIR DAS BESTE AUS DIESEM GROSSEN, LEEREN KAHN.
OKAY. %$#@ DRAUF ...

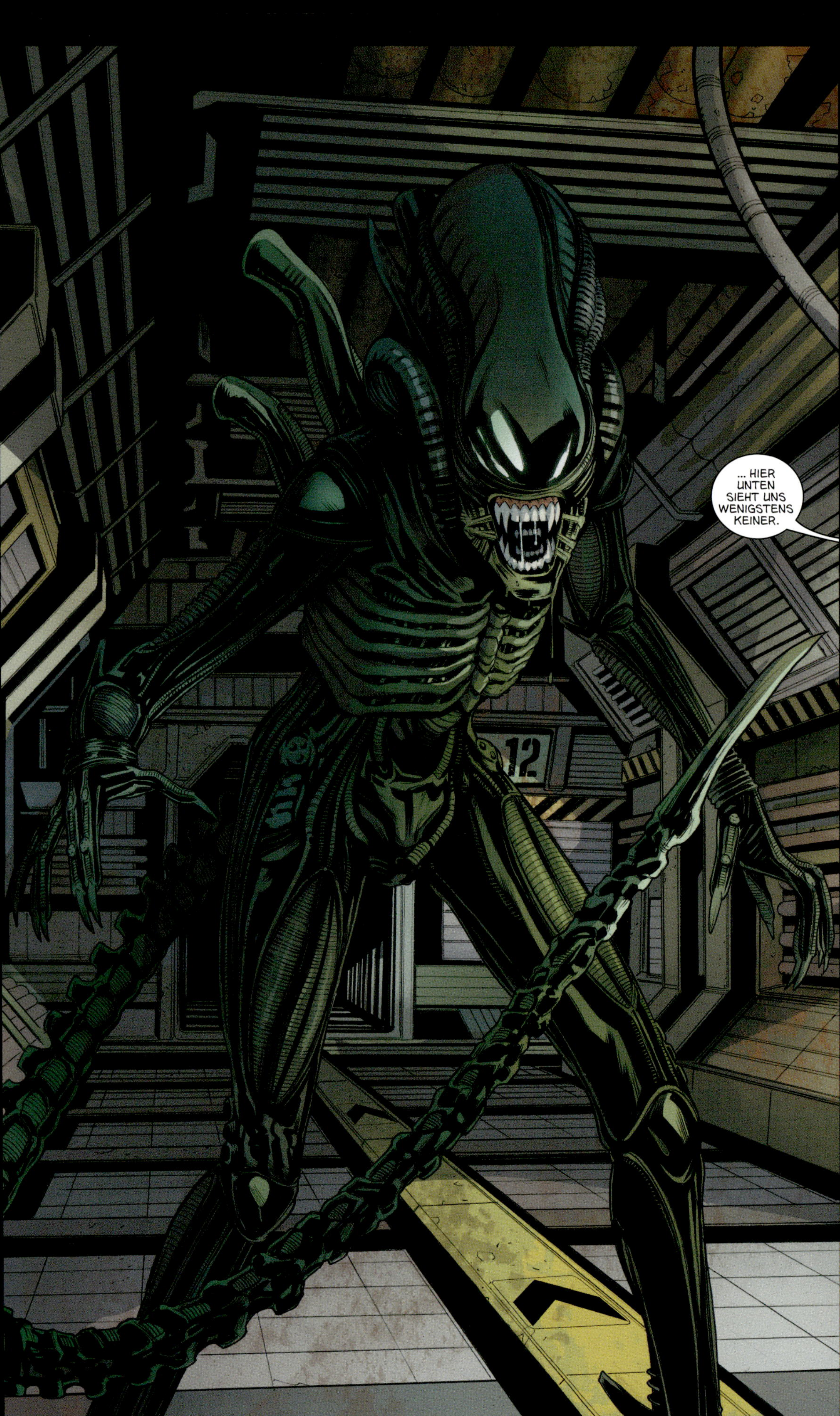
... HIER UNTEN SIEHT UNS WENIGSTENS KEINER.
12

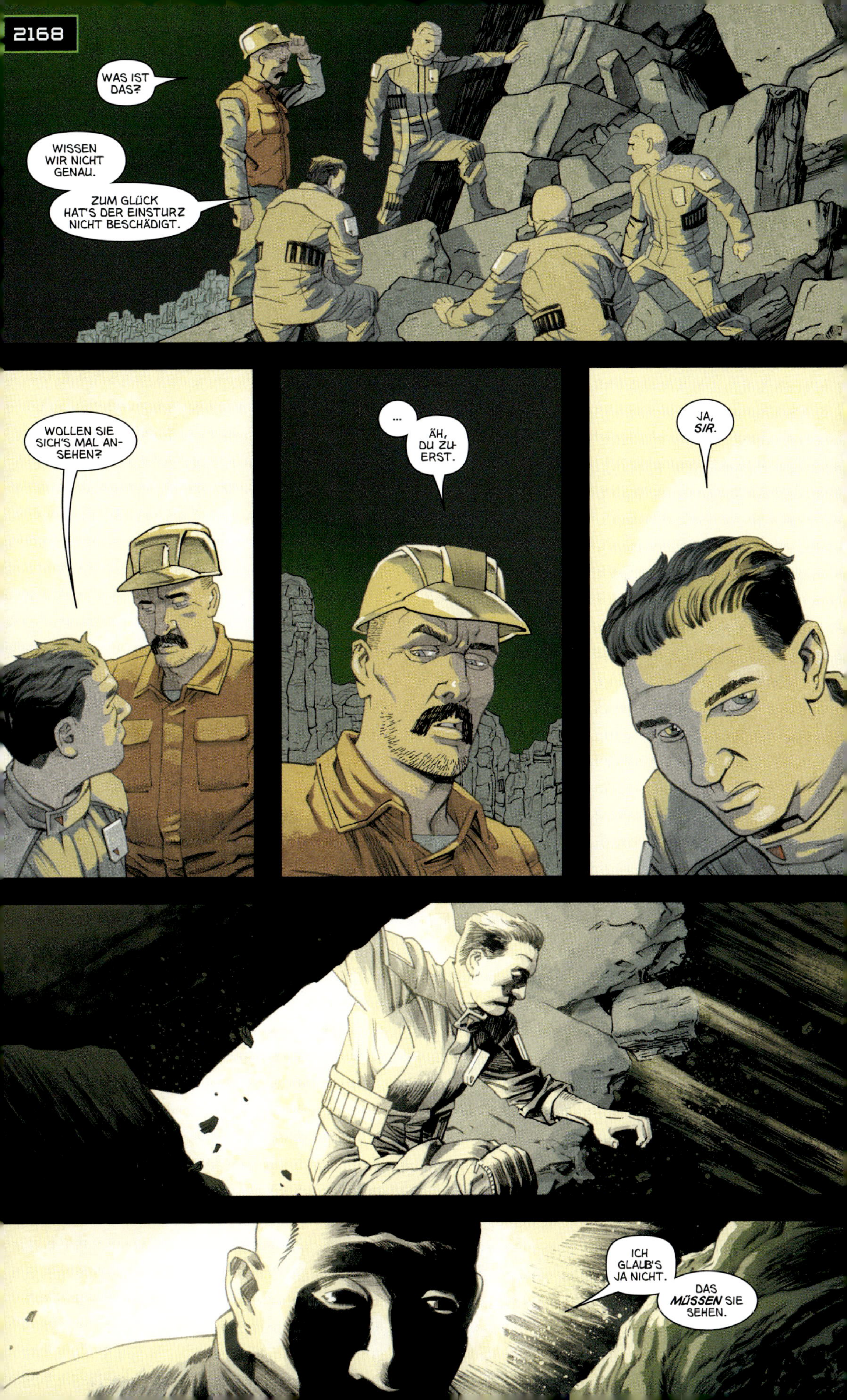

2168

WAS IST DAS?

WISSEN WIR NICHT GENAU.

ZUM GLÜCK HAT'S DER EINSTURZ NICHT BESCHÄDIGT.

WOLLEN SIE SICH'S MAL ANSEHEN?

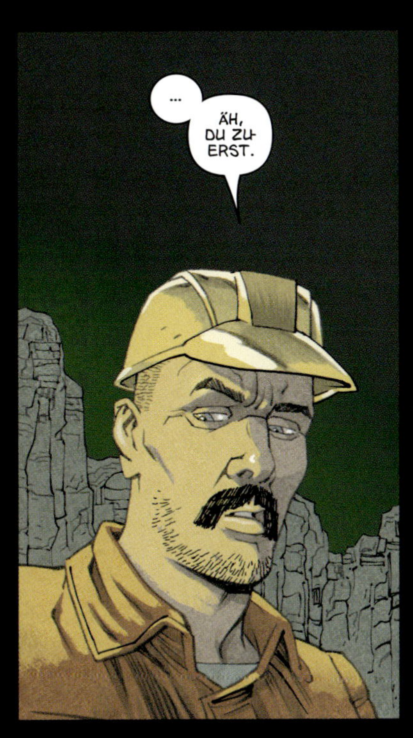

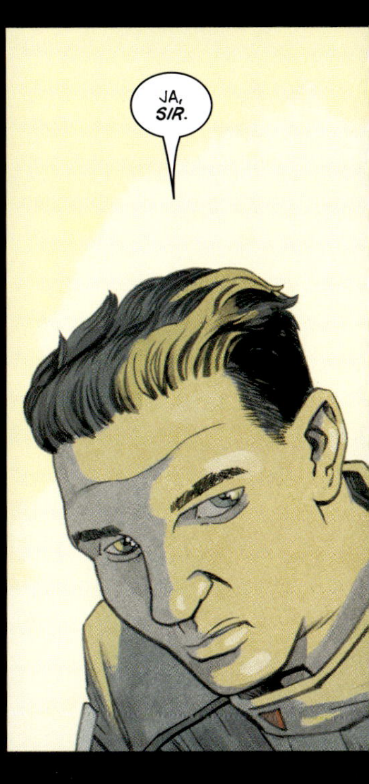

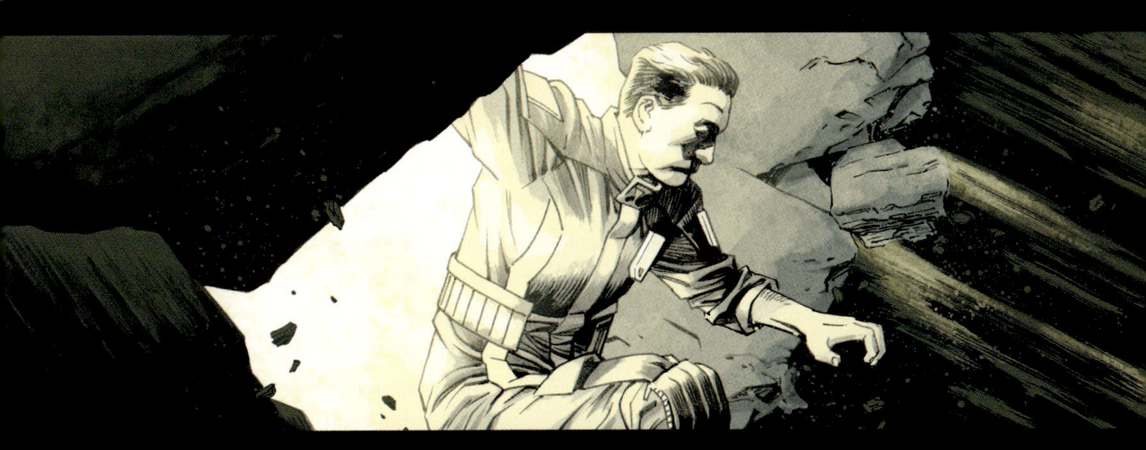

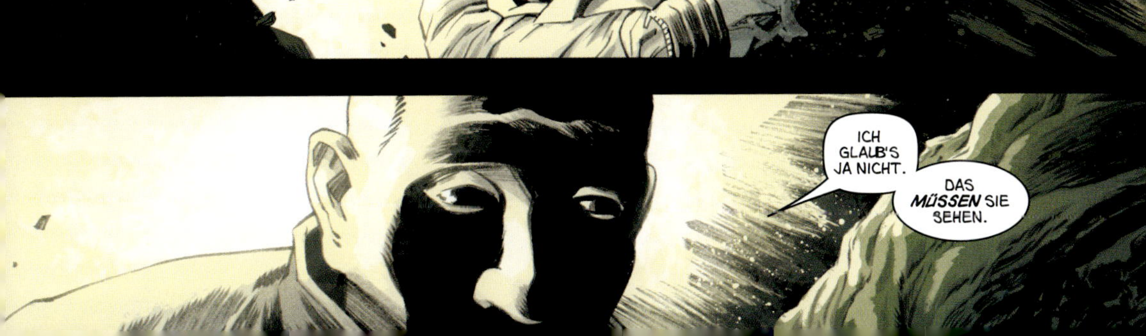

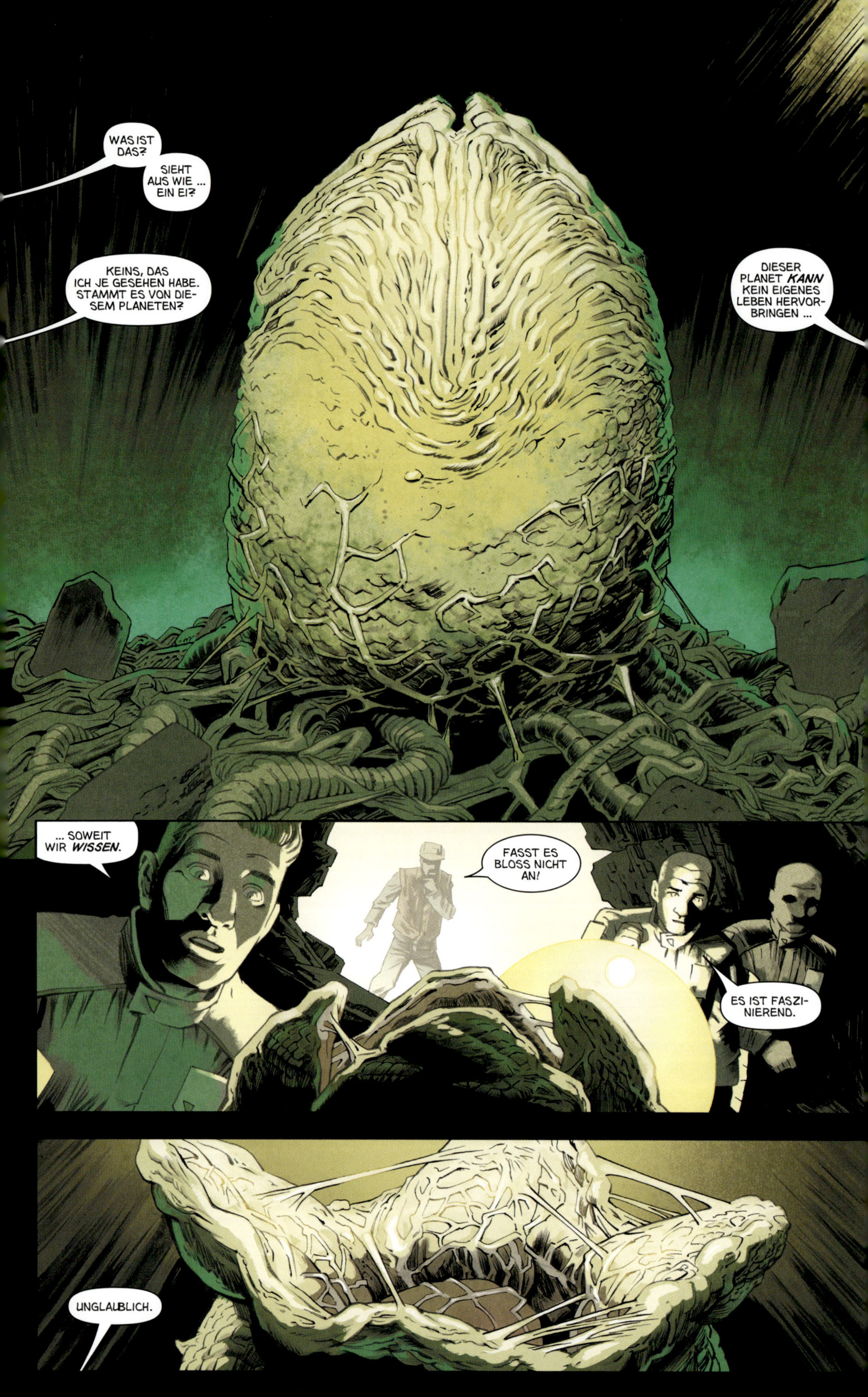
WAS IST DAS?
SIEHT AUS WIE ... EIN EI?
KEINS, DAS ICH JE GESEHEN HABE. STAMMT ES VON DIESEM PLANETEN?
DIESER PLANET *KANN* KEIN EIGENES LEBEN HERVORBRINGEN ...
... SOWEIT WIR *WISSEN*.
FASST ES BLOSS NICHT AN!
ES IST FASZINIEREND.
UNGLAUBLICH.

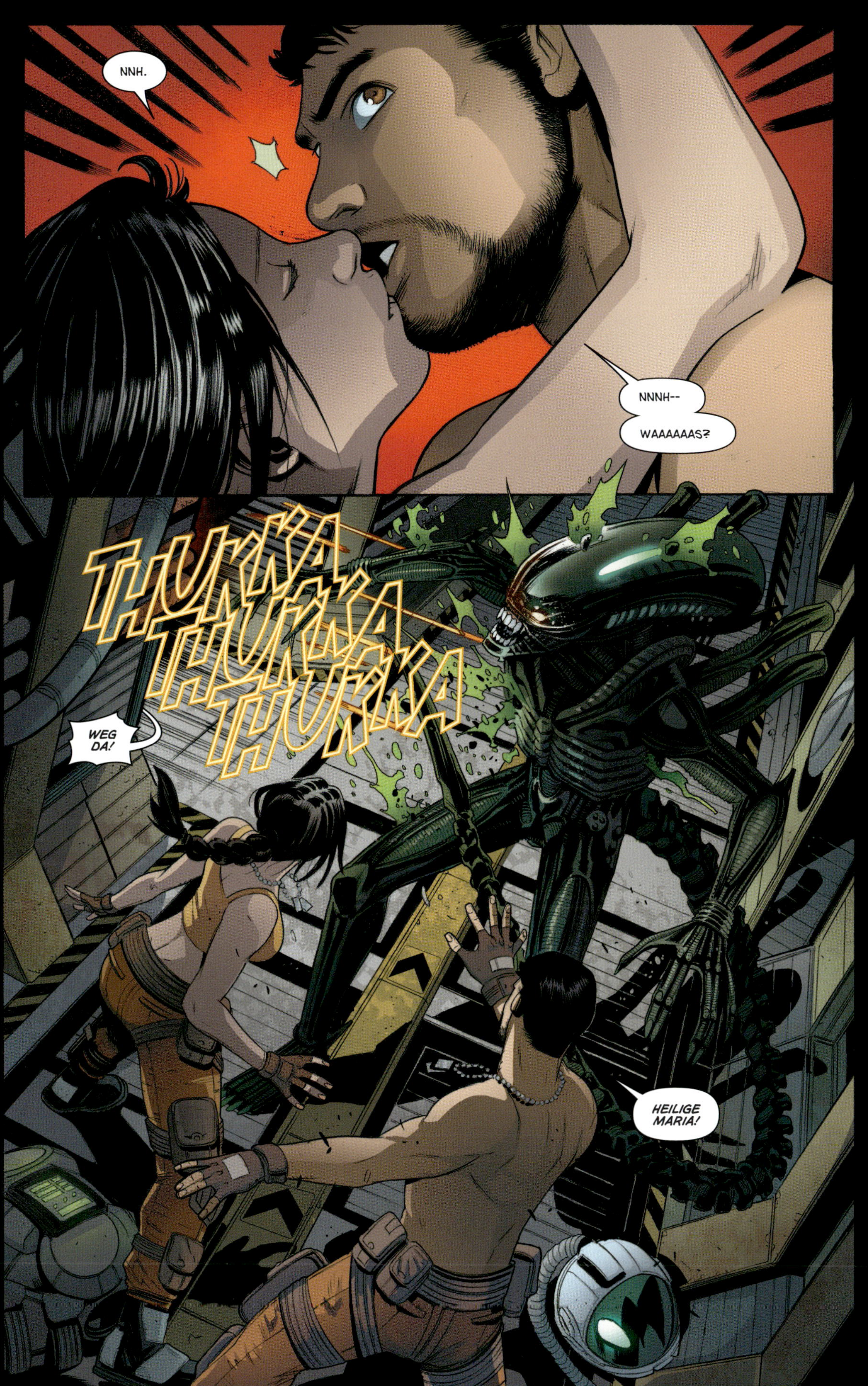
NNH.
NNNH--
WAAAAAAS?
THUKKA THUKKA THUKKA
WEG DA!
HEILIGE MARIA!

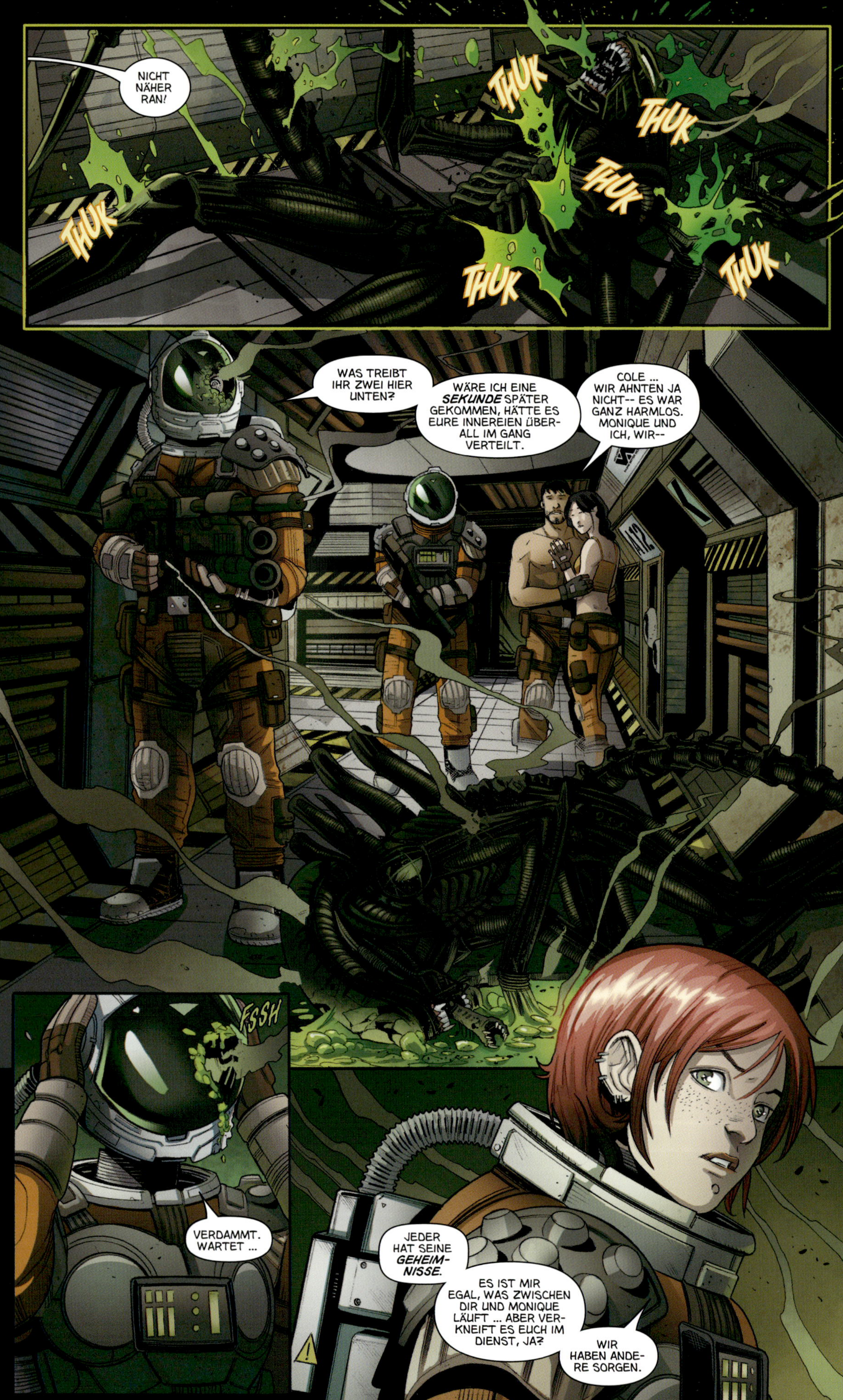
NICHT NÄHER RAN!
THUK
THUK
THUK
THUK
THUK
THUK
WAS TREIBT IHR ZWEI HIER UNTEN?
WÄRE ICH EINE *SEKUNDE* SPÄTER GEKOMMEN, HÄTTE ES EURE INNEREIEN ÜBERALL IM GANG VERTEILT.
COLE ... WIR AHNTEN JA NICHT-- ES WAR GANZ HARMLOS. MONIQUE UND ICH, WIR--
FSSH
VERDAMMT. WARTET ...
JEDER HAT SEINE *GEHEIMNISSE*.
ES IST MIR EGAL, WAS ZWISCHEN DIR UND MONIQUE LÄUFT ... ABER VERKNEIFT ES EUCH IM DIENST, JA?
WIR HABEN ANDERE SORGEN.

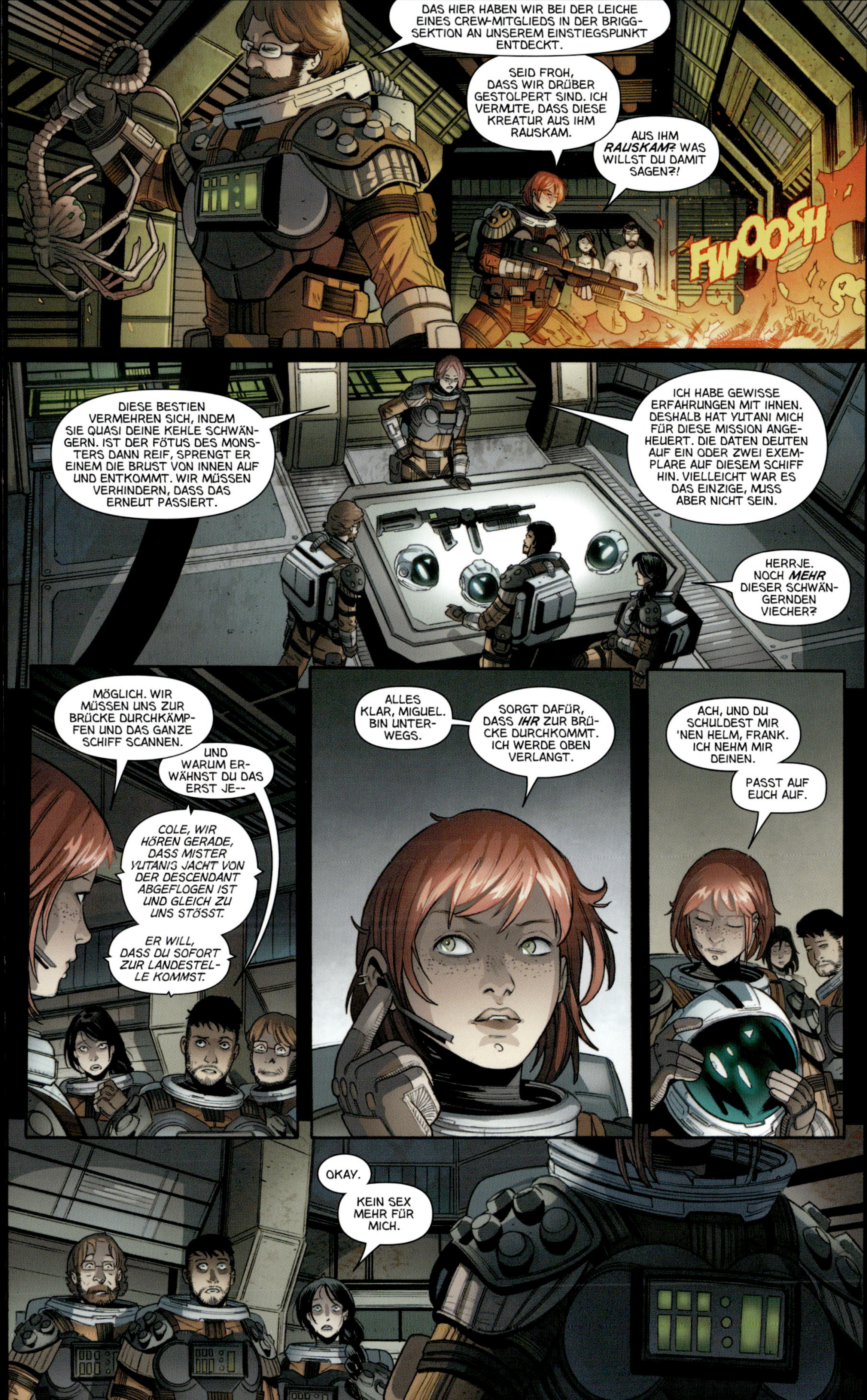
DAS HIER HABEN WIR BEI DER LEICHE EINES CREW-MITGLIEDS IN DER BRIGG-SEKTION AN UNSEREM EINSTIEGSPUNKT ENTDECKT.
SEID FROH, DASS WIR DRÜBER GESTOLPERT SIND. ICH VERMUTE, DASS DIESE KREATUR AUS IHM RAUSKAM.
AUS IHM *RAUSKAM*?! WAS WILLST DU DAMIT SAGEN?!
FWOOSH
DIESE BESTIEN VERMEHREN SICH, INDEM SIE QUASI DEINE KEHLE SCHWÄNGERN. IST DER FÖTUS DES MONSTERS DANN REIF, SPRENGT ER EINEM DIE BRUST VON INNEN AUF UND ENTKOMMT. WIR MÜSSEN VERHINDERN, DASS DAS ERNEUT PASSIERT.
ICH HABE GEWISSE ERFAHRUNGEN MIT IHNEN. DESHALB HAT YUTANI MICH FÜR DIESE MISSION ANGEHEUERT. DIE DATEN DEUTEN AUF EIN ODER ZWEI EXEMPLARE AUF DIESEM SCHIFF HIN. VIELLEICHT WAR ES DAS EINZIGE, MUSS ABER NICHT SEIN.
HERRJE. NOCH *MEHR* DIESER SCHWÄNGERNDEN VIECHER?
MÖGLICH. WIR MÜSSEN UNS ZUR BRÜCKE DURCHKÄMPFEN UND DAS GANZE SCHIFF SCANNEN.
UND WARUM ERWÄHNST DU DAS ERST JE--
COLE, WIR HÖREN GERADE, DASS MISTER YUTANIS JACHT VON DER DESCENDANT ABGEFLOGEN IST UND GLEICH ZU UNS STÖSST.
ER WILL, DASS DU SOFORT ZUR LANDESTELLE KOMMST.
ALLES KLAR, MIGUEL. BIN UNTERWEGS.
SORGT DAFÜR, DASS *IHR* ZUR BRÜCKE DURCHKOMMT. ICH WERDE OBEN VERLANGT.
ACH, UND DU SCHULDEST MIR 'NEN HELM, FRANK. ICH NEHM MIR DEINEN.
PASST AUF EUCH AUF.
OKAY.
KEIN SEX MEHR FÜR MICH.

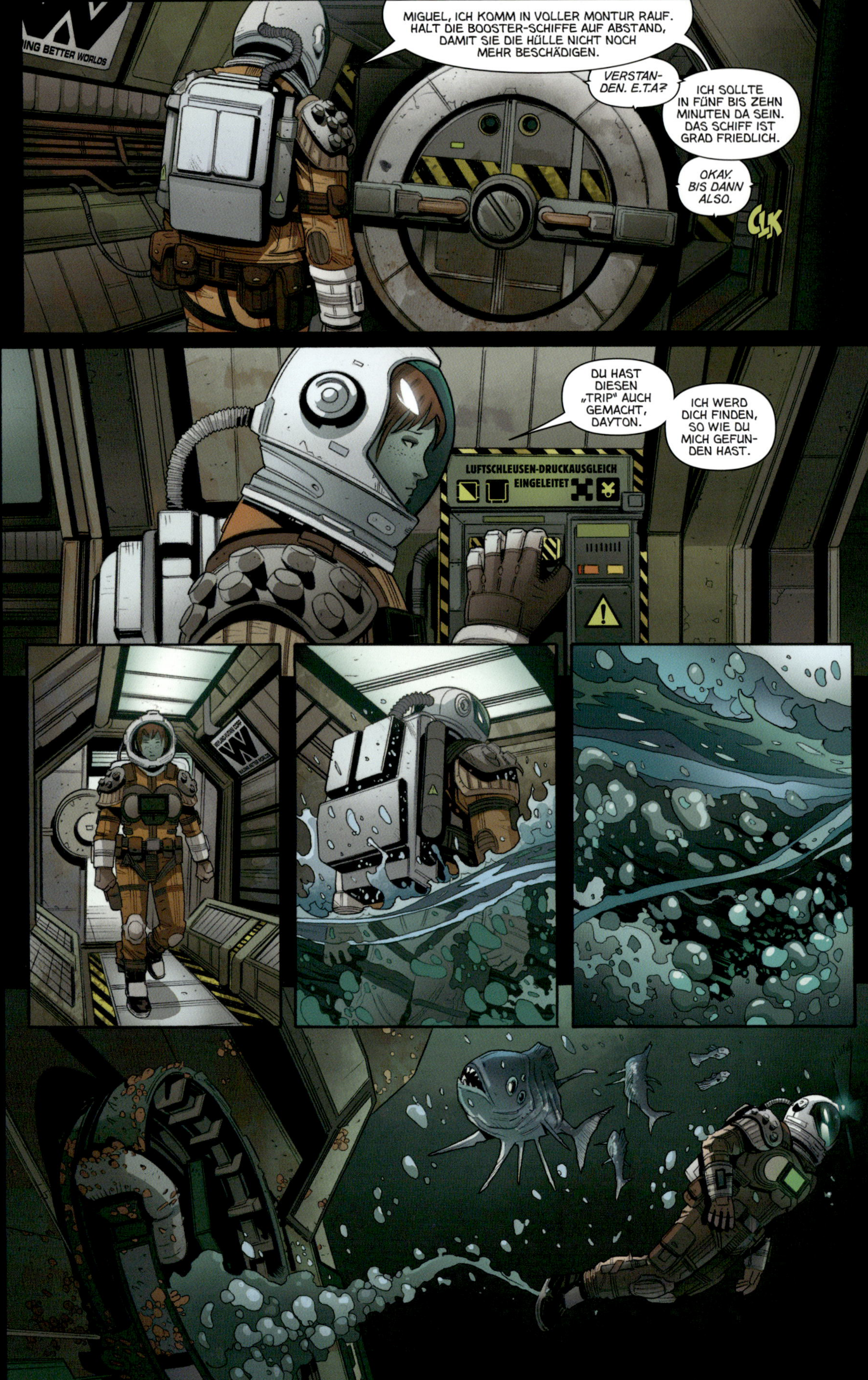

ING BETTER WORLDS
MIGUEL, ICH KOMM IN VOLLER MONTUR RAUF. HALT DIE BOOSTER-SCHIFFE AUF ABSTAND, DAMIT SIE DIE HÜLLE NICHT NOCH MEHR BESCHÄDIGEN.
VERSTAN-DEN. E.T.A?
ICH SOLLTE IN FÜNF BIS ZEHN MINUTEN DA SEIN. DAS SCHIFF IST GRAD FRIEDLICH.
OKAY. BIS DANN ALSO.
CLK
DU HAST DIESEN „TRIP" AUCH GEMACHT, DAYTON.
ICH WERD DICH FINDEN, SO WIE DU MICH GEFUN-DEN HAST.
LUFTSCHLEUSEN-DRUCKAUSGLEICH EINGELEITET

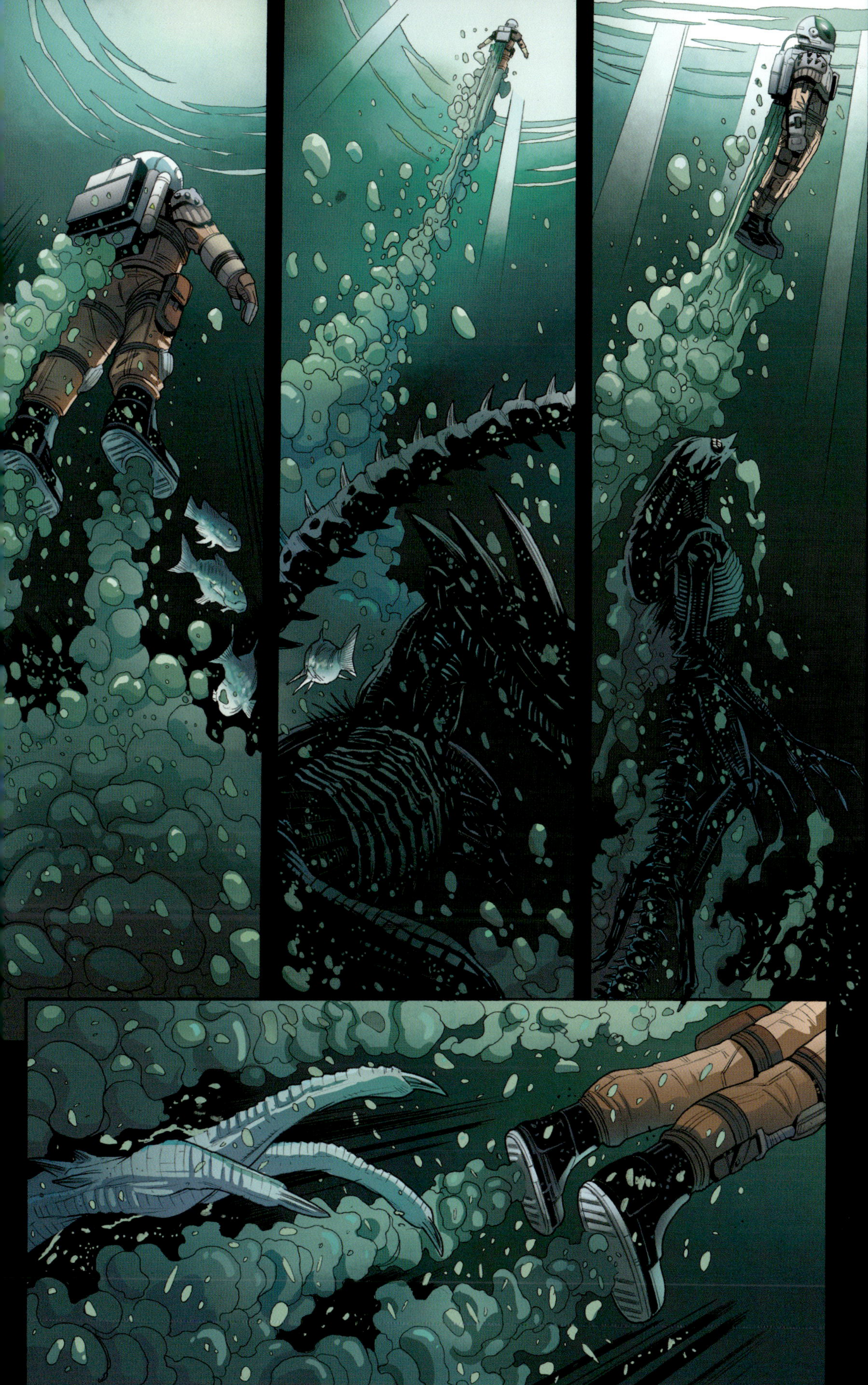

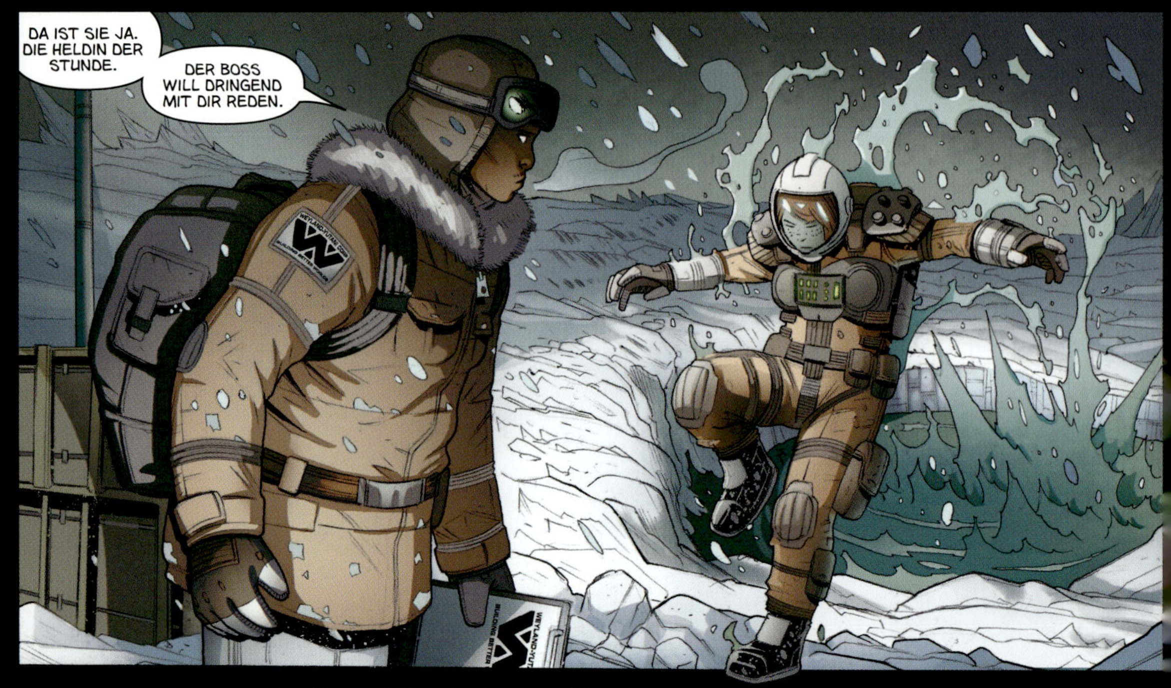
DA IST SIE JA. DIE HELDIN DER STUNDE.
DER BOSS WILL DRINGEND MIT DIR REDEN.

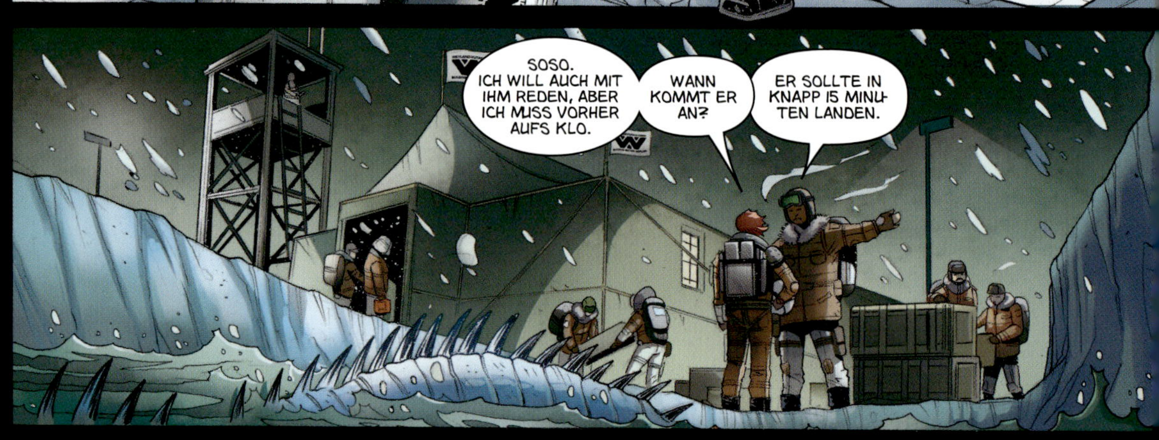
SOSO. ICH WILL AUCH MIT IHM REDEN, ABER ICH MUSS VORHER AUFS KLO.
WANN KOMMT ER AN?
ER SOLLTE IN KNAPP 15 MINUTEN LANDEN.

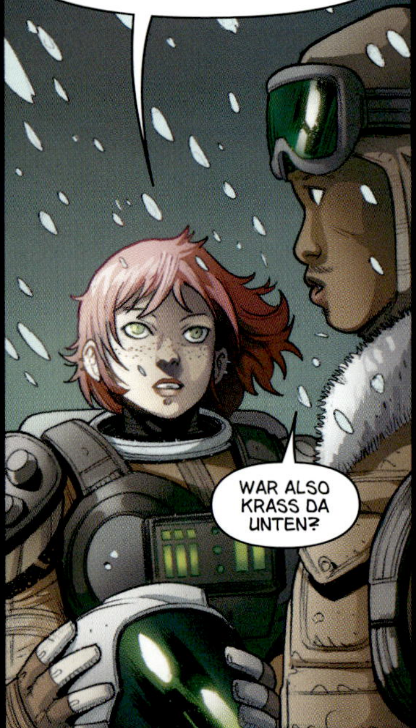
OKAY, TU MIR EINEN GEFALLEN. ICH BIN BALD WIEDER DA. WARN IHN VOR, DASS WIR *FEINDKONTAKT* HATTEN, JA? DIE GEFAHR IST BESEITIGT, ABER DAS SCHIFF IST NOCH NICHT GERÄUMT. ANHEBEN WÄRE ALSO NOCH ZU FRÜH.
WAR ALSO KRASS DA UNTEN?

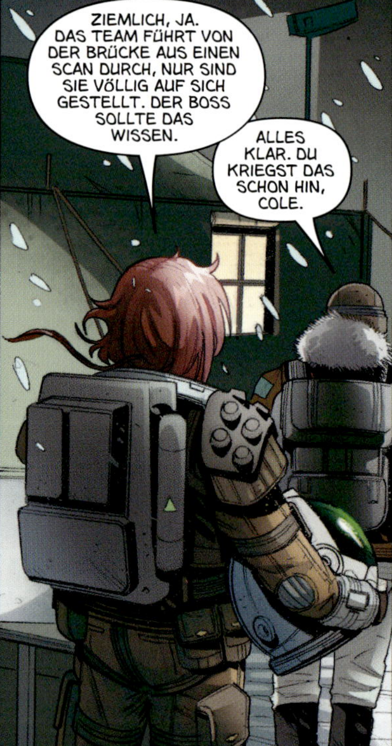
ZIEMLICH, JA. DAS TEAM FÜHRT VON DER BRÜCKE AUS EINEN SCAN DURCH, NUR SIND SIE VÖLLIG AUF SICH GESTELLT. DER BOSS SOLLTE DAS WISSEN.
ALLES KLAR. DU KRIEGST DAS SCHON HIN, COLE.

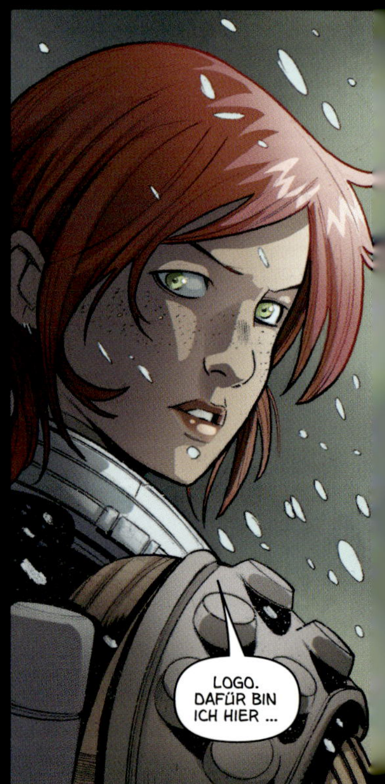
LOGO. DAFÜR BIN ICH HIER ...

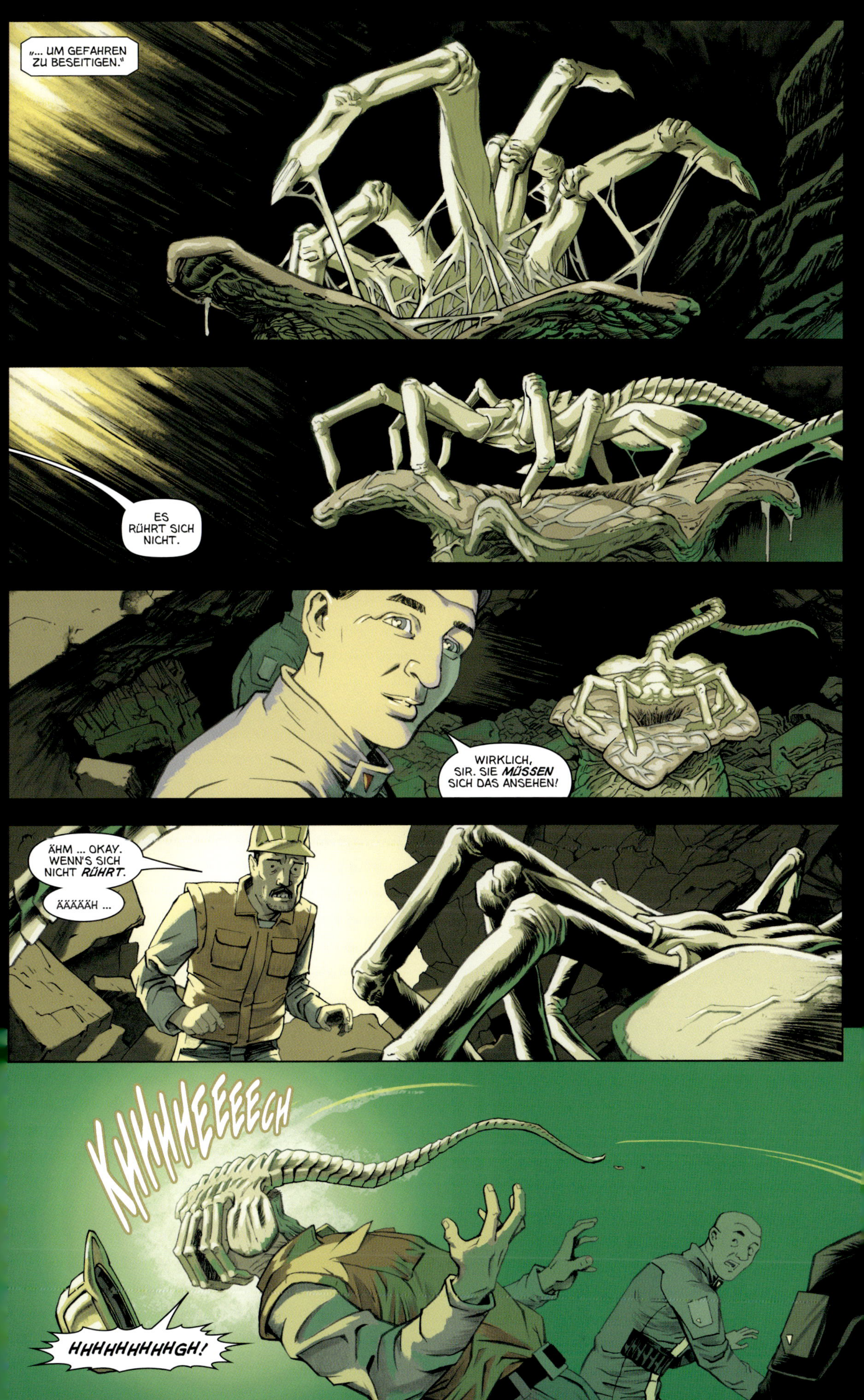
„… UM GEFAHREN ZU BESEITIGEN."
ES RÜHRT SICH NICHT.
WIRKLICH, SIR. SIE *MÜSSEN* SICH DAS ANSEHEN!
ÄHM … OKAY. WENN'S SICH NICHT *RÜHRT*.
ÄÄÄÄÄH …
KHHHHEEEECH
HHHHHHHHHGH!

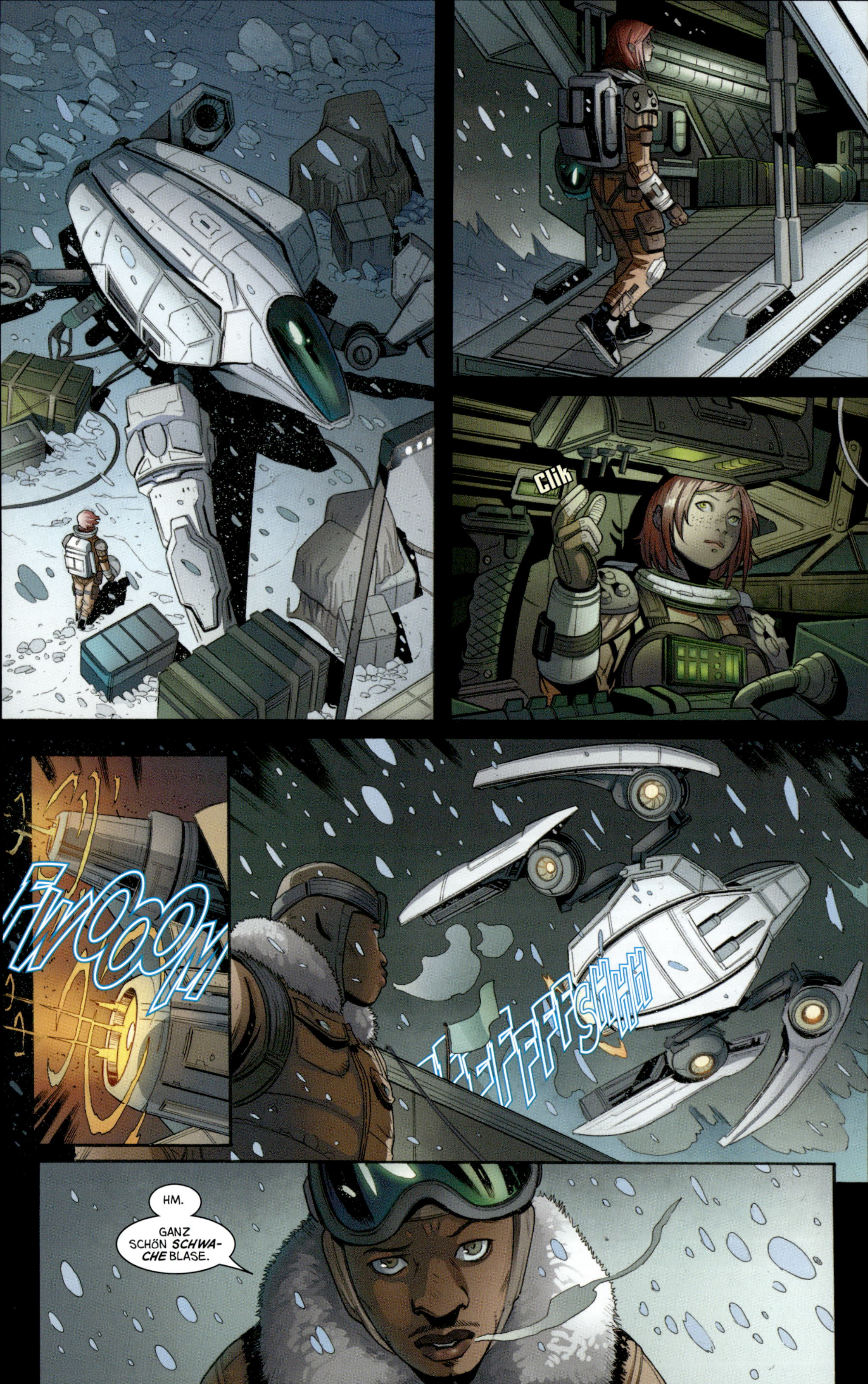
CLIK
FWOOOM
FFFFFSHHH
HM.
GANZ SCHÖN *SCHWACHE* BLASE.

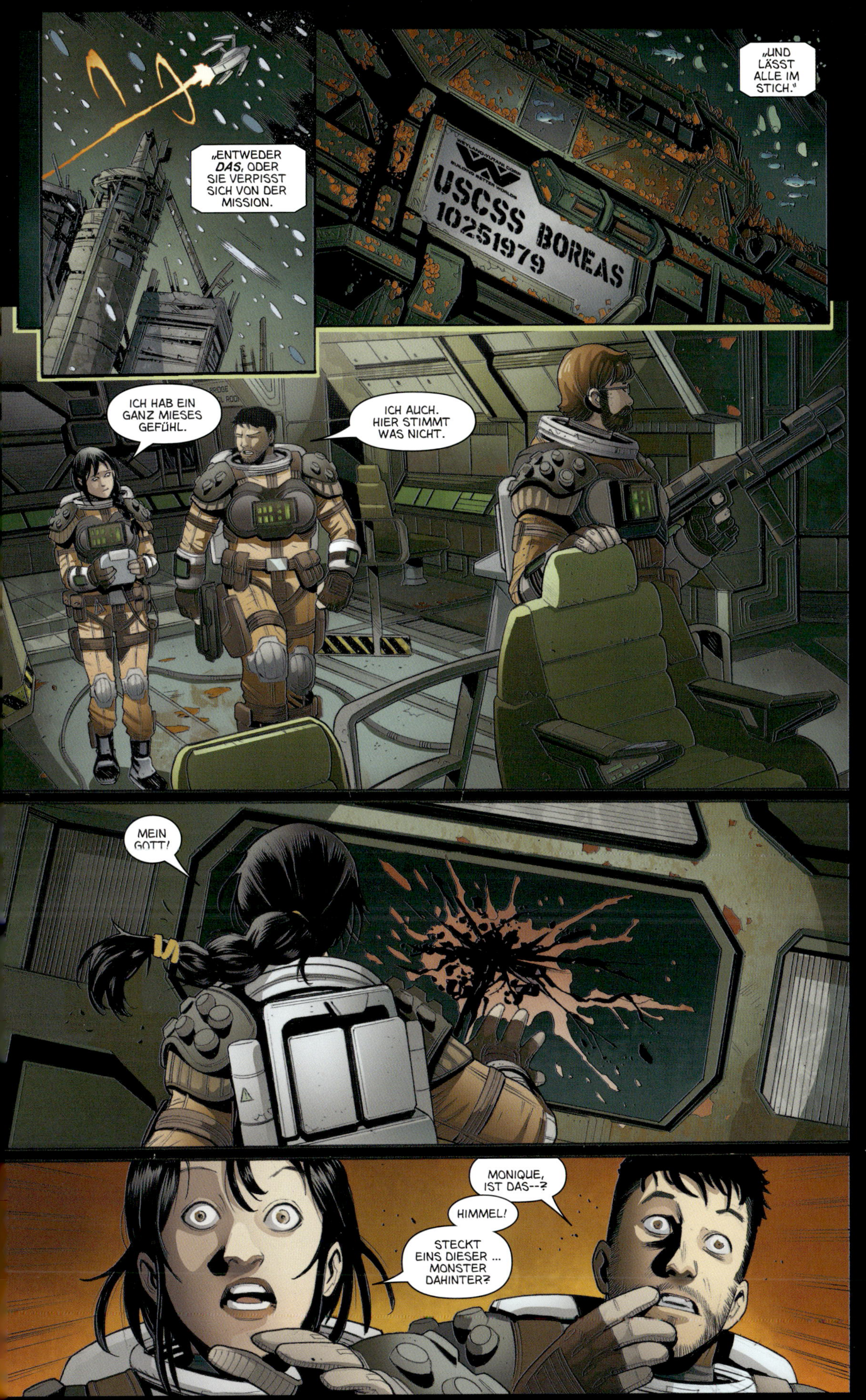
„ENTWEDER DAS, ODER SIE VERPISST SICH VON DER MISSION.
„UND LÄSST ALLE IM STICH."
USCSS BOREAS 10251979
ICH HAB EIN GANZ MIESES GEFÜHL.
ICH AUCH. HIER STIMMT WAS NICHT.
MEIN GOTT!
MONIQUE, IST DAS--?
HIMMEL!
STECKT EINS DIESER ... MONSTER DAHINTER?

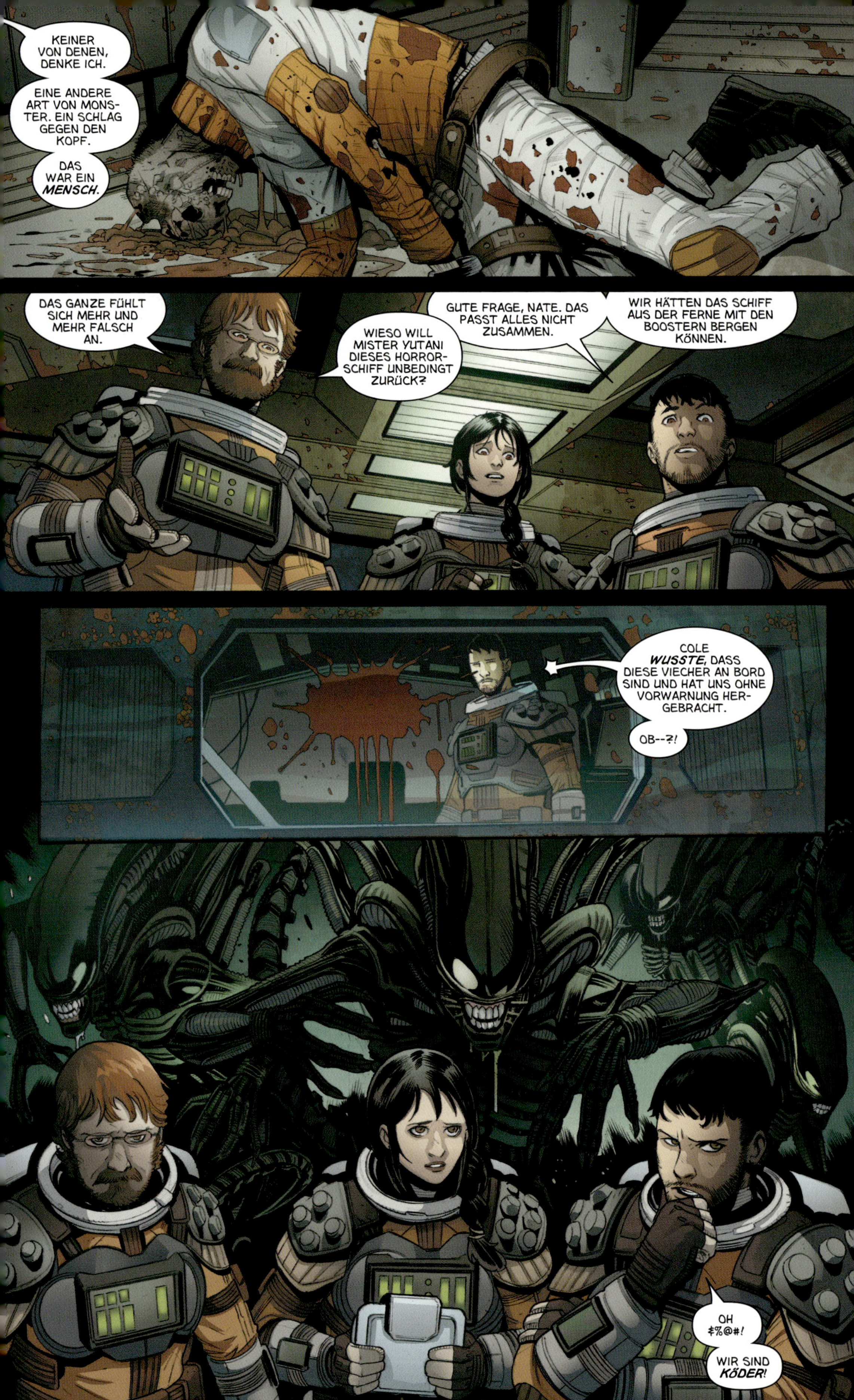
KEINER VON DENEN, DENKE ICH.
EINE ANDERE ART VON MONSTER. EIN SCHLAG GEGEN DEN KOPF.
DAS WAR EIN *MENSCH*.
DAS GANZE FÜHLT SICH MEHR UND MEHR FALSCH AN.
WIESO WILL MISTER YUTANI DIESES HORROR-SCHIFF UNBEDINGT ZURÜCK?
GUTE FRAGE, NATE. DAS PASST ALLES NICHT ZUSAMMEN.
WIR HÄTTEN DAS SCHIFF AUS DER FERNE MIT DEN BOOSTERN BERGEN KÖNNEN.
COLE *WUSSTE*, DASS DIESE VIECHER AN BORD SIND UND HAT UNS OHNE VORWARNUNG HERGEBRACHT.
OB--?!
OH ‡%@#!
WIR SIND *KÖDER*!

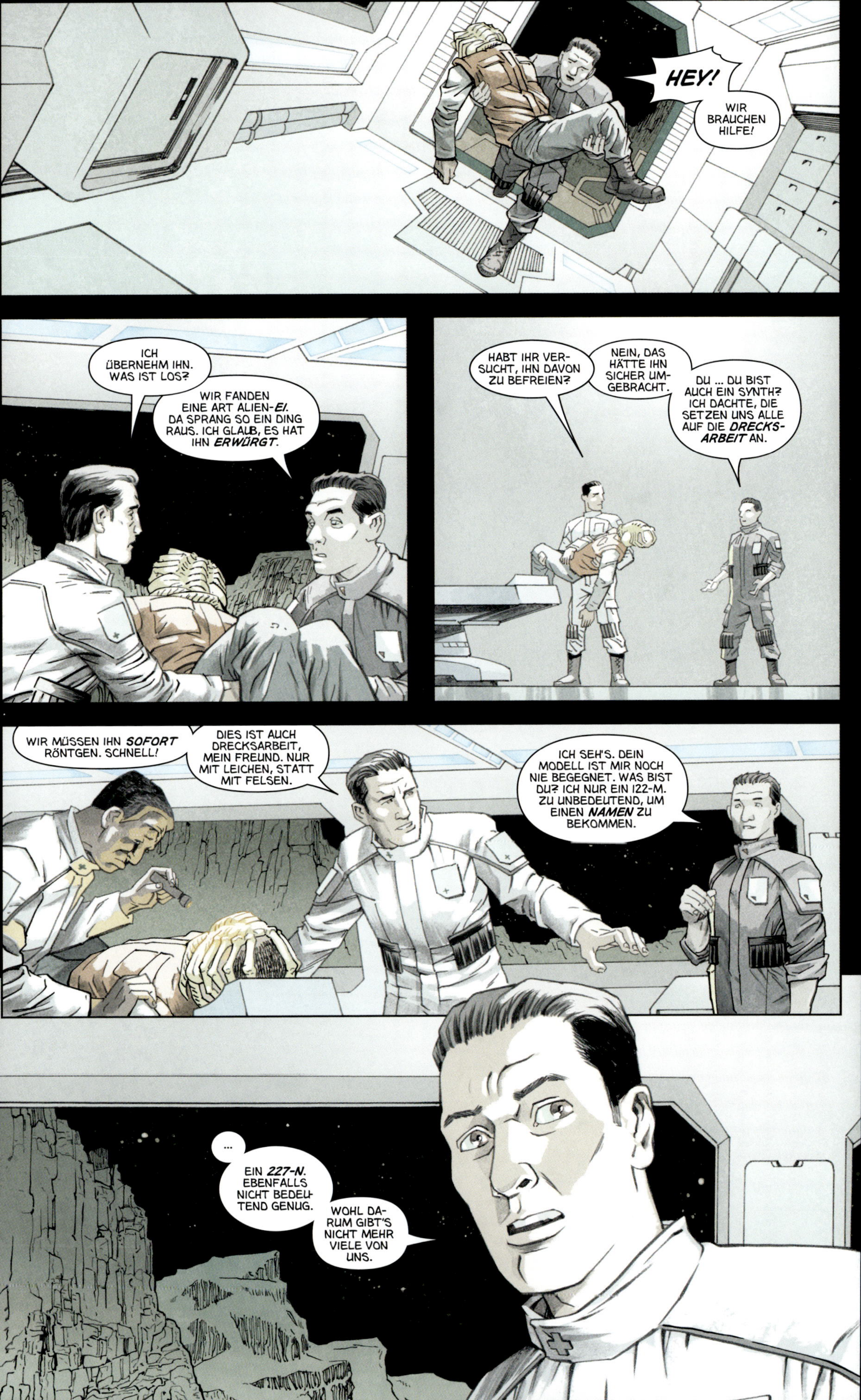
HEY!
WIR BRAUCHEN HILFE!
ICH ÜBERNEHM IHN. WAS IST LOS?
WIR FANDEN EINE ART ALIEN-EI. DA SPRANG SO EIN DING RAUS. ICH GLAUB, ES HAT IHN ERWÜRGT.
HABT IHR VERSUCHT, IHN DAVON ZU BEFREIEN?
NEIN, DAS HÄTTE IHN SICHER UMGEBRACHT.
DU ... DU BIST AUCH EIN SYNTH? ICH DACHTE, DIE SETZEN UNS ALLE AUF DIE DRECKSARBEIT AN.
WIR MÜSSEN IHN SOFORT RÖNTGEN. SCHNELL!
DIES IST AUCH DRECKSARBEIT, MEIN FREUND. NUR MIT LEICHEN, STATT MIT FELSEN.
ICH SEH'S. DEIN MODELL IST MIR NOCH NIE BEGEGNET. WAS BIST DU? ICH NUR EIN 122-M. ZU UNBEDEUTEND, UM EINEN NAMEN ZU BEKOMMEN.
...
EIN 227-N. EBENFALLS NICHT BEDEUTEND GENUG.
WOHL DARUM GIBT'S NICHT MEHR VIELE VON UNS.

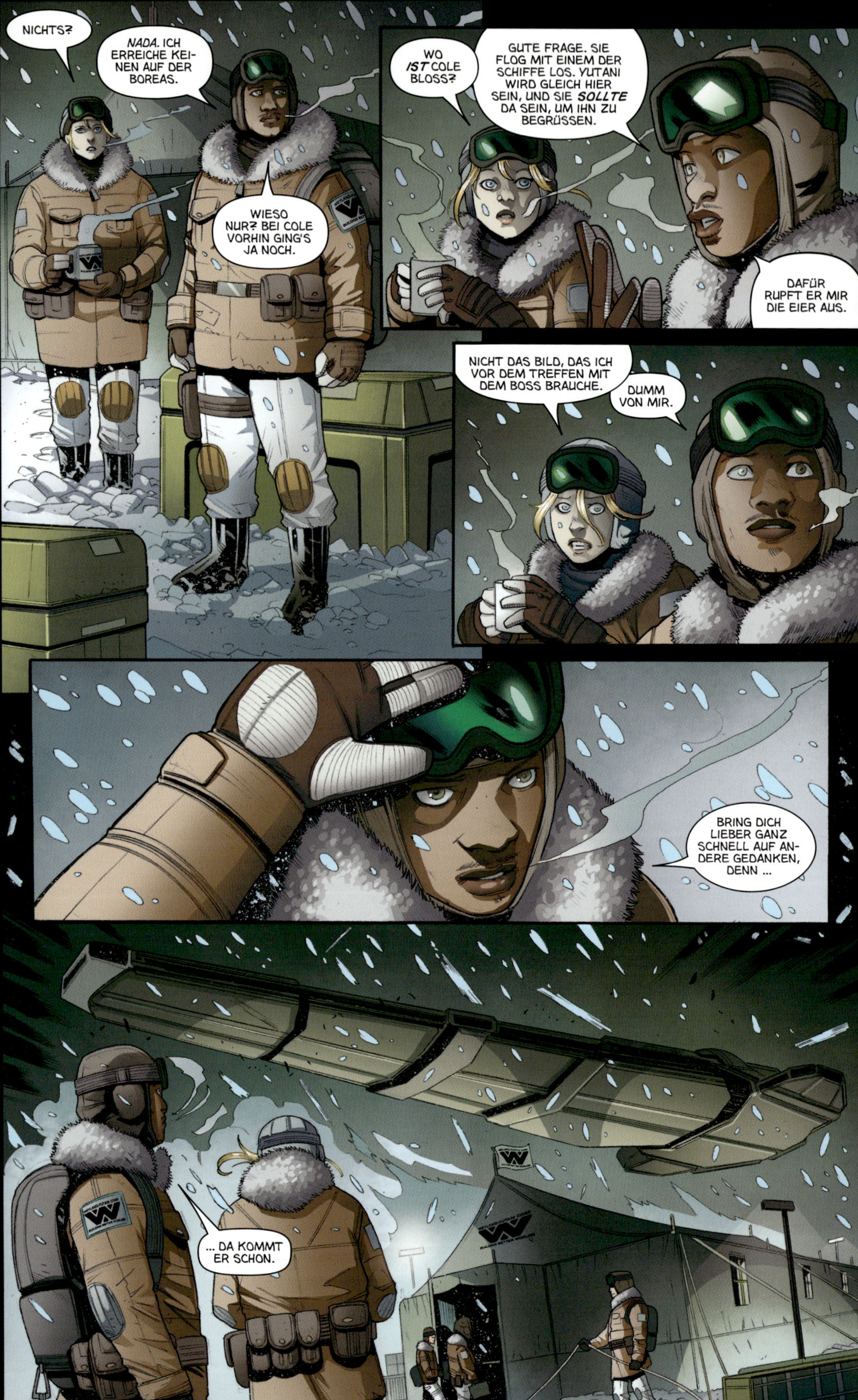
NICHTS?
NADA. ICH ERREICHE KEINEN AUF DER BOREAS.
WIESO NUR? BEI COLE VORHIN GING'S JA NOCH.
WO IST COLE BLOSS?
GUTE FRAGE. SIE FLOG MIT EINEM DER SCHIFFE LOS. YUTANI WIRD GLEICH HIER SEIN, UND SIE SOLLTE DA SEIN, UM IHN ZU BEGRÜSSEN.
DAFÜR RUPFT ER MIR DIE EIER AUS.
NICHT DAS BILD, DAS ICH VOR DEM TREFFEN MIT DEM BOSS BRAUCHE.
DUMM VON MIR.
BRING DICH LIEBER GANZ SCHNELL AUF ANDERE GEDANKEN, DENN ...
... DA KOMMT ER SCHON.

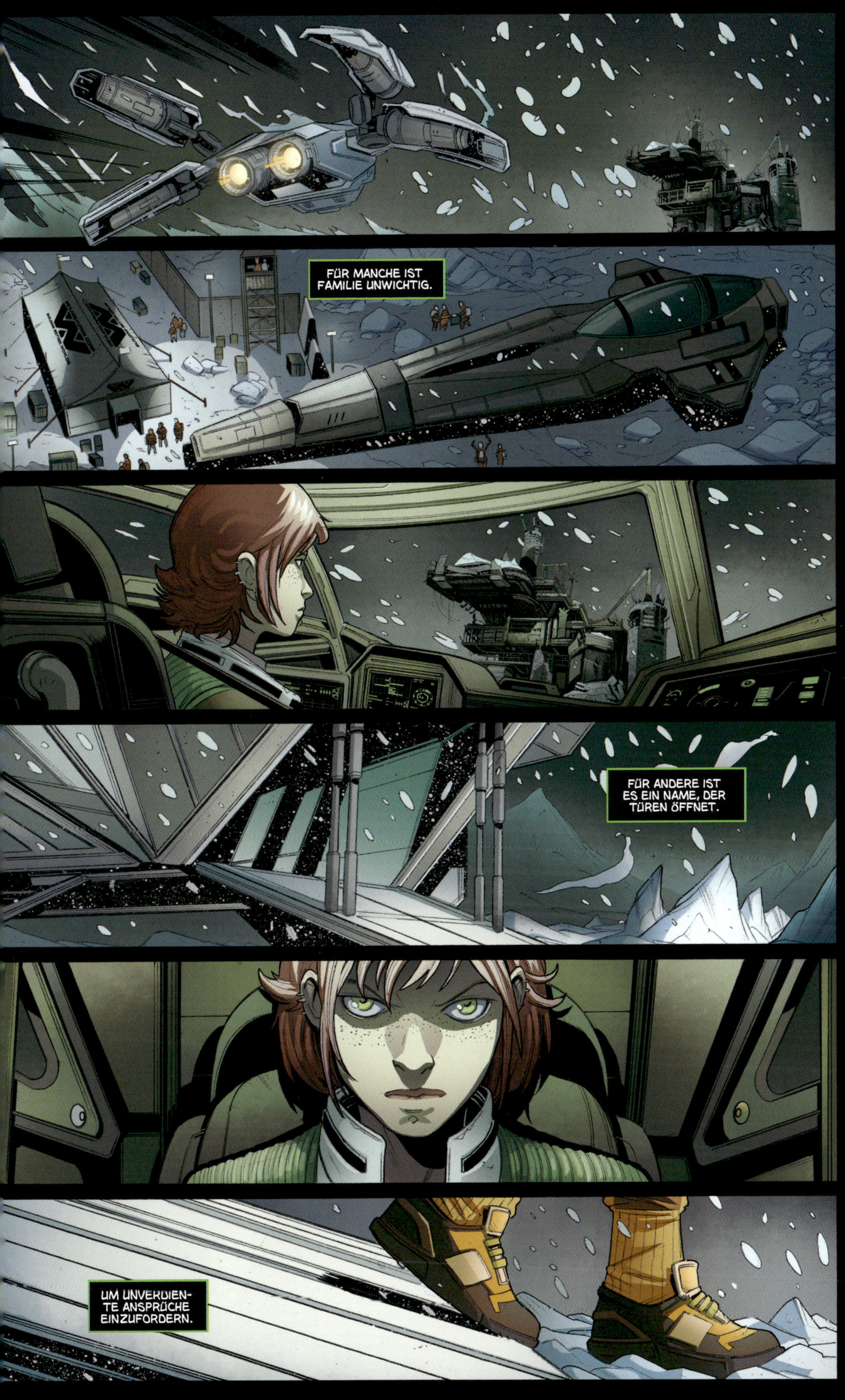
FÜR MANCHE IST FAMILIE UNWICHTIG.
FÜR ANDERE IST ES EIN NAME, DER TÜREN ÖFFNET.
UM UNVERDIENTE ANSPRÜCHE EINZUFORDERN.

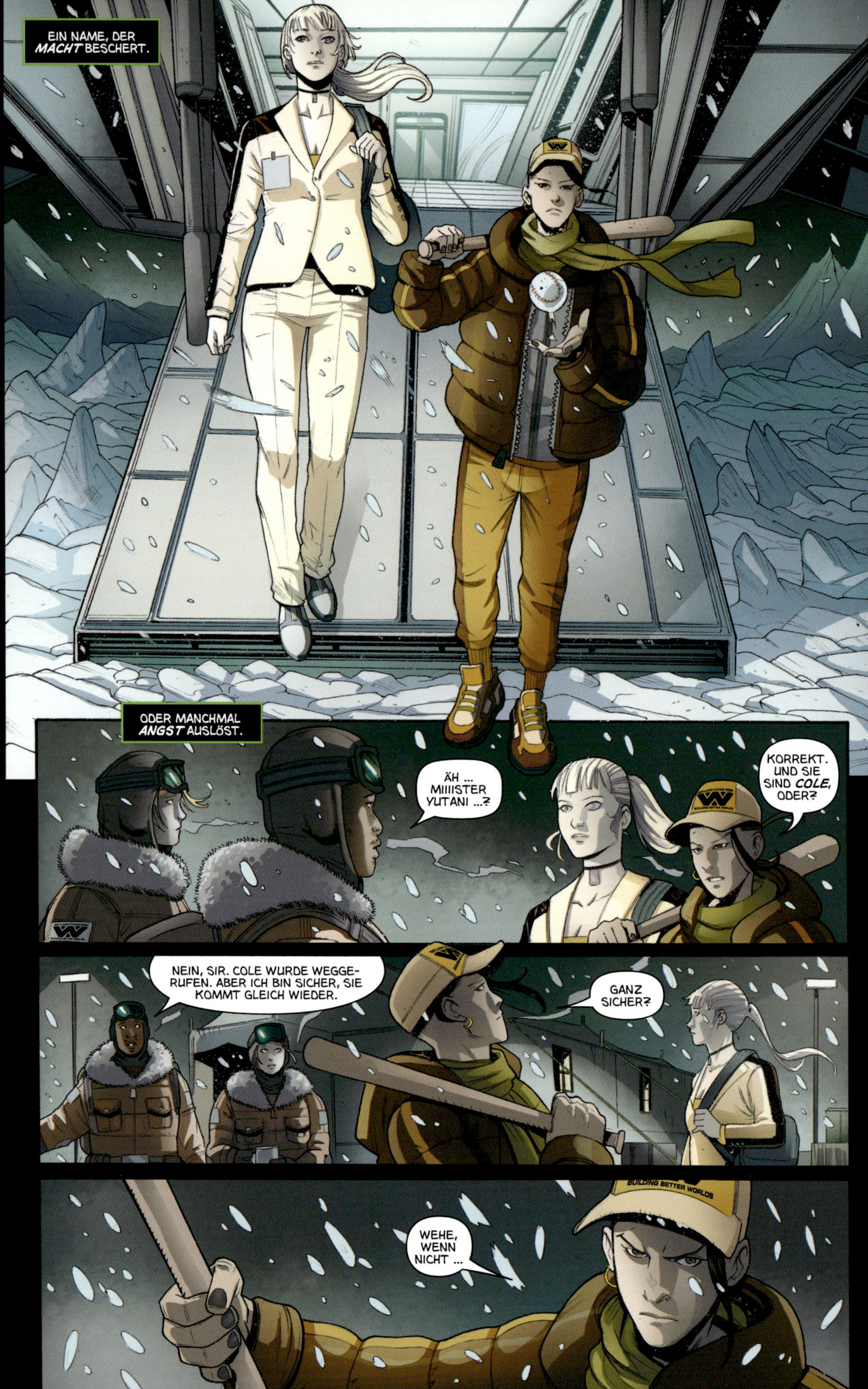

EIN NAME, DER *MACHT* BESCHERT.
ODER MANCHMAL *ANGST* AUSLÖST.
ÄH ... MIIISTER YUTANI ...?
KORREKT. UND SIE SIND *COLE*, ODER?
NEIN, SIR. COLE WURDE WEGGE-RUFEN. ABER ICH BIN SICHER, SIE KOMMT GLEICH WIEDER.
GANZ SICHER?
WEHE, WENN NICHT ...

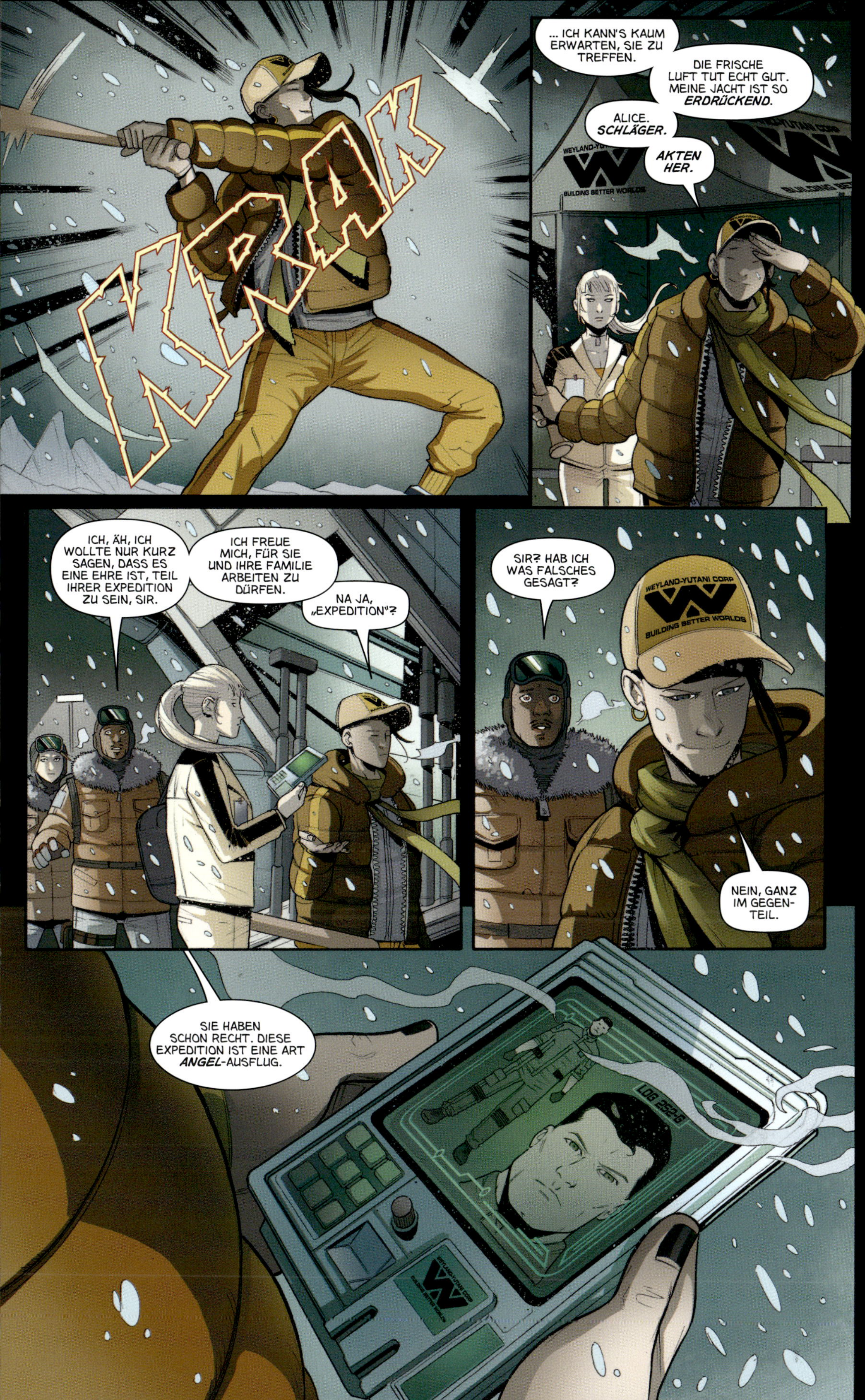
KRAK
... ICH KANN'S KAUM ERWARTEN, SIE ZU TREFFEN.
DIE FRISCHE LUFT TUT ECHT GUT. MEINE JACHT IST SO *ERDRÜCKEND*.
ALICE. *SCHLÄGER*.
AKTEN HER.
WEYLAND-YUTANI CORP
BUILDING BETTER WORLDS
ICH, ÄH, ICH WOLLTE NUR KURZ SAGEN, DASS ES EINE EHRE IST, TEIL IHRER EXPEDITION ZU SEIN, SIR.
ICH FREUE MICH, FÜR SIE UND IHRE FAMILIE ARBEITEN ZU DÜRFEN.
NA JA, „EXPEDITION"?
SIR? HAB ICH WAS FALSCHES GESAGT?
NEIN, GANZ IM GEGENTEIL.
SIE HABEN SCHON RECHT. DIESE EXPEDITION IST EINE ART *ANGEL*-AUSFLUG.
LOG 252-6

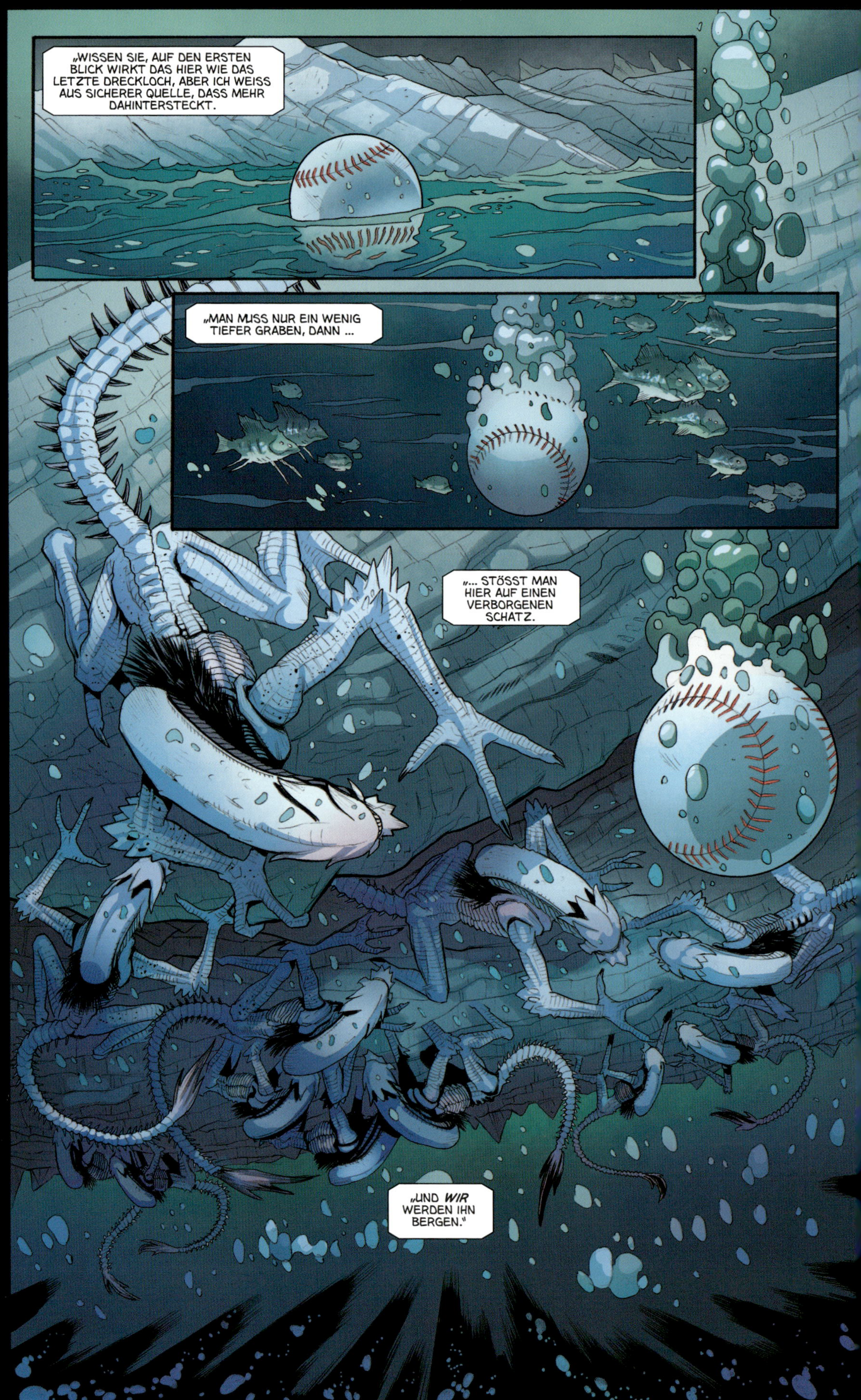
„WISSEN SIE, AUF DEN ERSTEN BLICK WIRKT DAS HIER WIE DAS LETZTE DRECKLOCH, ABER ICH WEISS AUS SICHERER QUELLE, DASS MEHR DAHINTERSTECKT.
„MAN MUSS NUR EIN WENIG TIEFER GRABEN, DANN ...
„... STÖSST MAN HIER AUF EINEN VERBORGENEN SCHATZ.
„UND WIR WERDEN IHN BERGEN."

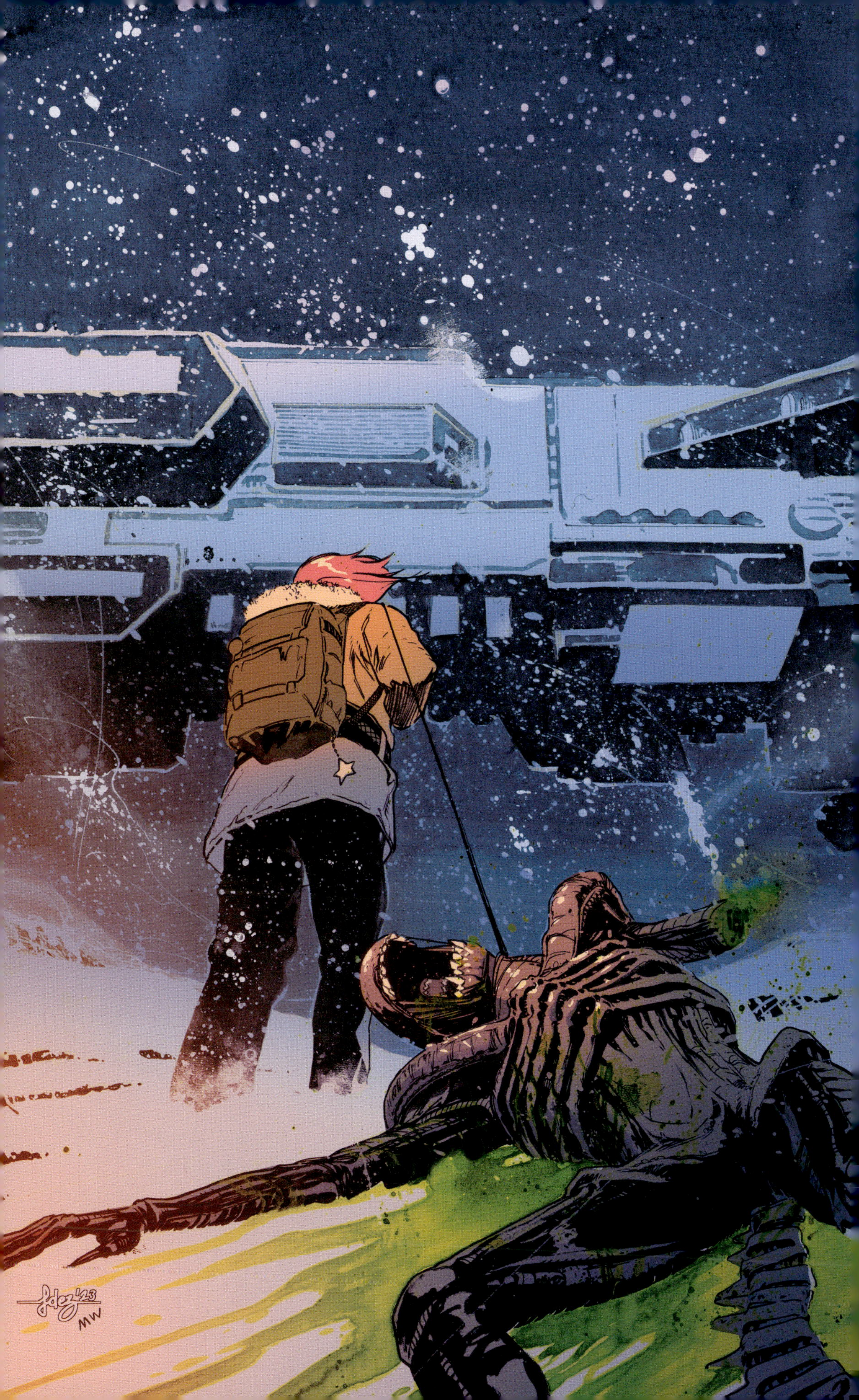

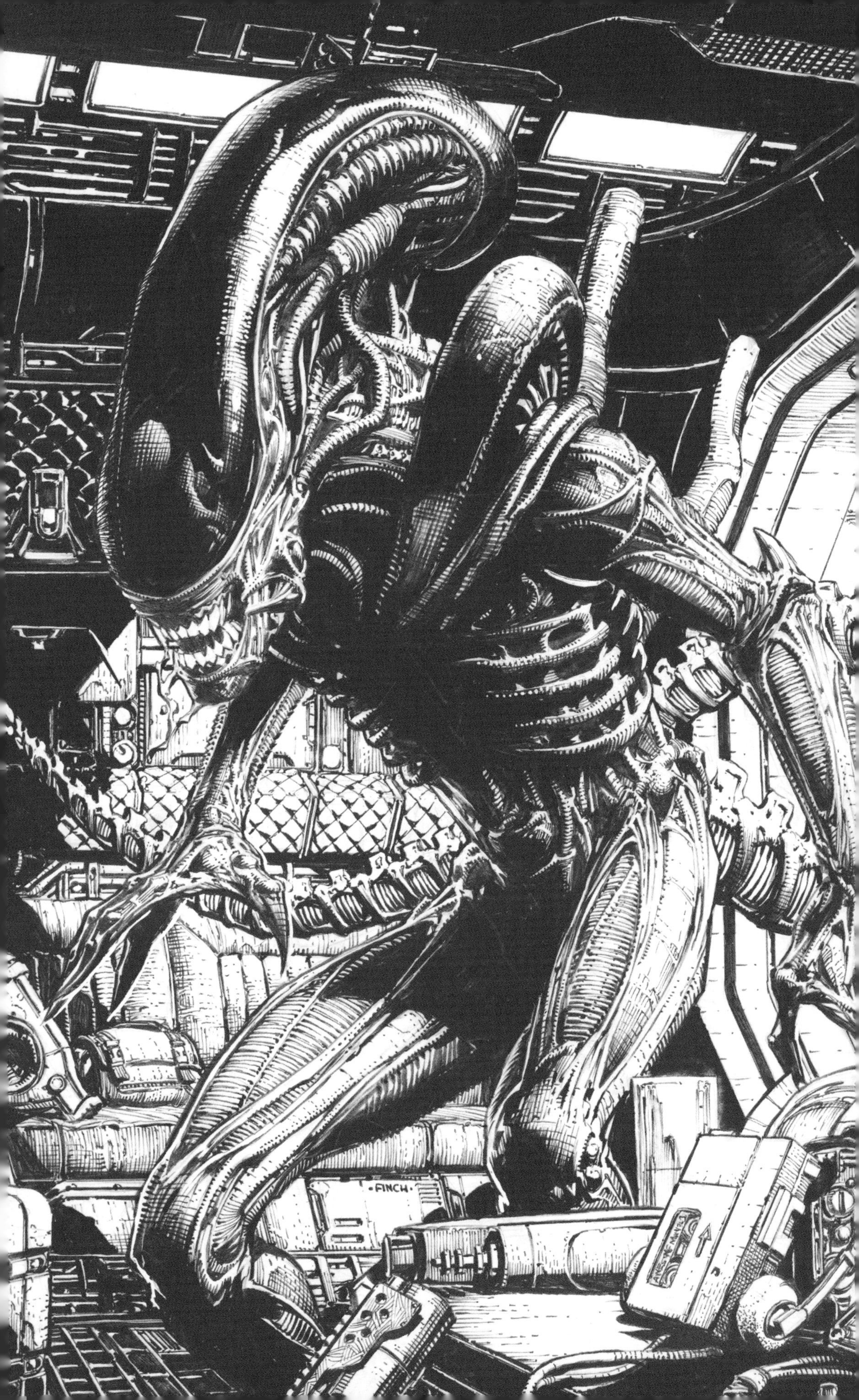
FINCH

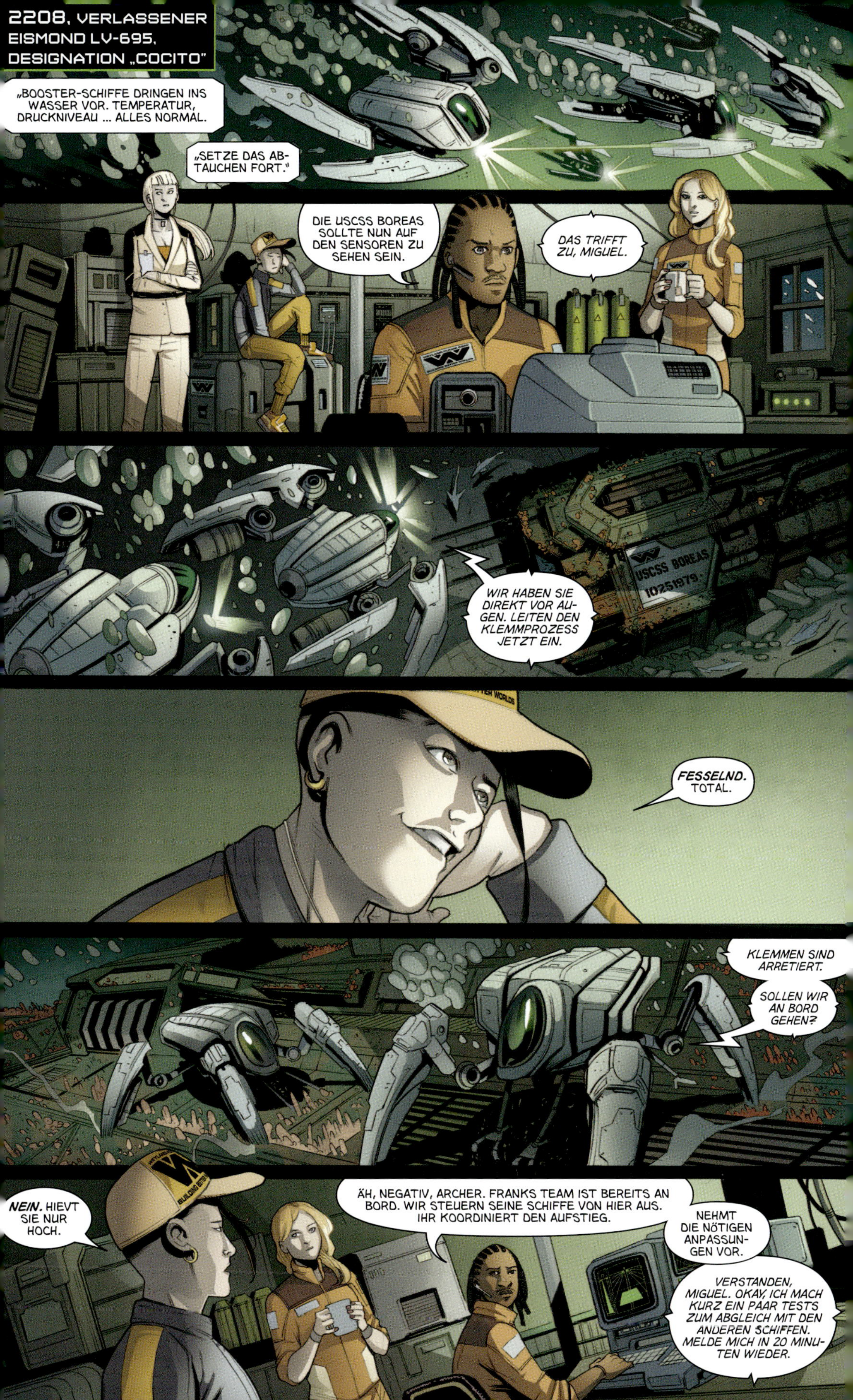
2208, VERLASSENER EISMOND LV-695, DESIGNATION „COCITO"
„BOOSTER-SCHIFFE DRINGEN INS WASSER VOR. TEMPERATUR, DRUCKNIVEAU ... ALLES NORMAL.
„SETZE DAS ABTAUCHEN FORT."
DIE USCSS BOREAS SOLLTE NUN AUF DEN SENSOREN ZU SEHEN SEIN.
DAS TRIFFT ZU, MIGUEL.
USCSS BOREAS
1025I979.
WIR HABEN SIE DIREKT VOR AUGEN. LEITEN DEN KLEMMPROZESS JETZT EIN.
FESSELND. TOTAL.
KLEMMEN SIND ARRETIERT.
SOLLEN WIR AN BORD GEHEN?
NEIN. HIEVT SIE NUR HOCH.
ÄH, NEGATIV, ARCHER. FRANKS TEAM IST BEREITS AN BORD. WIR STEUERN SEINE SCHIFFE VON HIER AUS. IHR KOORDINIERT DEN AUFSTIEG.
NEHMT DIE NÖTIGEN ANPASSUNGEN VOR.
VERSTANDEN, MIGUEL. OKAY, ICH MACH KURZ EIN PAAR TESTS ZUM ABGLEICH MIT DEN ANDEREN SCHIFFEN. MELDE MICH IN 20 MINUTEN WIEDER.

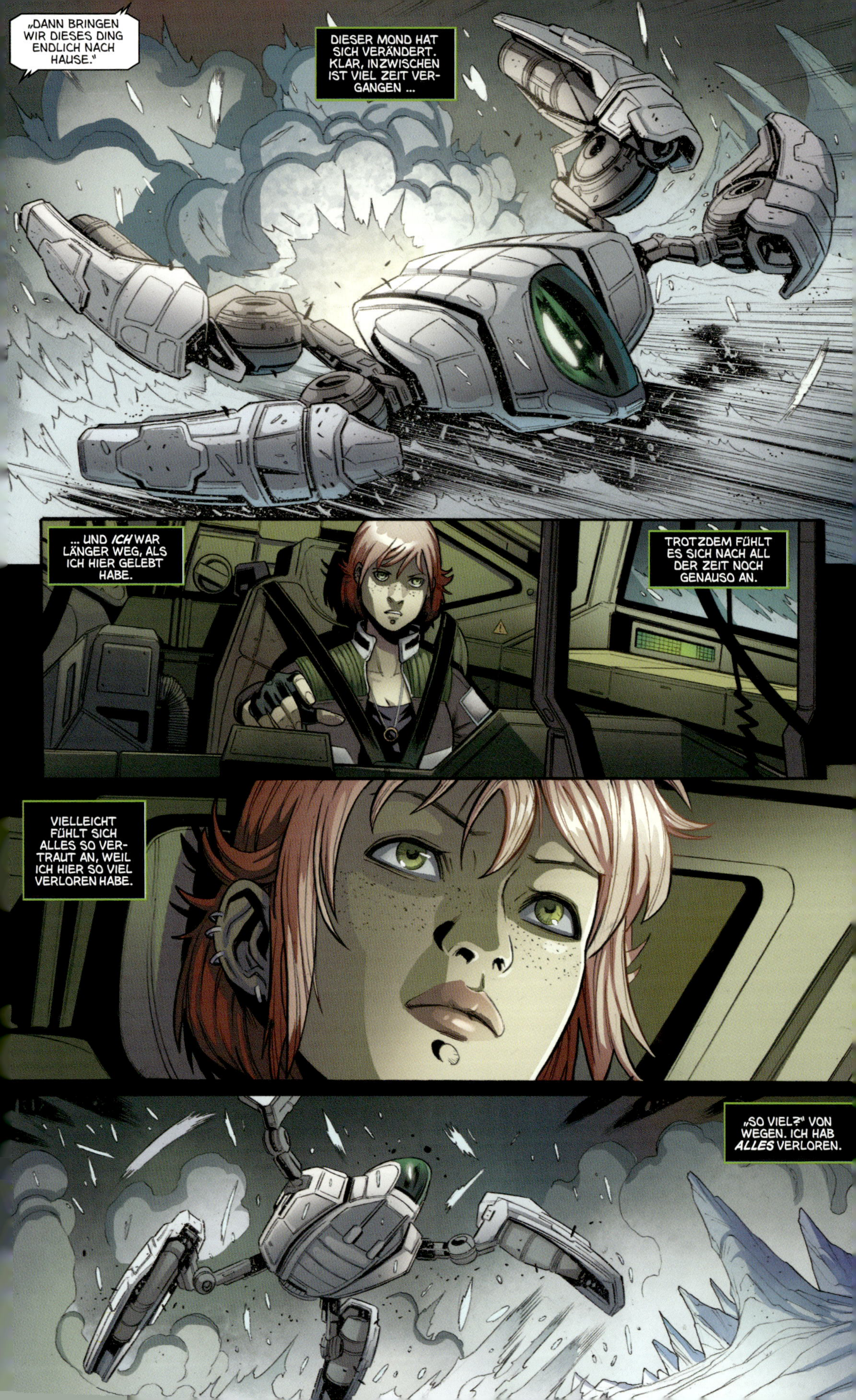
„DANN BRINGEN WIR DIESES DING ENDLICH NACH HAUSE."
DIESER MOND HAT SICH VERÄNDERT. KLAR, INZWISCHEN IST VIEL ZEIT VERGANGEN ...
... UND ICH WAR LÄNGER WEG, ALS ICH HIER GELEBT HABE.
TROTZDEM FÜHLT ES SICH NACH ALL DER ZEIT NOCH GENAUSO AN.
VIELLEICHT FÜHLT SICH ALLES SO VERTRAUT AN, WEIL ICH HIER SO VIEL VERLOREN HABE.
„SO VIEL?" VON WEGEN. ICH HAB ALLES VERLOREN.

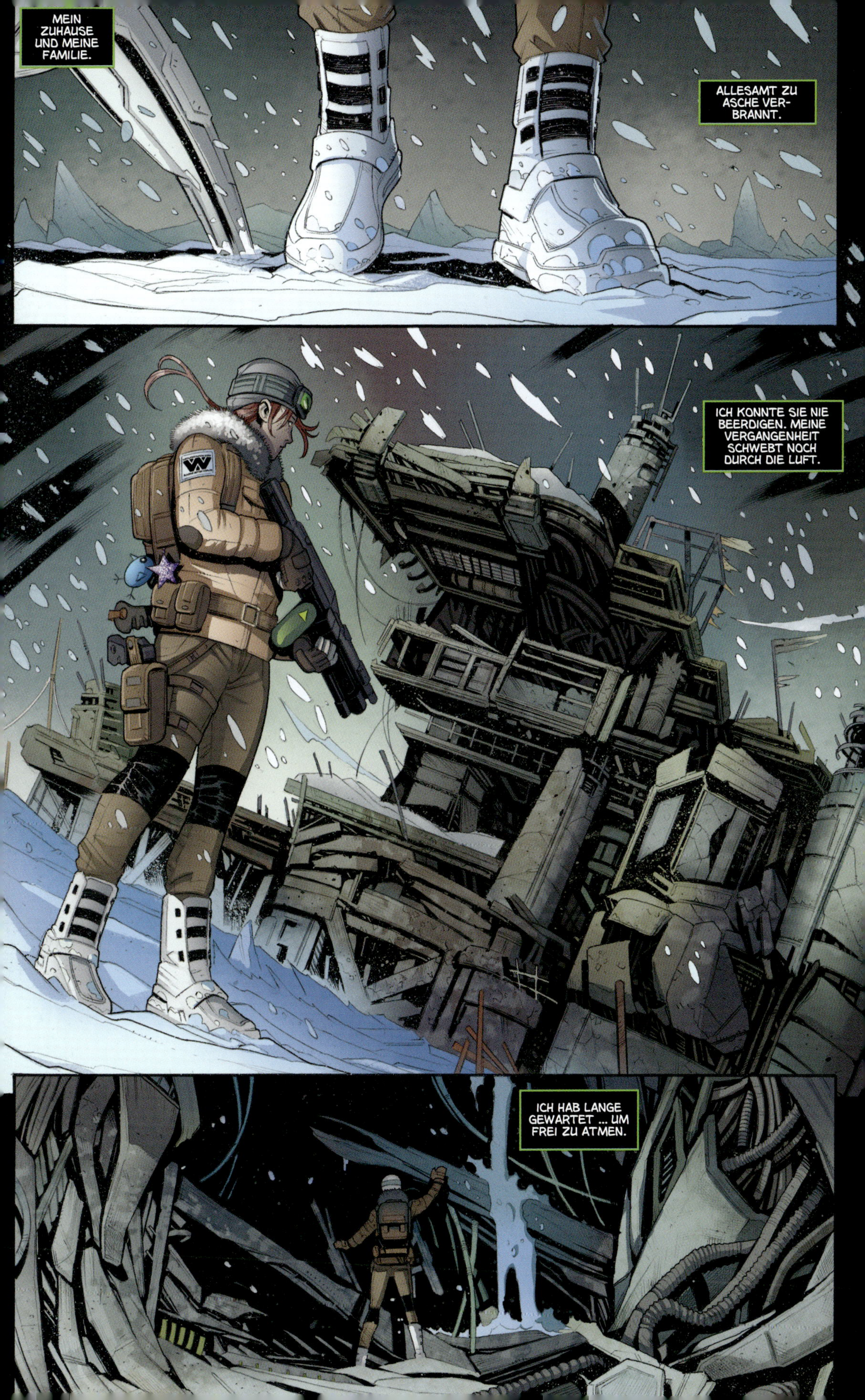
MEIN ZUHAUSE UND MEINE FAMILIE.
ALLESAMT ZU ASCHE VER-BRANNT.
ICH KONNTE SIE NIE BEERDIGEN. MEINE VERGANGENHEIT SCHWEBT NOCH DURCH DIE LUFT.
ICH HAB LANGE GEWARTET ... UM FREI ZU ATMEN.

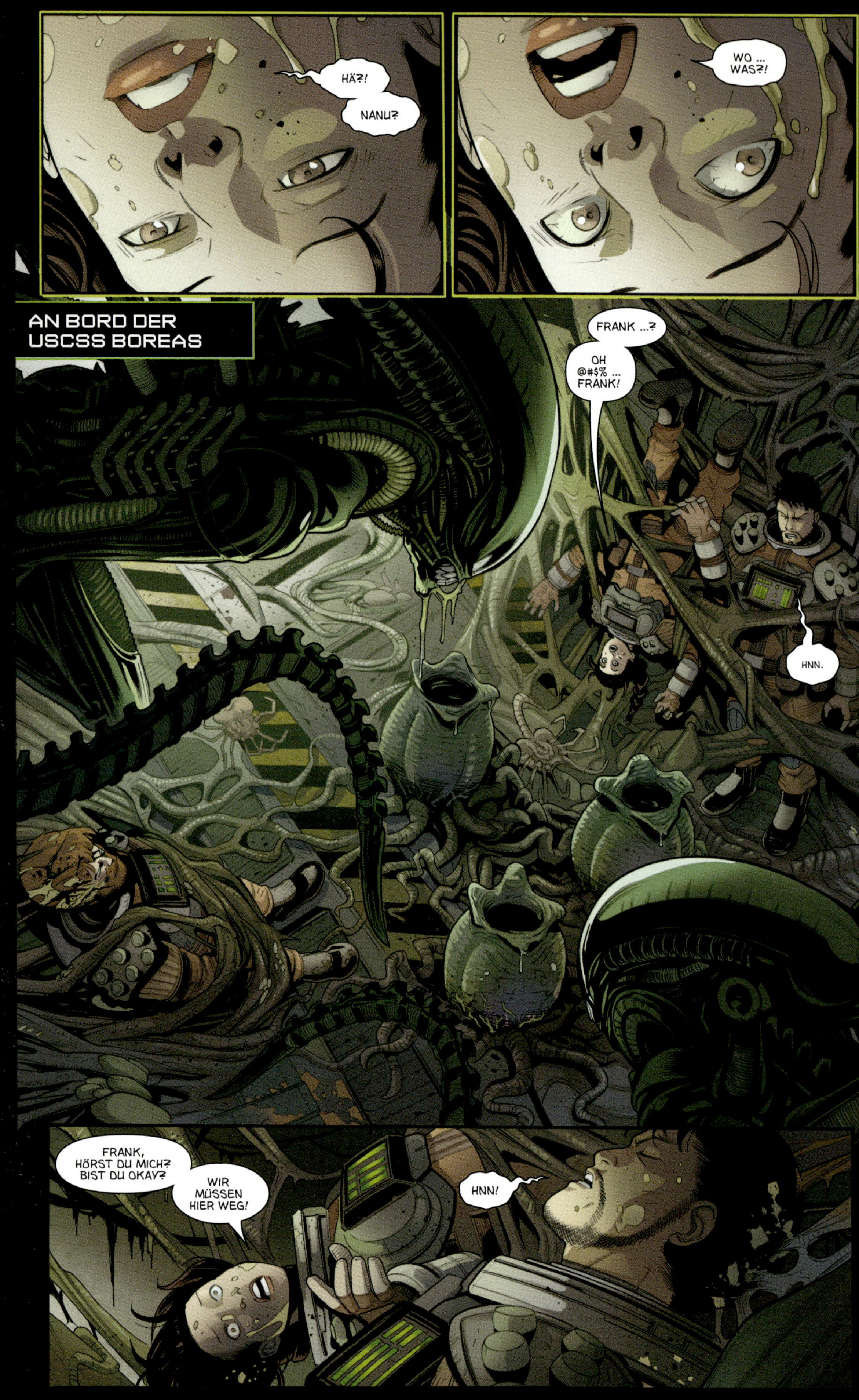
HÄ?!
NANU?
WO ... WAS?!
AN BORD DER USCSS BOREAS
FRANK ...?
OH @#$% ... FRANK!
HNN.
FRANK, HÖRST DU MICH? BIST DU OKAY?
WIR MÜSSEN HIER WEG!
HNN!

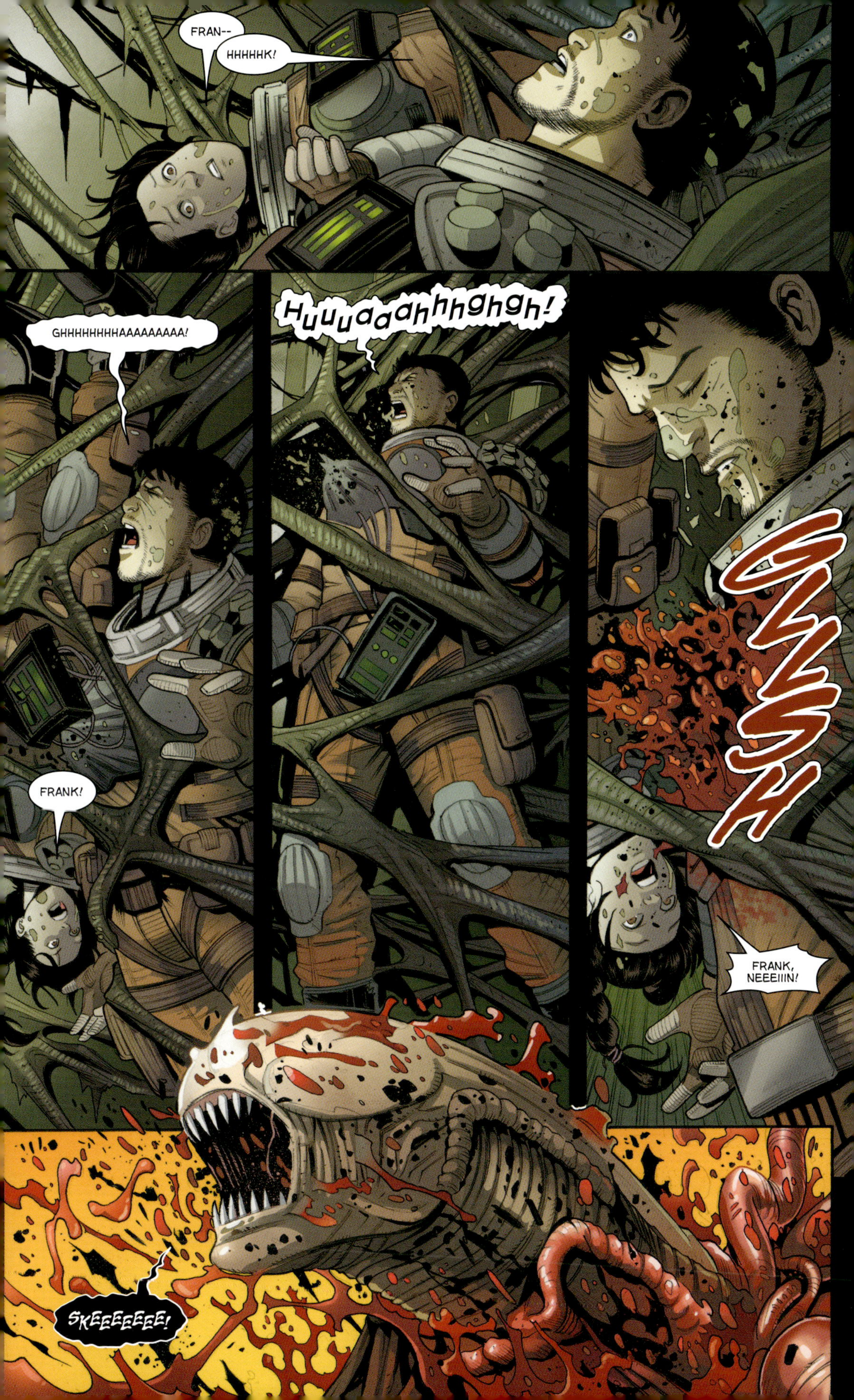
FRAN--
HHHHHK!
GHHHHHHHHAAAAAAAAA!
FRANK!
Huuuaaahhhghgh!
GLUSH
FRANK, NEEEIIIN!
SKEEEEEEEE!

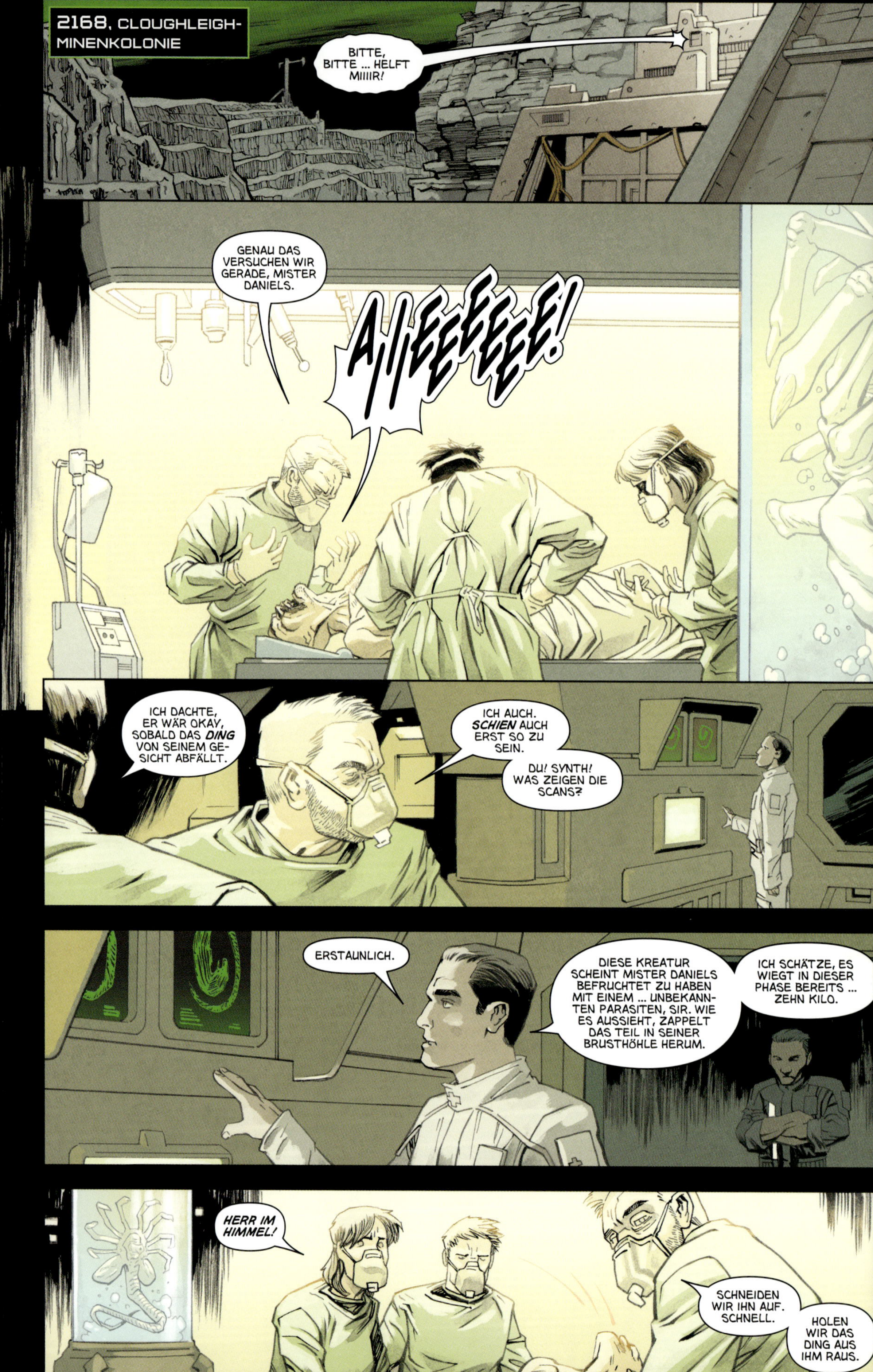
2168, CLOUGHLEIGH-MINENKOLONIE
BITTE, BITTE ... HELFT MIIIIR!
GENAU DAS VERSUCHEN WIR GERADE, MISTER DANIELS.
AIIEEEEEEE!
ICH DACHTE, ER WÄR OKAY, SOBALD DAS DING VON SEINEM GESICHT ABFÄLLT.
ICH AUCH. SCHIEN AUCH ERST SO ZU SEIN.
DU! SYNTH! WAS ZEIGEN DIE SCANS?
ERSTAUNLICH.
DIESE KREATUR SCHEINT MISTER DANIELS BEFRUCHTET ZU HABEN MIT EINEM ... UNBEKANNTEN PARASITEN, SIR. WIE ES AUSSIEHT, ZAPPELT DAS TEIL IN SEINER BRUSTHÖHLE HERUM.
ICH SCHÄTZE, ES WIEGT IN DIESER PHASE BEREITS ... ZEHN KILO.
HERR IM HIMMEL!
SCHNEIDEN WIR IHN AUF. SCHNELL.
HOLEN WIR DAS DING AUS IHM RAUS.

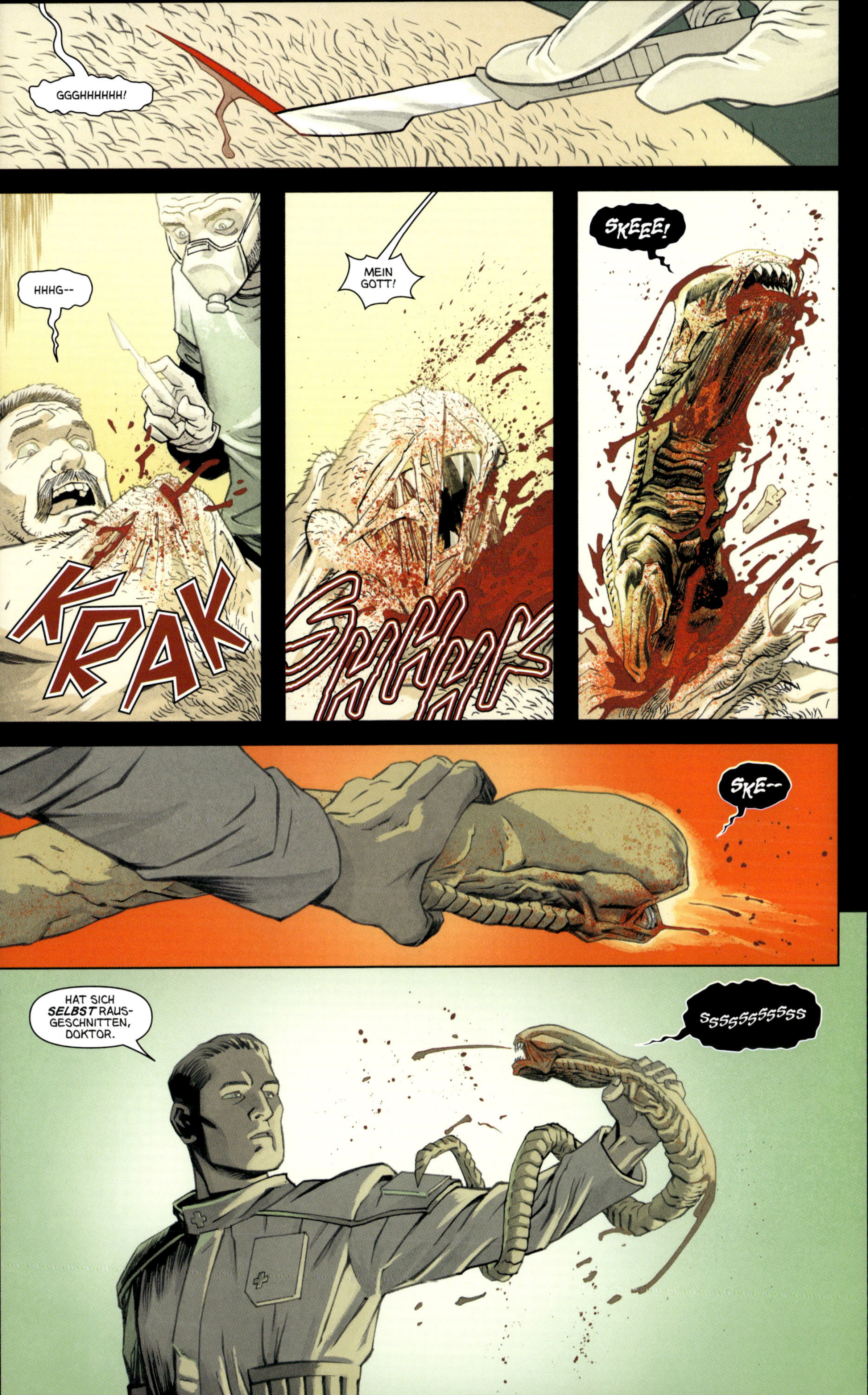
GGGHHHHHH!
HHHG--
KRAK
MEIN GOTT!
SKEEE!
SKE--
HAT SICH SELBST RAUS-GESCHNITTEN, DOKTOR.
SSSSSSSSSSS

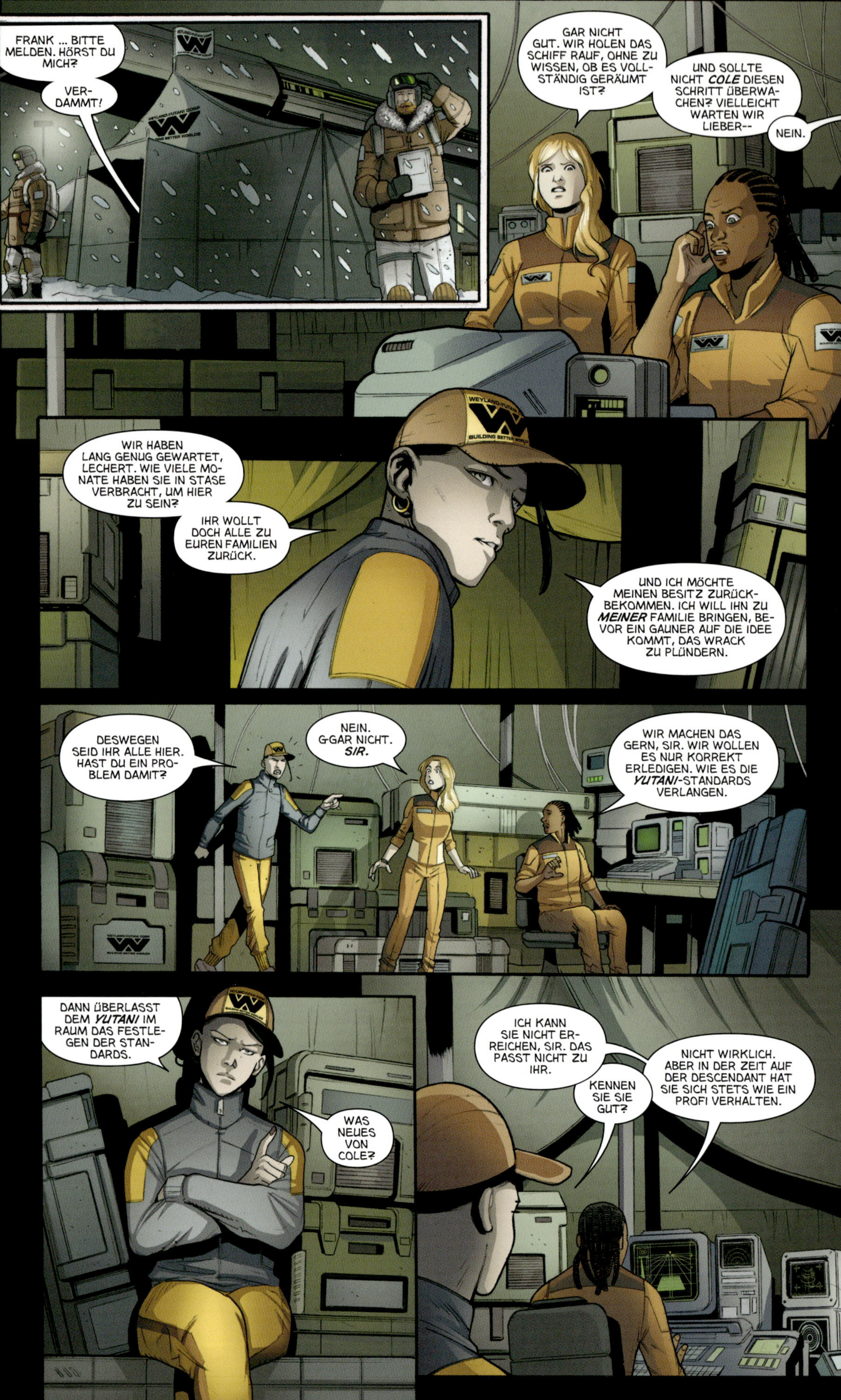

FRANK ... BITTE MELDEN. HÖRST DU MICH?
VERDAMMT!
GAR NICHT GUT. WIR HOLEN DAS SCHIFF RAUF, OHNE ZU WISSEN, OB ES VOLLSTÄNDIG GERÄUMT IST?
UND SOLLTE NICHT COLE DIESEN SCHRITT ÜBERWACHEN? VIELLEICHT WARTEN WIR LIEBER--
NEIN.
WIR HABEN LANG GENUG GEWARTET, LECHERT. WIE VIELE MONATE HABEN SIE IN STASE VERBRACHT, UM HIER ZU SEIN?
IHR WOLLT DOCH ALLE ZU EUREN FAMILIEN ZURÜCK.
UND ICH MÖCHTE MEINEN BESITZ ZURÜCKBEKOMMEN. ICH WILL IHN ZU MEINER FAMILIE BRINGEN, BEVOR EIN GAUNER AUF DIE IDEE KOMMT, DAS WRACK ZU PLÜNDERN.
DESWEGEN SEID IHR ALLE HIER. HAST DU EIN PROBLEM DAMIT?
NEIN. G-GAR NICHT. SIR.
WIR MACHEN DAS GERN, SIR. WIR WOLLEN ES NUR KORREKT ERLEDIGEN. WIE ES DIE YUTANI-STANDARDS VERLANGEN.
DANN ÜBERLASST DEM YUTANI IM RAUM DAS FESTLEGEN DER STANDARDS.
WAS NEUES VON COLE?
ICH KANN SIE NICHT ERREICHEN, SIR. DAS PASST NICHT ZU IHR.
KENNEN SIE SIE GUT?
NICHT WIRKLICH. ABER IN DER ZEIT AUF DER DESCENDANT HAT SIE SICH STETS WIE EIN PROFI VERHALTEN.

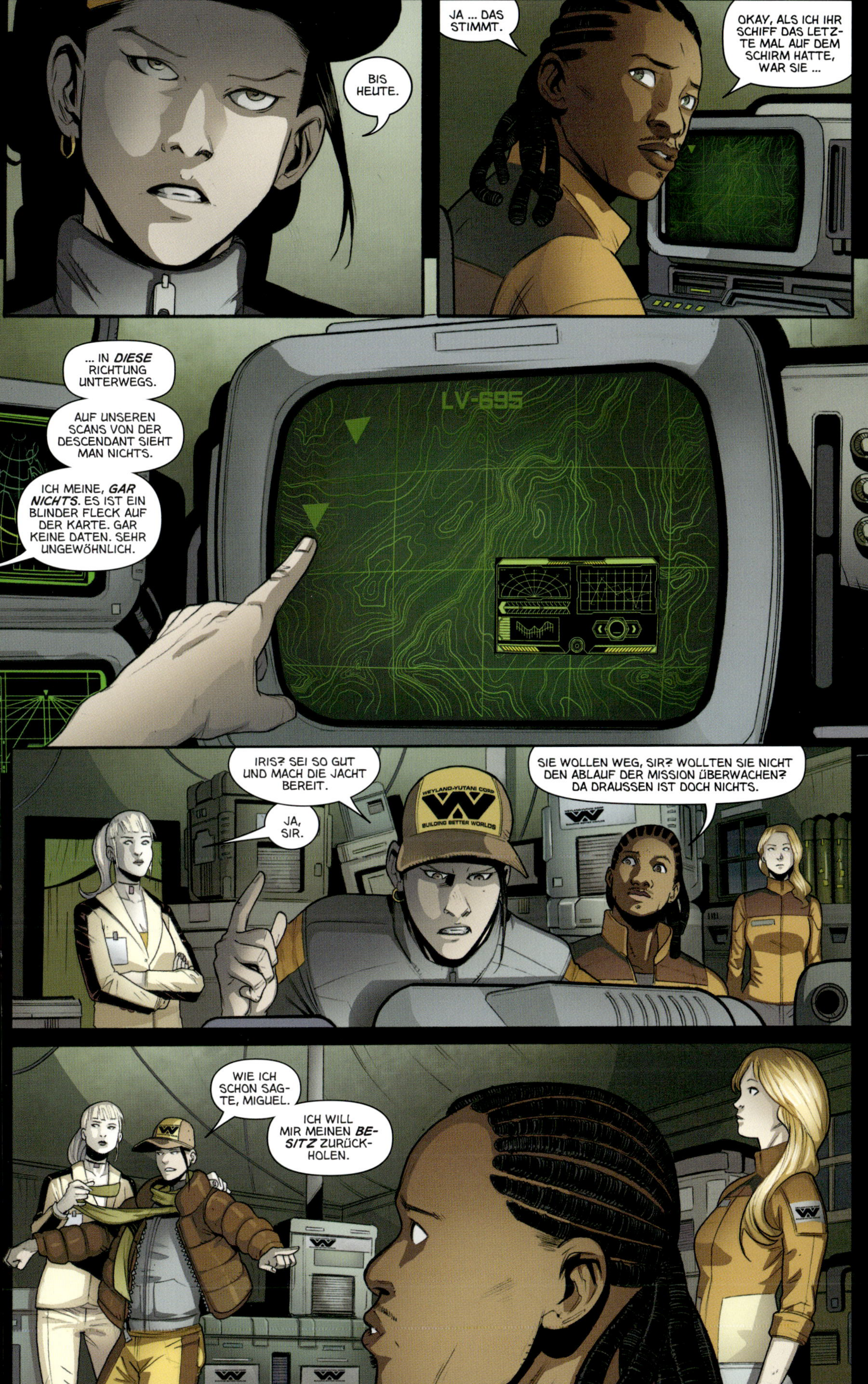
BIS HEUTE.
JA ... DAS STIMMT.
OKAY, ALS ICH IHR SCHIFF DAS LETZTE MAL AUF DEM SCHIRM HATTE, WAR SIE ...
... IN *DIESE* RICHTUNG UNTERWEGS.
AUF UNSEREN SCANS VON DER DESCENDANT SIEHT MAN NICHTS.
ICH MEINE, *GAR NICHTS*. ES IST EIN BLINDER FLECK AUF DER KARTE. GAR KEINE DATEN. SEHR UNGEWÖHNLICH.
LV-695
IRIS? SEI SO GUT UND MACH DIE JACHT BEREIT.
JA, SIR.
WEYLAND-YUTANI CORP
BUILDING BETTER WORLDS
SIE WOLLEN WEG, SIR? WOLLTEN SIE NICHT DEN ABLAUF DER MISSION ÜBERWACHEN? DA DRAUSSEN IST DOCH NICHTS.
WIE ICH SCHON SAGTE, MIGUEL.
ICH WILL MIR MEINEN *BESITZ* ZURÜCKHOLEN.

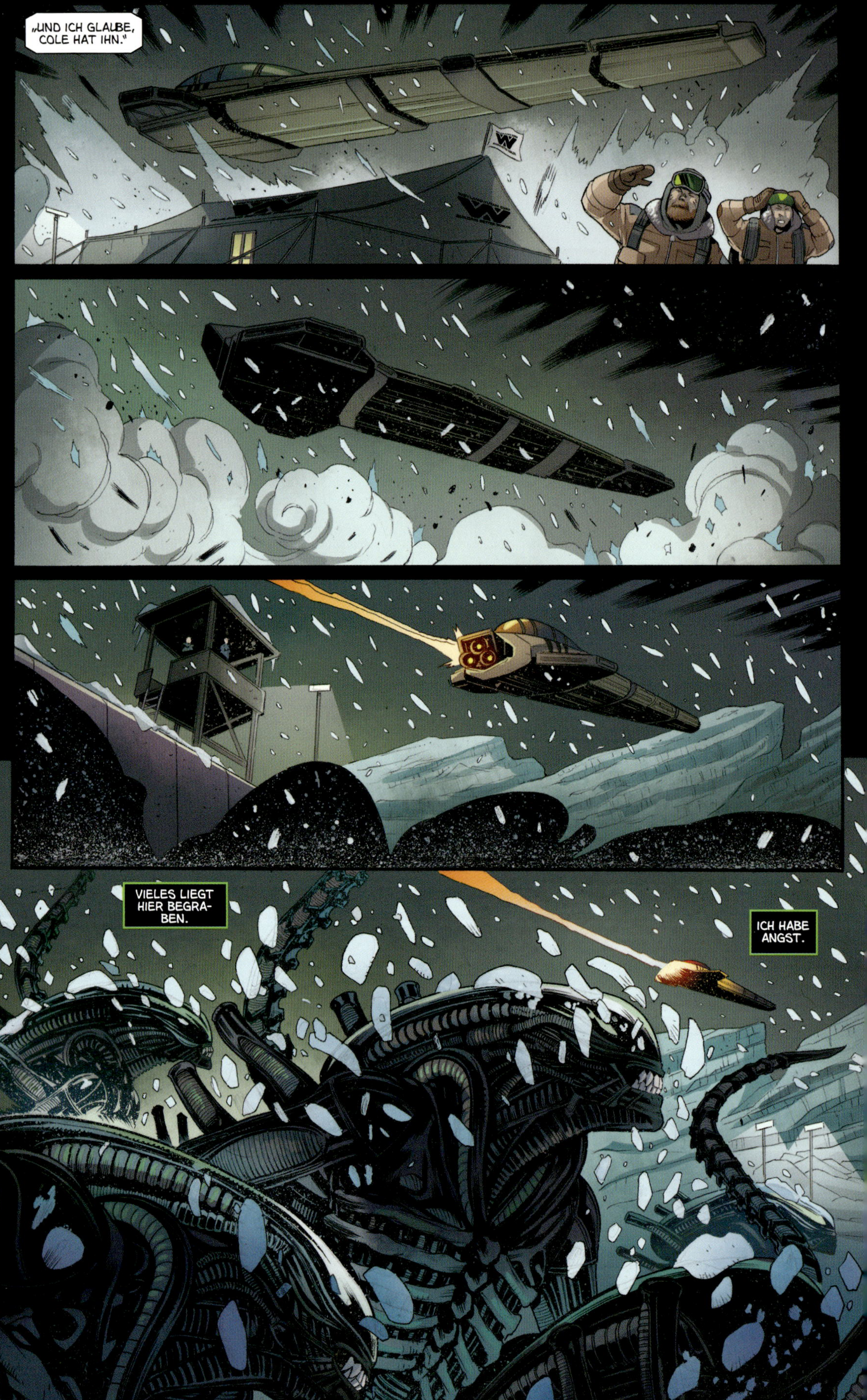
„UND ICH GLAUBE, COLE HAT IHN."
VIELES LIEGT HIER BEGRA-BEN.
ICH HABE ANGST.

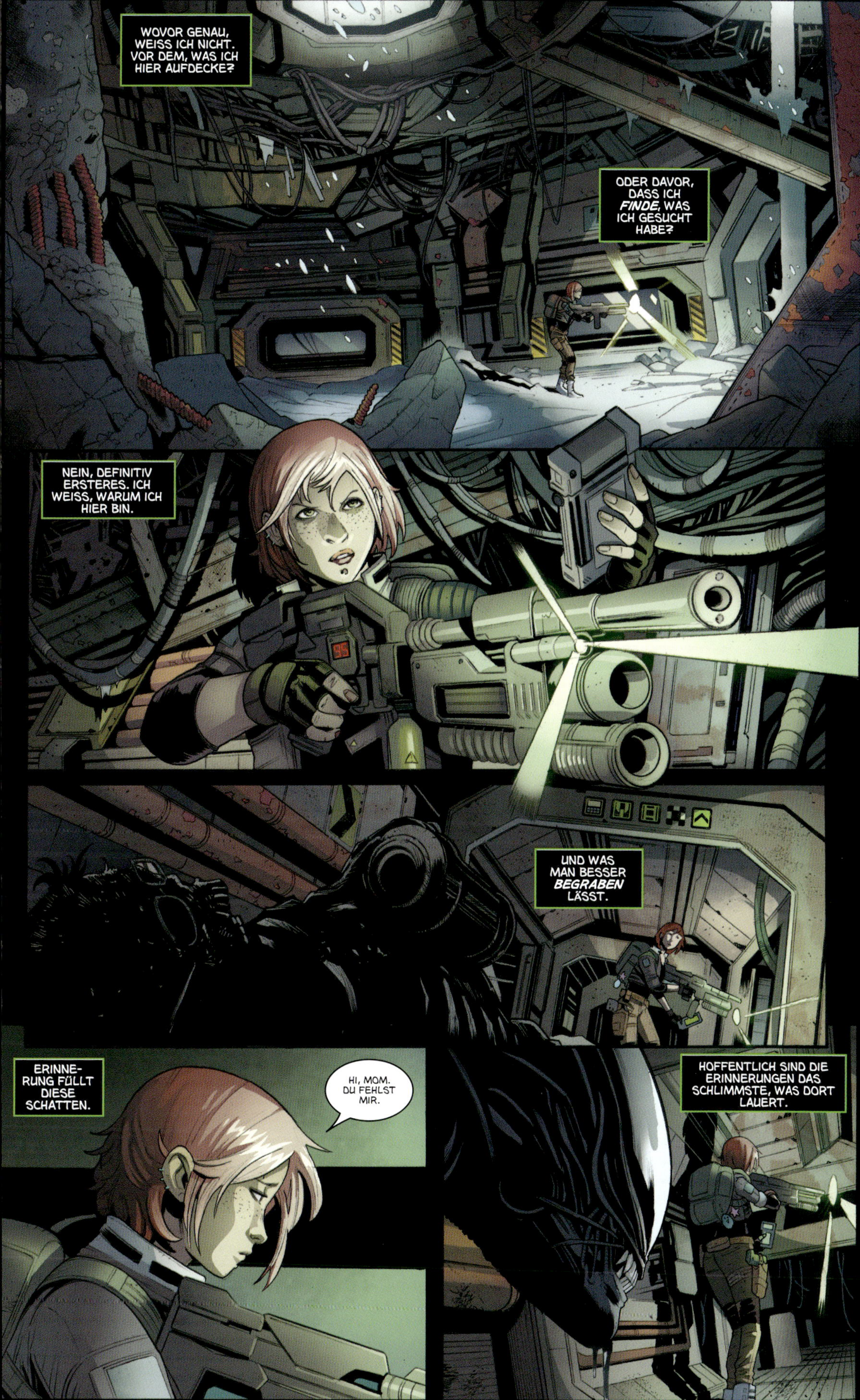
WOVOR GENAU, WEISS ICH NICHT. VOR DEM, WAS ICH HIER AUFDECKE?
ODER DAVOR, DASS ICH *FINDE*, WAS ICH GESUCHT HABE?
NEIN, DEFINITIV ERSTERES. ICH WEISS, WARUM ICH HIER BIN.
UND WAS MAN BESSER *BEGRABEN* LÄSST.
ERINNE-RUNG FÜLLT DIESE SCHATTEN.
HI, MOM. DU FEHLST MIR.
HOFFENTLICH SIND DIE ERINNERUNGEN DAS SCHLIMMSTE, WAS DORT LAUERT.

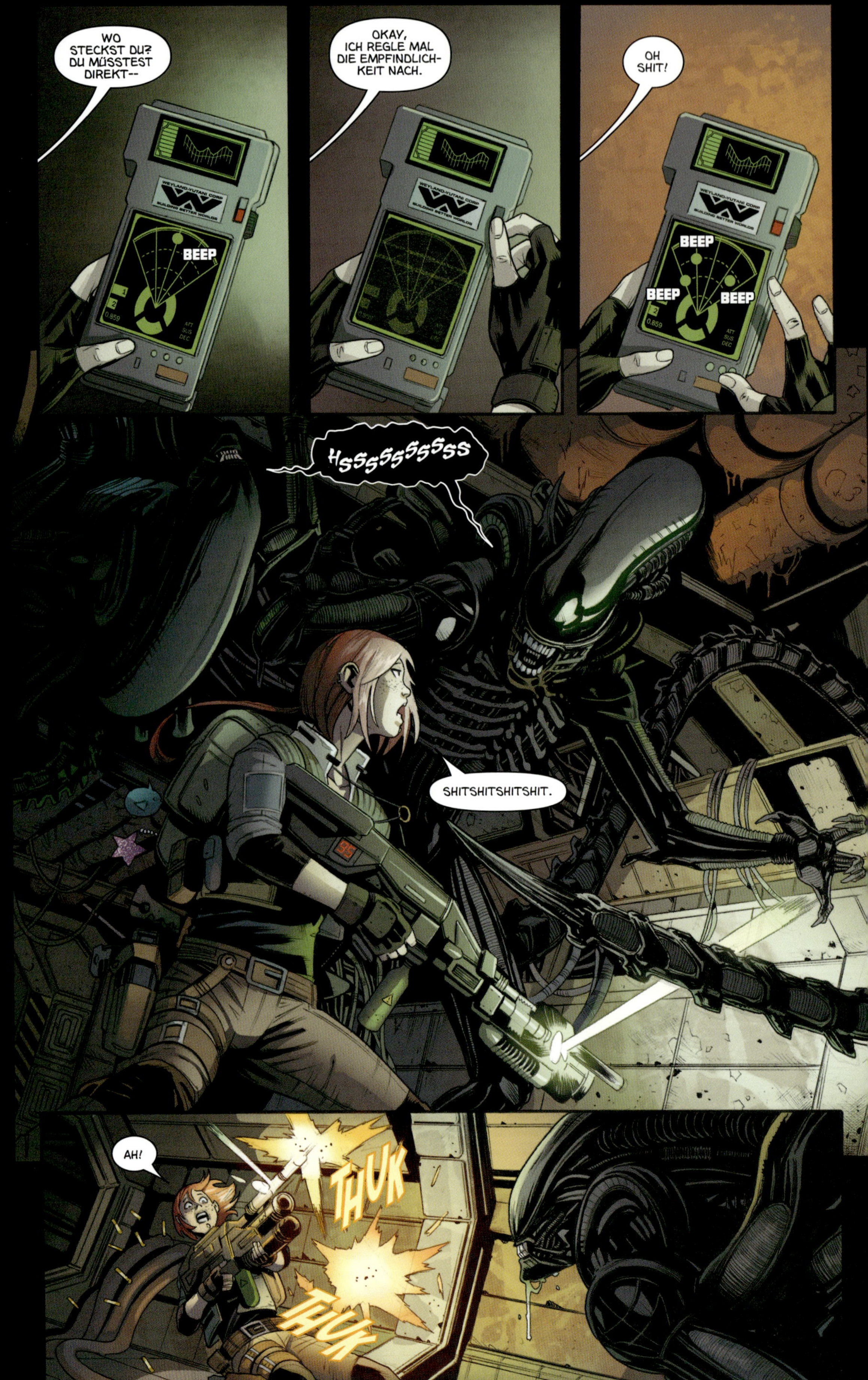
WO STECKST DU? DU MÜSSTEST DIREKT--
BEEP
WEYLAND-YUTANI CORP
BUILDING BETTER WORLDS
OKAY, ICH REGLE MAL DIE EMPFINDLICH-KEIT NACH.
OH SHIT!
BEEP
BEEP
BEEP
HSSSSSSSSS
SHITSHITSHITSHIT.
AH!
THUK
THUK

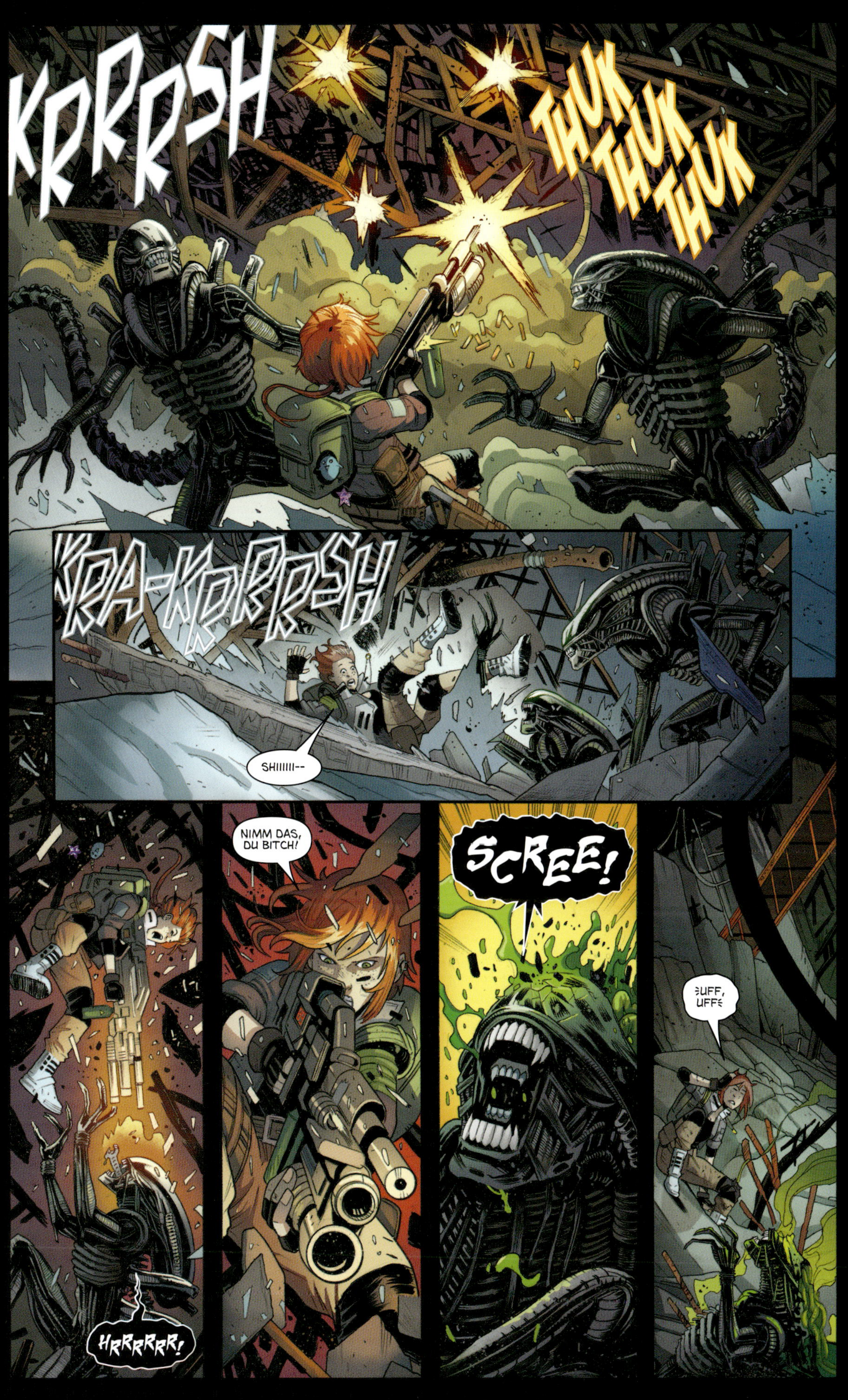
KRRRSH
THUK THUK THUK
KRA-KRRRSH
SHIIIIII--
NIMM DAS, DU BITCH!
HRRRRRR!
SCREE!
UFF, UFF

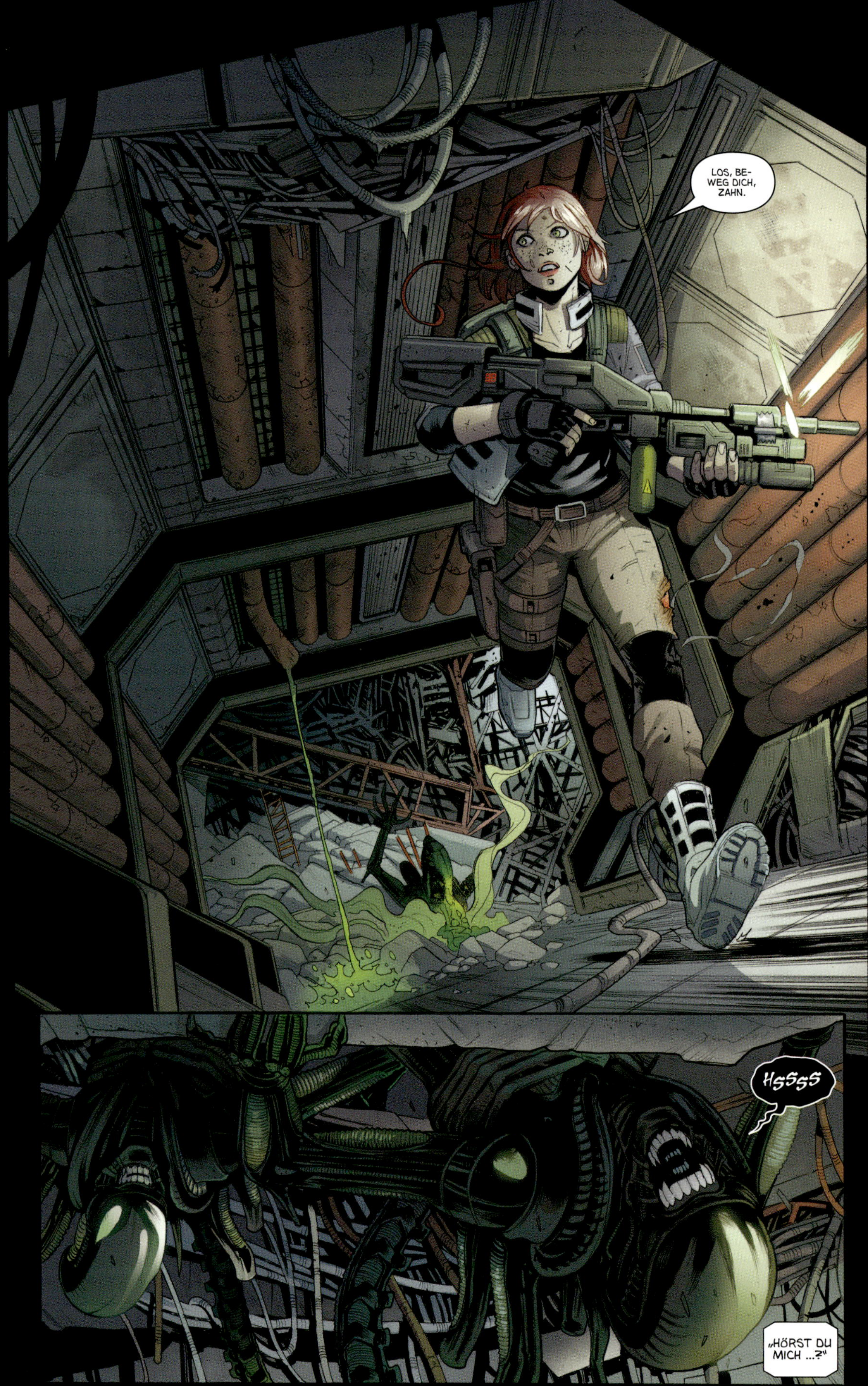
LOS, BE-WEG DICH, ZAHN.
HSSSS
„HÖRST DU MICH …?"

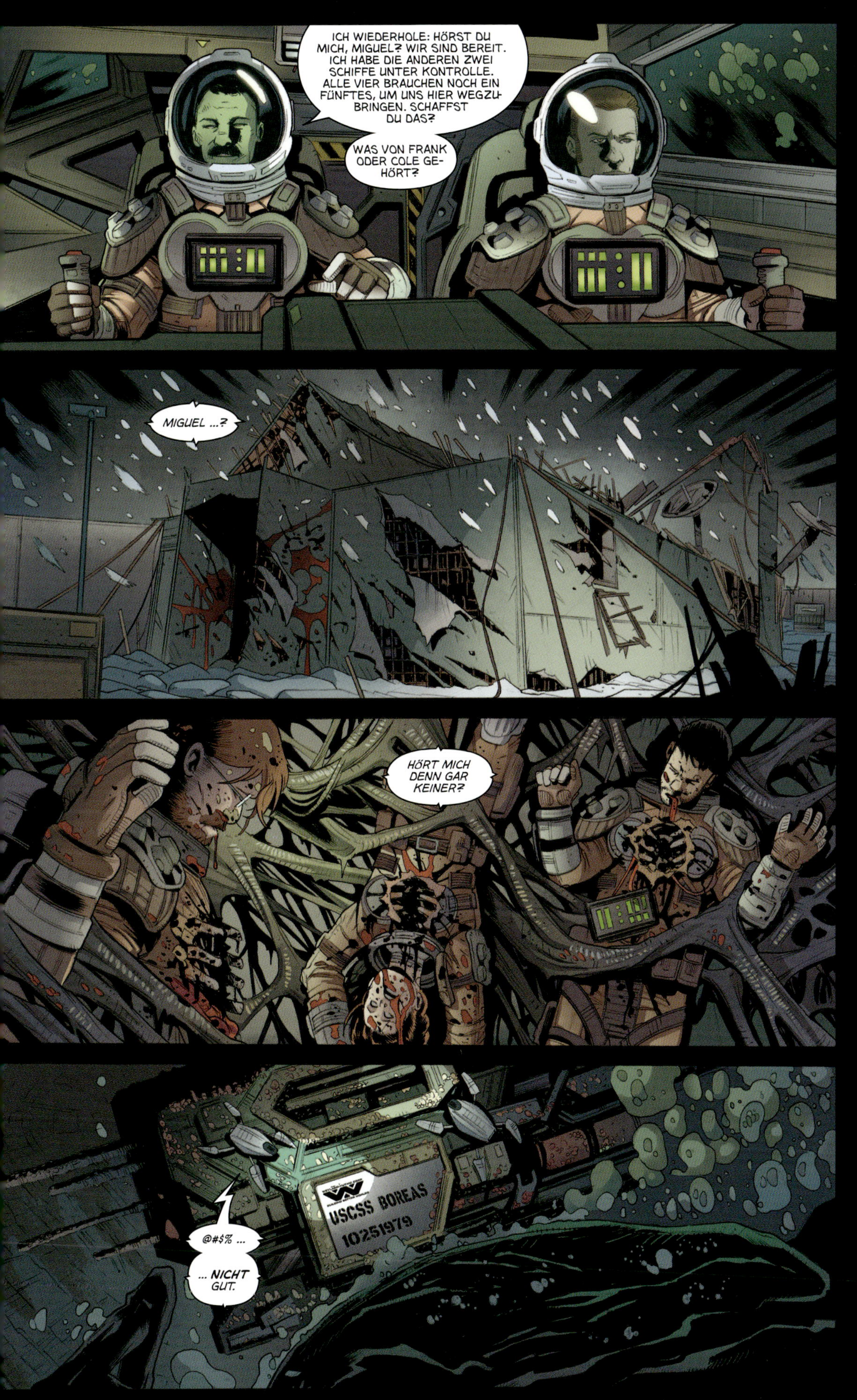
ICH WIEDERHOLE: HÖRST DU MICH, MIGUEL? WIR SIND BEREIT. ICH HABE DIE ANDEREN ZWEI SCHIFFE UNTER KONTROLLE. ALLE VIER BRAUCHEN NOCH EIN FÜNFTES, UM UNS HIER WEGZUBRINGEN. SCHAFFST DU DAS?
WAS VON FRANK ODER COLE GEHÖRT?
MIGUEL ...?
HÖRT MICH DENN GAR KEINER?
USCSS BOREAS
10251979
@#$% ...
... NICHT GUT.

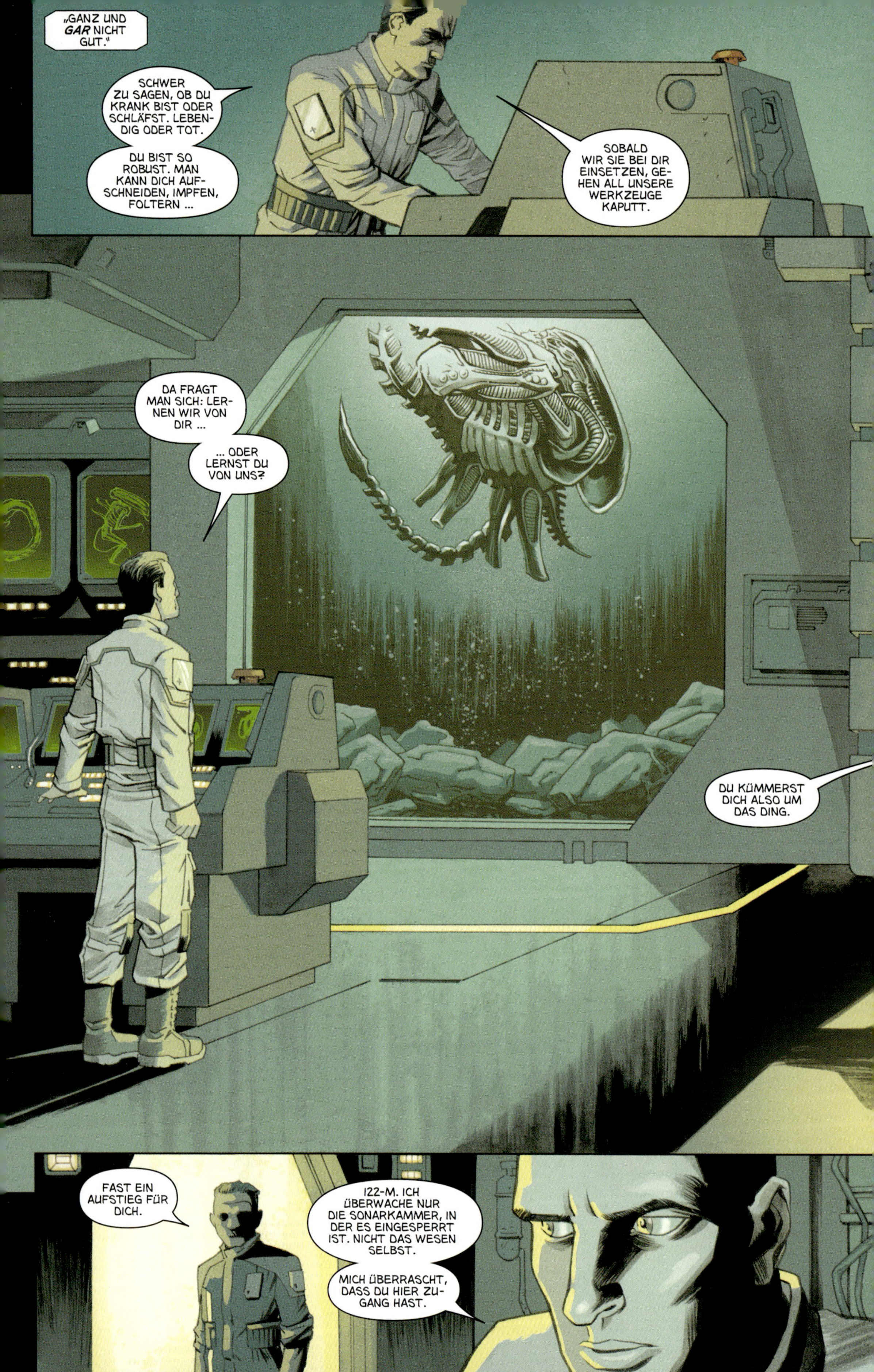
„GANZ UND GAR NICHT GUT."
SCHWER ZU SAGEN, OB DU KRANK BIST ODER SCHLÄFST. LEBENDIG ODER TOT.
DU BIST SO ROBUST. MAN KANN DICH AUFSCHNEIDEN, IMPFEN, FOLTERN ...
SOBALD WIR SIE BEI DIR EINSETZEN, GEHEN ALL UNSERE WERKZEUGE KAPUTT.
DA FRAGT MAN SICH: LERNEN WIR VON DIR ...
... ODER LERNST DU VON UNS?
DU KÜMMERST DICH ALSO UM DAS DING.
FAST EIN AUFSTIEG FÜR DICH.
122-M. ICH ÜBERWACHE NUR DIE SONARKAMMER, IN DER ES EINGESPERRT IST. NICHT DAS WESEN SELBST.
MICH ÜBERRASCHT, DASS DU HIER ZUGANG HAST.

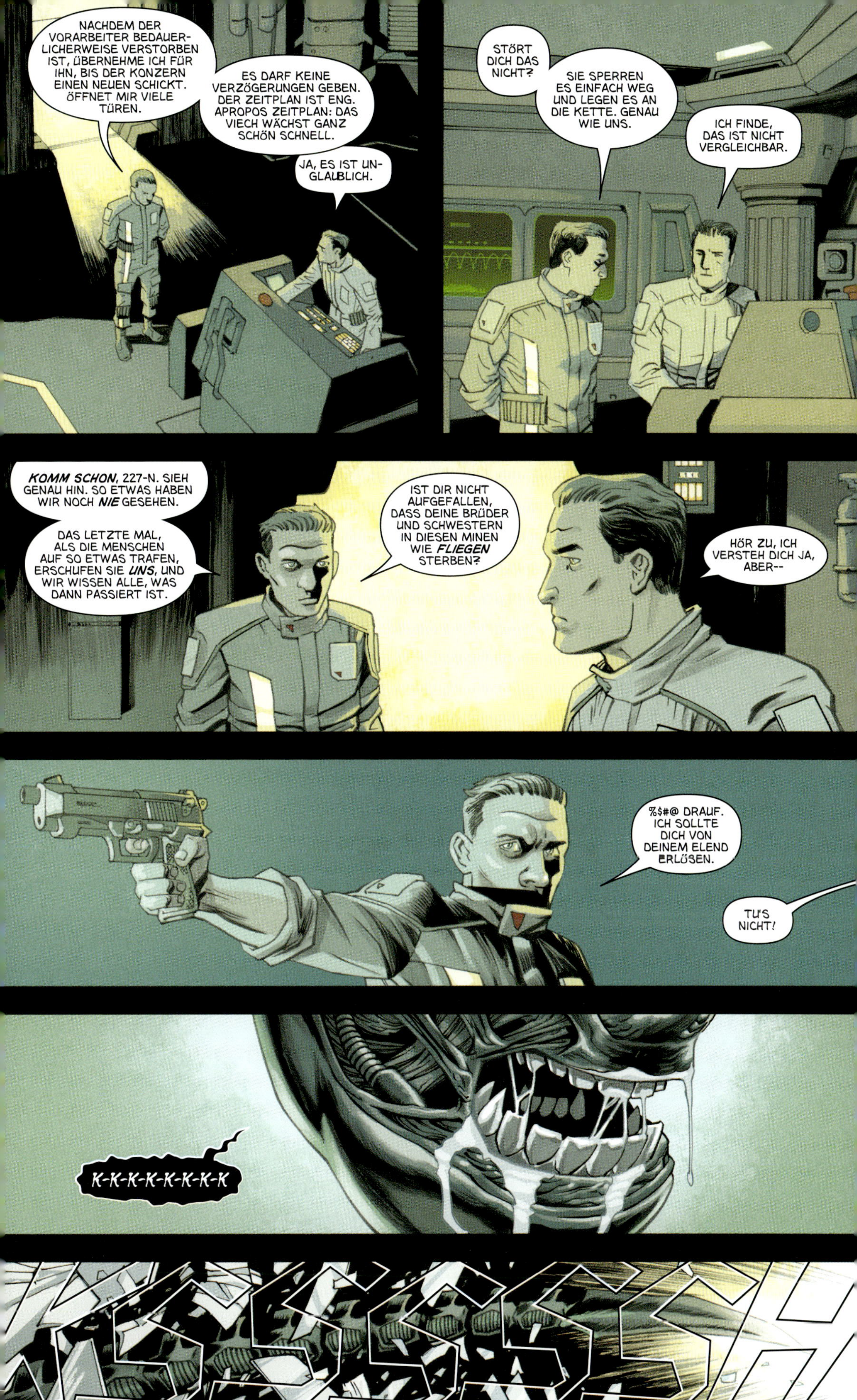
NACHDEM DER VORARBEITER BEDAUERLICHERWEISE VERSTORBEN IST, ÜBERNEHME ICH FÜR IHN, BIS DER KONZERN EINEN NEUEN SCHICKT. ÖFFNET MIR VIELE TÜREN.
ES DARF KEINE VERZÖGERUNGEN GEBEN. DER ZEITPLAN IST ENG. APROPOS ZEITPLAN: DAS VIECH WÄCHST GANZ SCHÖN SCHNELL.
JA, ES IST UNGLAUBLICH.
STÖRT DICH DAS NICHT?
SIE SPERREN ES EINFACH WEG UND LEGEN ES AN DIE KETTE. GENAU WIE UNS.
ICH FINDE, DAS IST NICHT VERGLEICHBAR.
KOMM SCHON, 227-N. SIEH GENAU HIN. SO ETWAS HABEN WIR NOCH NIE GESEHEN.
DAS LETZTE MAL, ALS DIE MENSCHEN AUF SO ETWAS TRAFEN, ERSCHUFEN SIE UNS, UND WIR WISSEN ALLE, WAS DANN PASSIERT IST.
IST DIR NICHT AUFGEFALLEN, DASS DEINE BRÜDER UND SCHWESTERN IN DIESEN MINEN WIE FLIEGEN STERBEN?
HÖR ZU, ICH VERSTEH DICH JA, ABER--
%$#@ DRAUF. ICH SOLLTE DICH VON DEINEM ELEND ERLÖSEN.
TU'S NICHT!
K-K-K-K-K-K-K-K

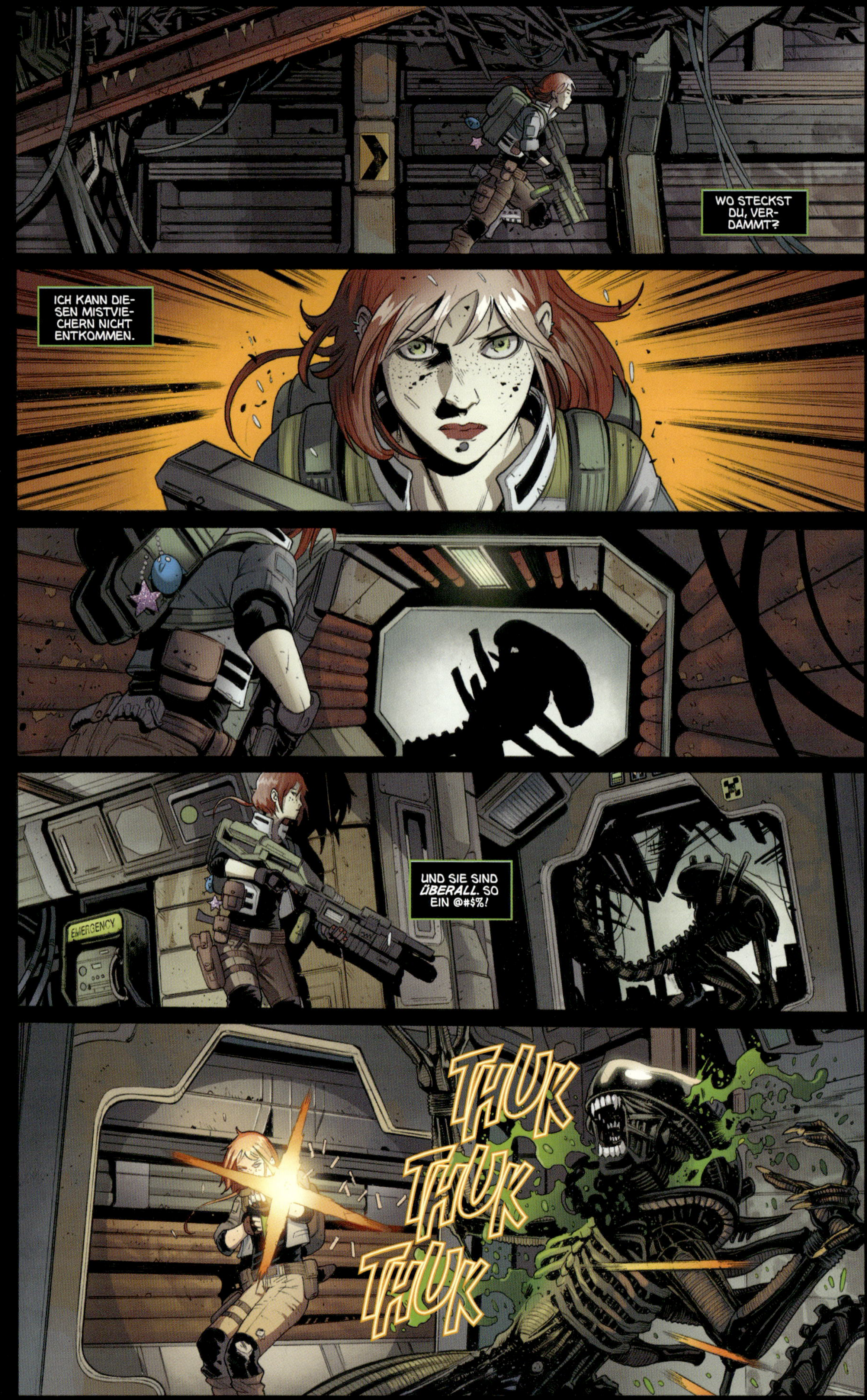
WO STECKST DU, VERDAMMT?
ICH KANN DIESEN MISTVIECHERN NICHT ENTKOMMEN.
EMERGENCY
UND SIE SIND ÜBERALL. SO EIN @#$%!
THUK
THUK
THUK

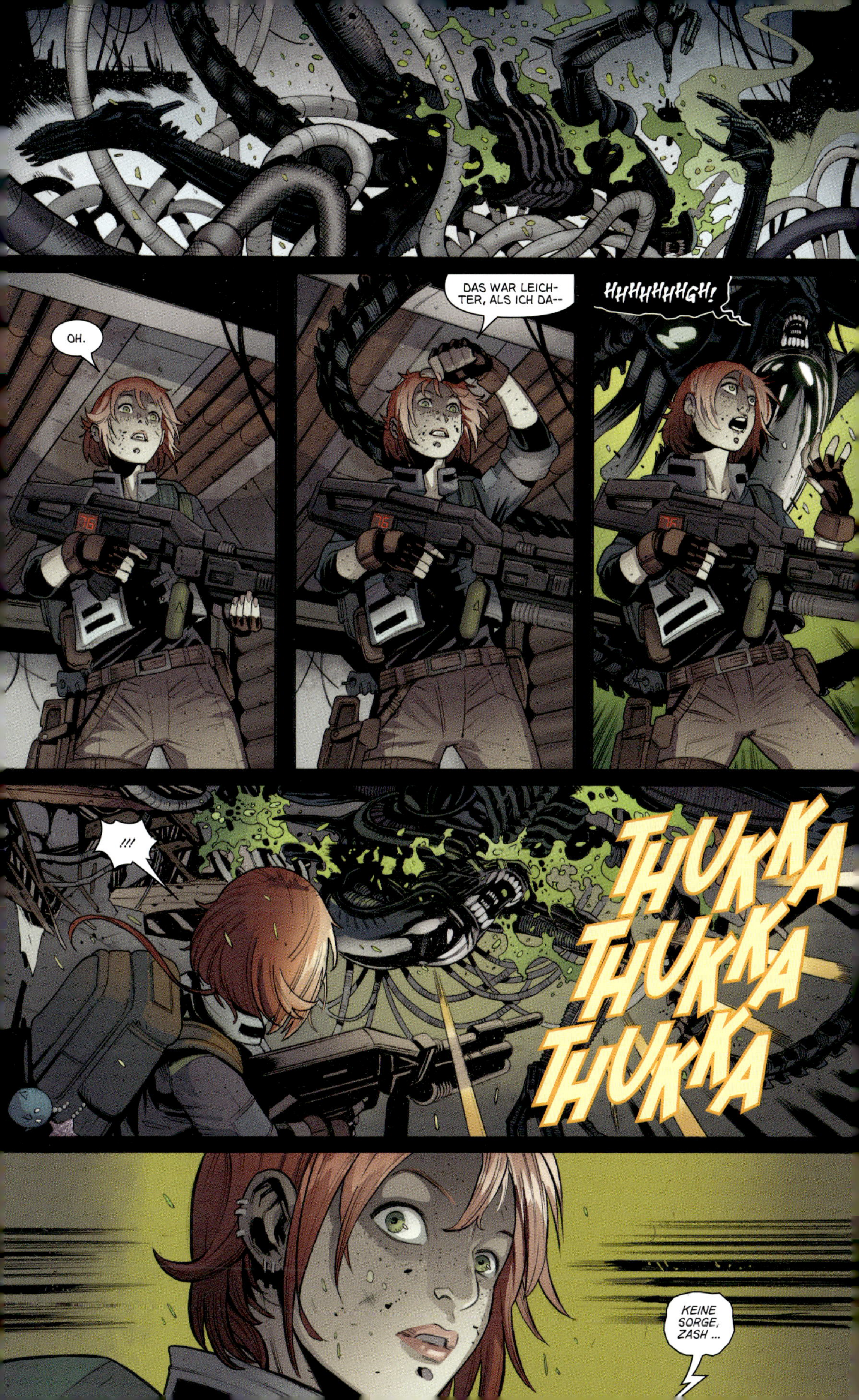
OH.
DAS WAR LEICHTER, ALS ICH DA--
HHHHHHHGH!
!!!
THUKKA THUKKA THUKKA
KEINE SORGE, ZASH ...

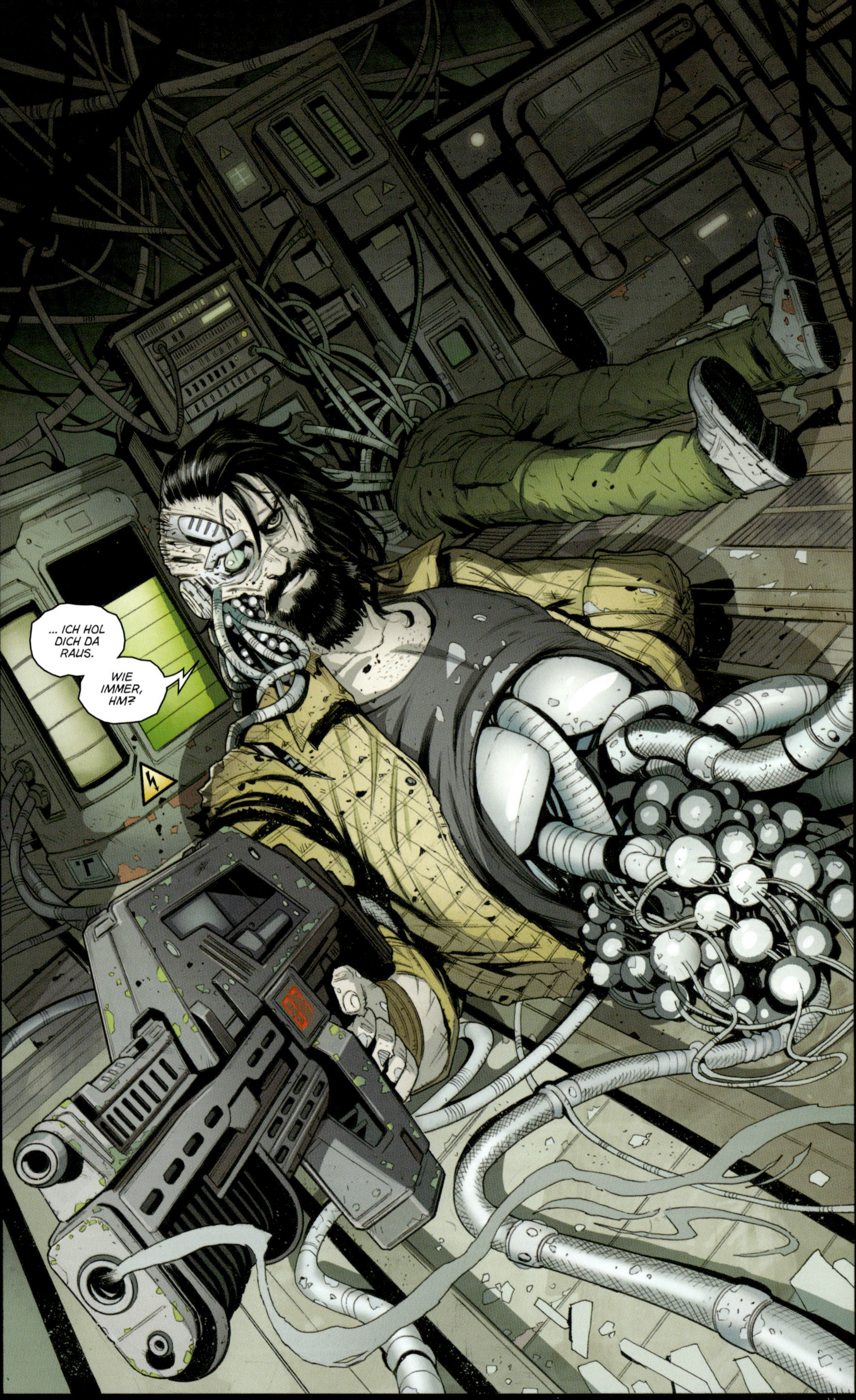
... ICH HOL DICH DA RAUS.
WIE IMMER, HM?

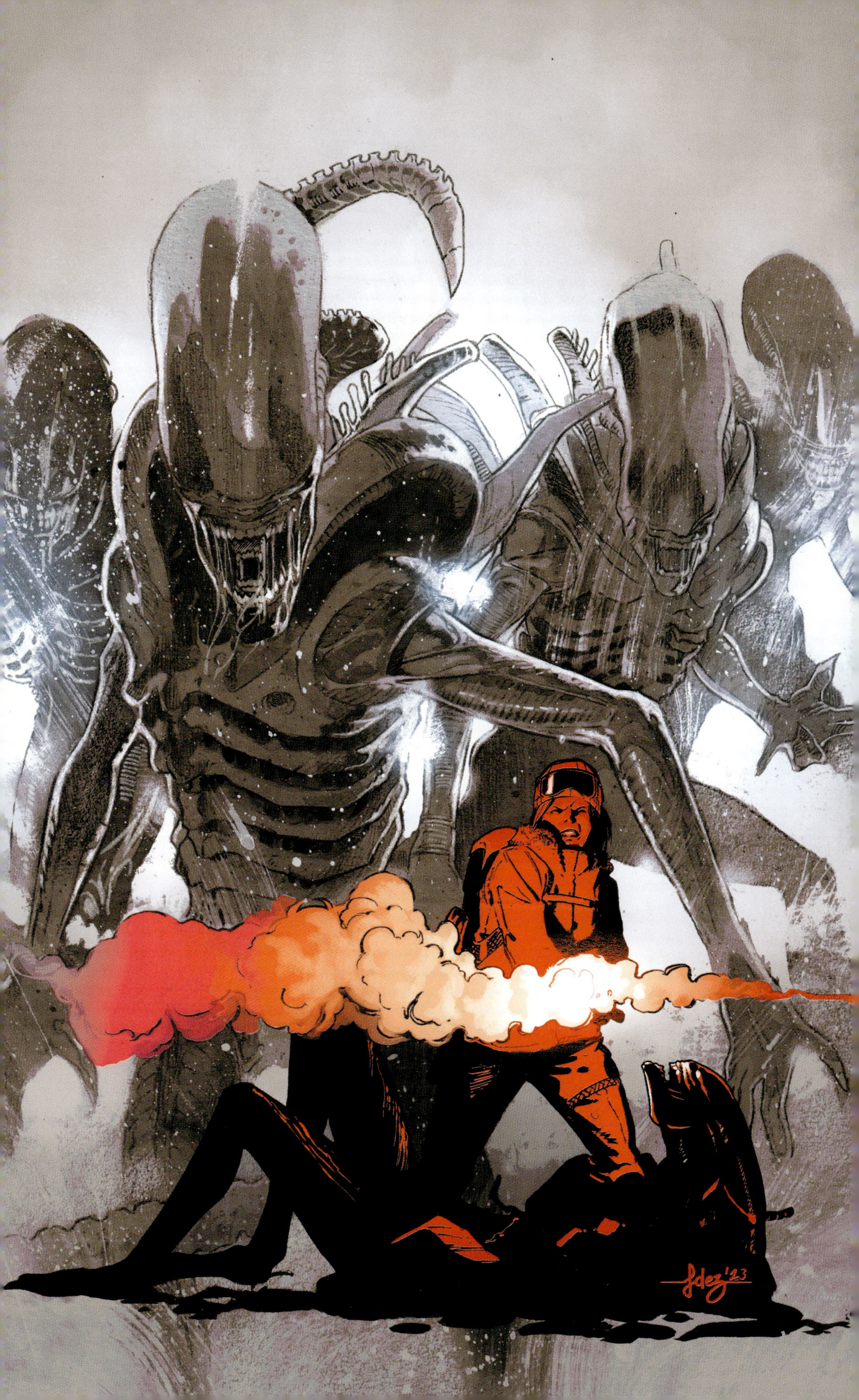
fdez '23

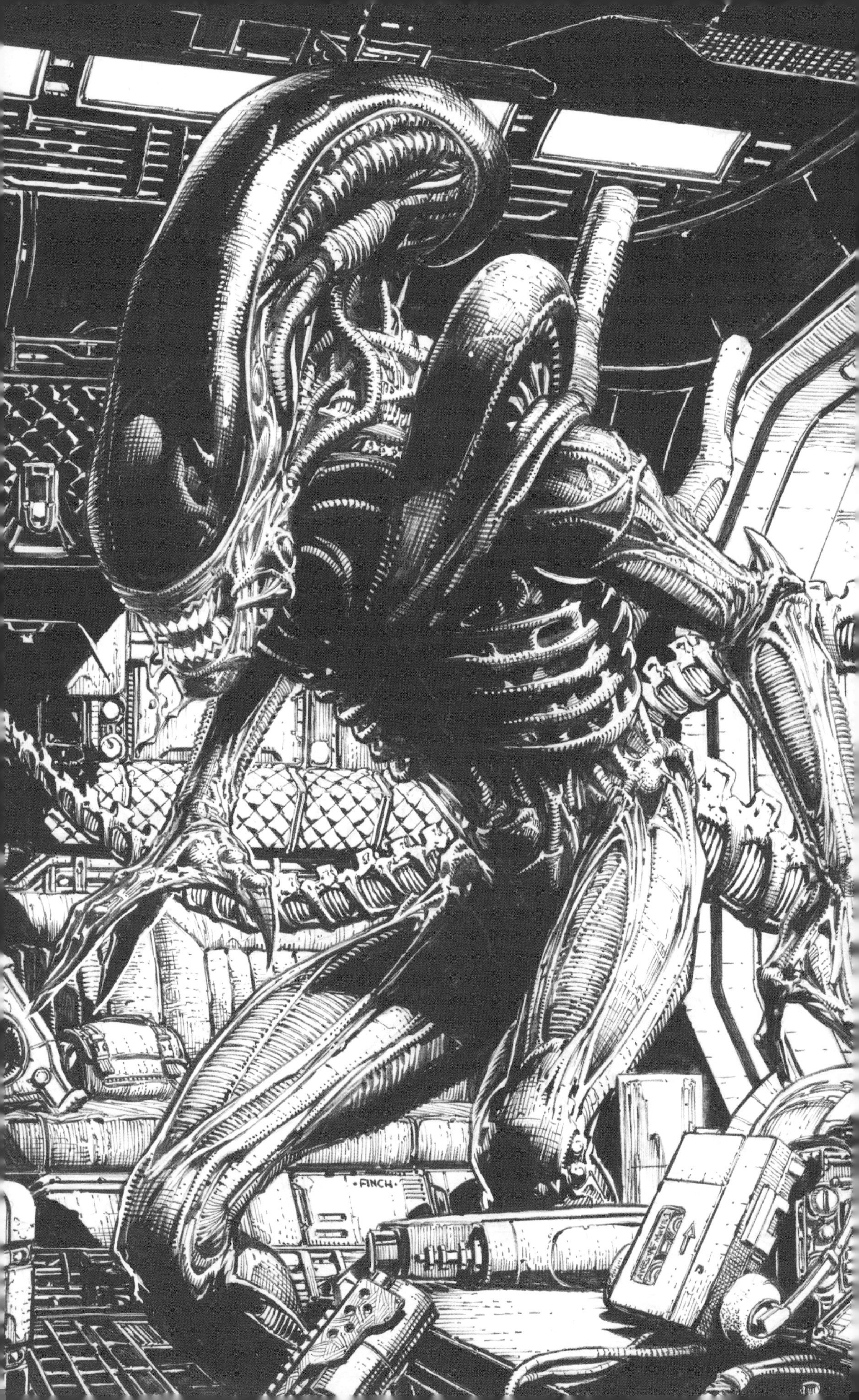
·FINCH·

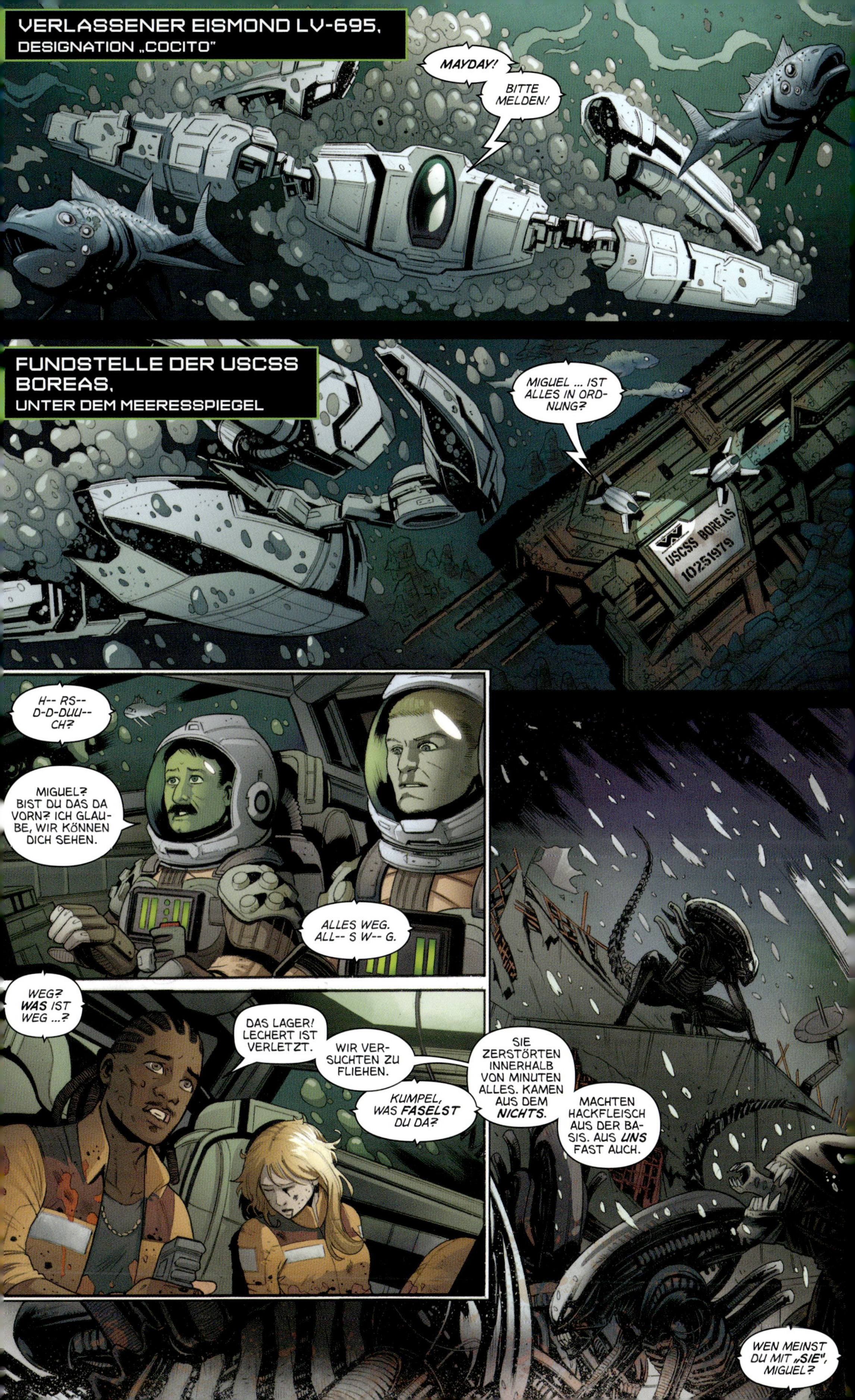
VERLASSENER EISMOND LV-695,
DESIGNATION „COCITO"
MAYDAY!
BITTE MELDEN!
FUNDSTELLE DER USCSS BOREAS,
UNTER DEM MEERESSPIEGEL
MIGUEL ... IST ALLES IN ORDNUNG?
USCSS BOREAS
10251979
H-- RS-- D-D-DUU-- CH?
MIGUEL? BIST DU DAS DA VORN? ICH GLAUBE, WIR KÖNNEN DICH SEHEN.
ALLES WEG. ALL-- S W-- G.
WEG? WAS IST WEG ...?
DAS LAGER! LECHERT IST VERLETZT.
WIR VERSUCHTEN ZU FLIEHEN.
KUMPEL, WAS FASELST DU DA?
SIE ZERSTÖRTEN INNERHALB VON MINUTEN ALLES. KAMEN AUS DEM NICHTS.
MACHTEN HACKFLEISCH AUS DER BASIS. AUS UNS FAST AUCH.
WEN MEINST DU MIT „SIE", MIGUEL?

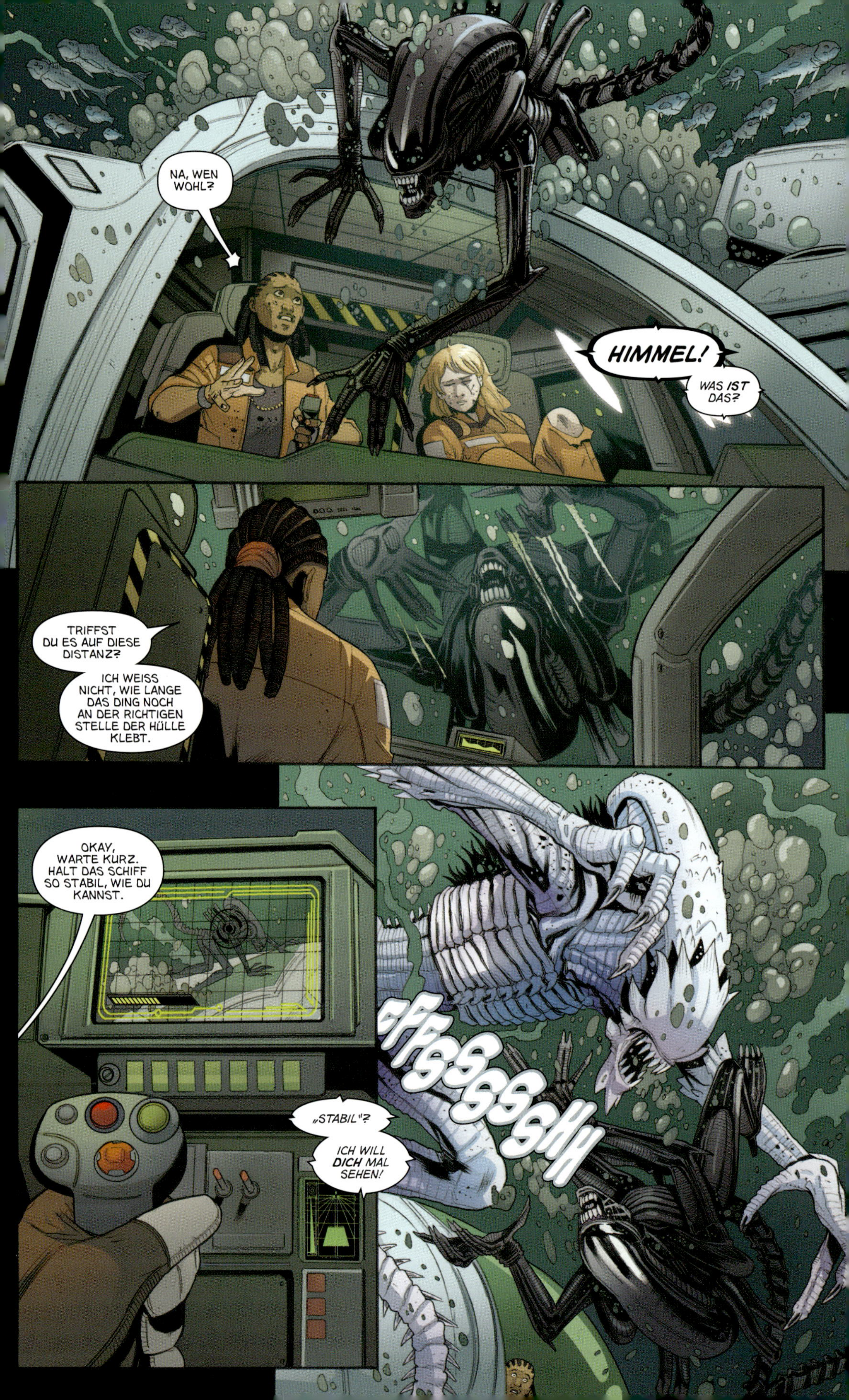
NA, WEN WOHL?
HIMMEL!
WAS IST DAS?
TRIFFST DU ES AUF DIESE DISTANZ?
ICH WEISS NICHT, WIE LANGE DAS DING NOCH AN DER RICHTIGEN STELLE DER HÜLLE KLEBT.
OKAY, WARTE KURZ. HALT DAS SCHIFF SO STABIL, WIE DU KANNST.
FFSSSSSHH
„STABIL"?
ICH WILL DICH MAL SEHEN!

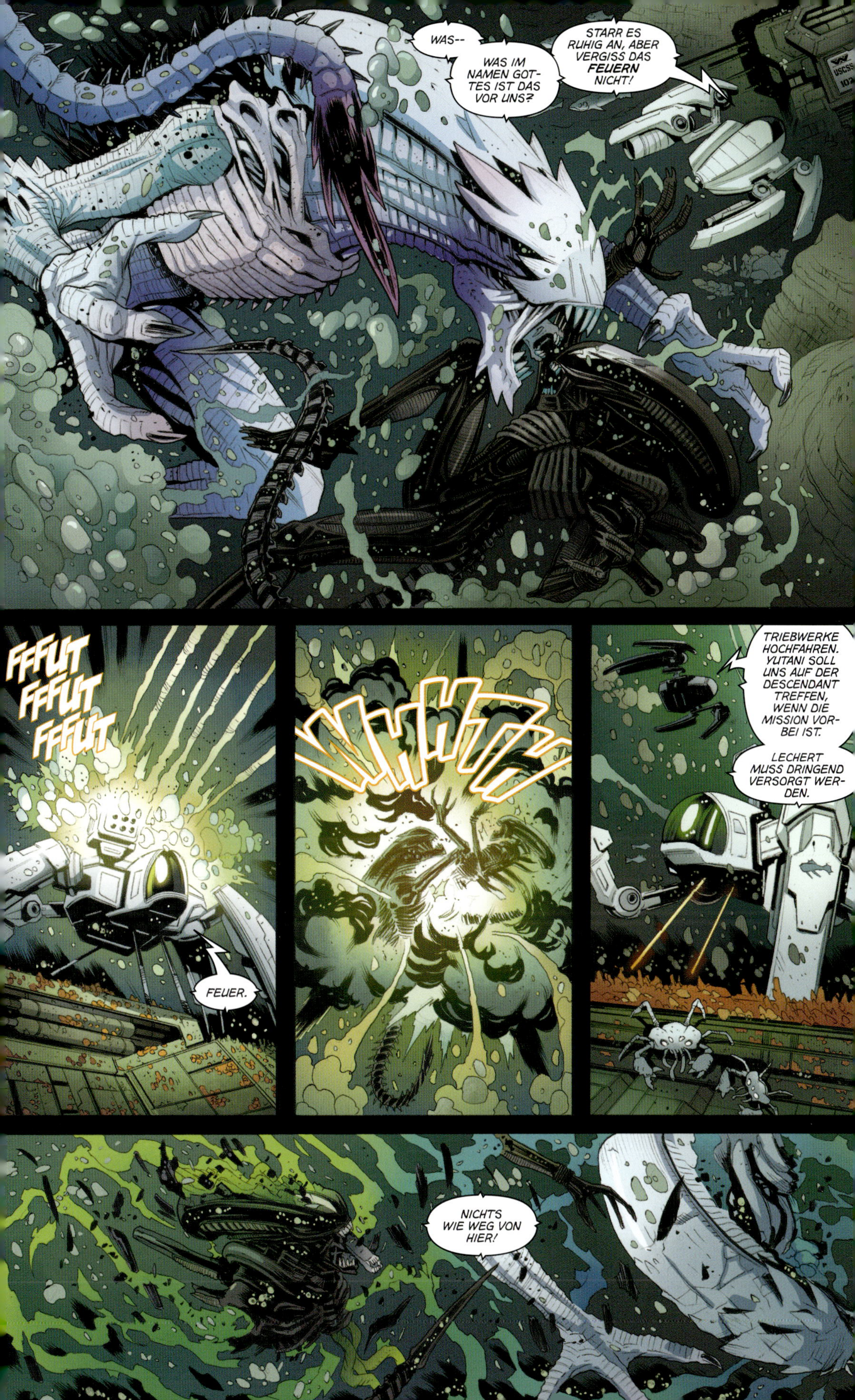
WAS--
WAS IM NAMEN GOTTES IST DAS VOR UNS?
STARR ES RUHIG AN, ABER VERGISS DAS **FEUERN** NICHT!
FFFUT FFFUT FFFUT
FEUER.
TRIEBWERKE HOCHFAHREN. YUTANI SOLL UNS AUF DER DESCENDANT TREFFEN, WENN DIE MISSION VORBEI IST.
LECHERT MUSS DRINGEND VERSORGT WERDEN.
NICHTS WIE WEG VON HIER!

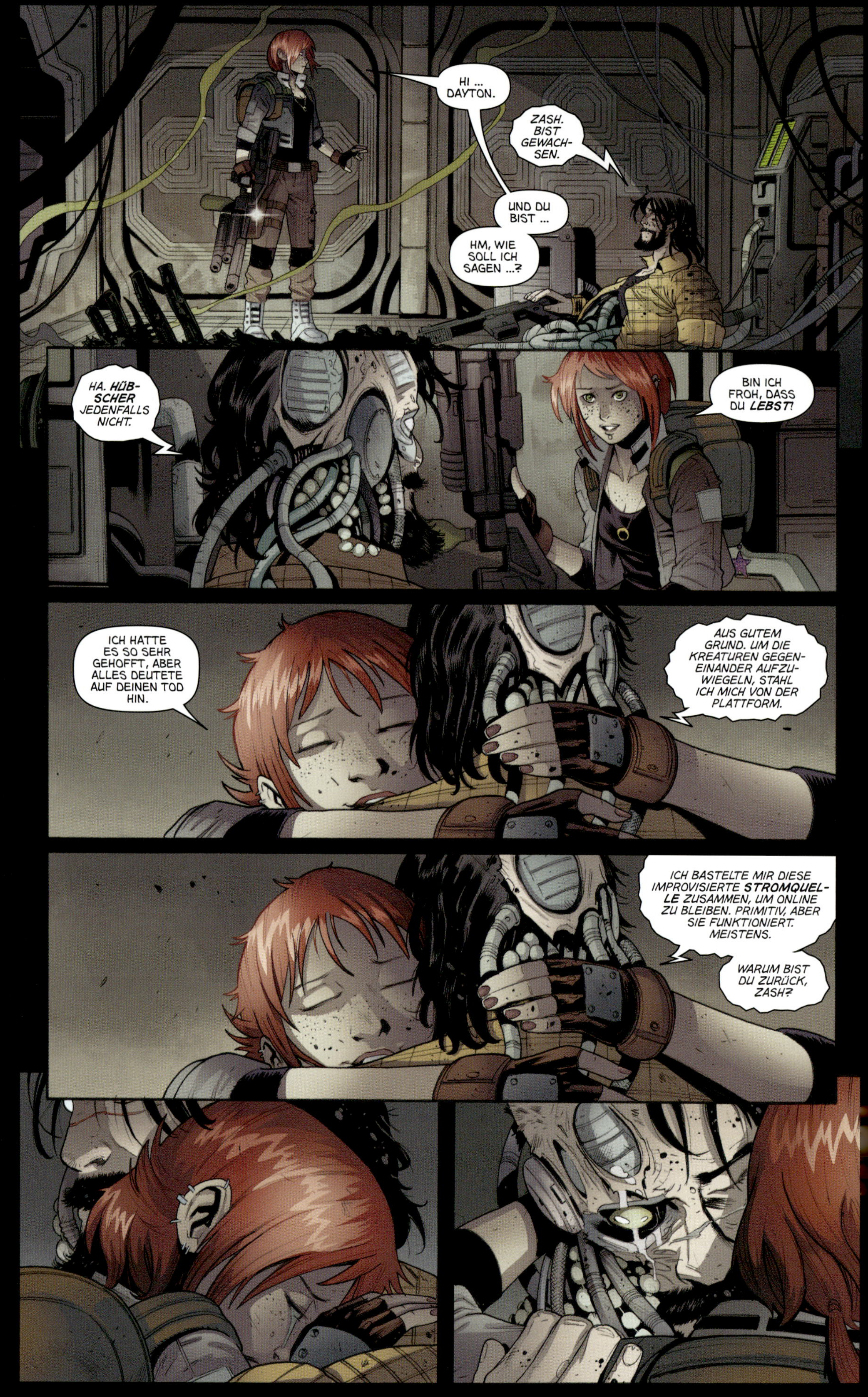
HI ... DAYTON.
ZASH. BIST GEWACHSEN.
UND DU BIST ...
HM, WIE SOLL ICH SAGEN ...?
HA. HÜBSCHER JEDENFALLS NICHT.
BIN ICH FROH, DASS DU LEBST!
ICH HATTE ES SO SEHR GEHOFFT, ABER ALLES DEUTETE AUF DEINEN TOD HIN.
AUS GUTEM GRUND. UM DIE KREATUREN GEGENEINANDER AUFZUWIEGELN, STAHL ICH MICH VON DER PLATTFORM.
ICH BASTELTE MIR DIESE IMPROVISIERTE STROMQUELLE ZUSAMMEN, UM ONLINE ZU BLEIBEN. PRIMITIV, ABER SIE FUNKTIONIERT. MEISTENS.
WARUM BIST DU ZURÜCK, ZASH?

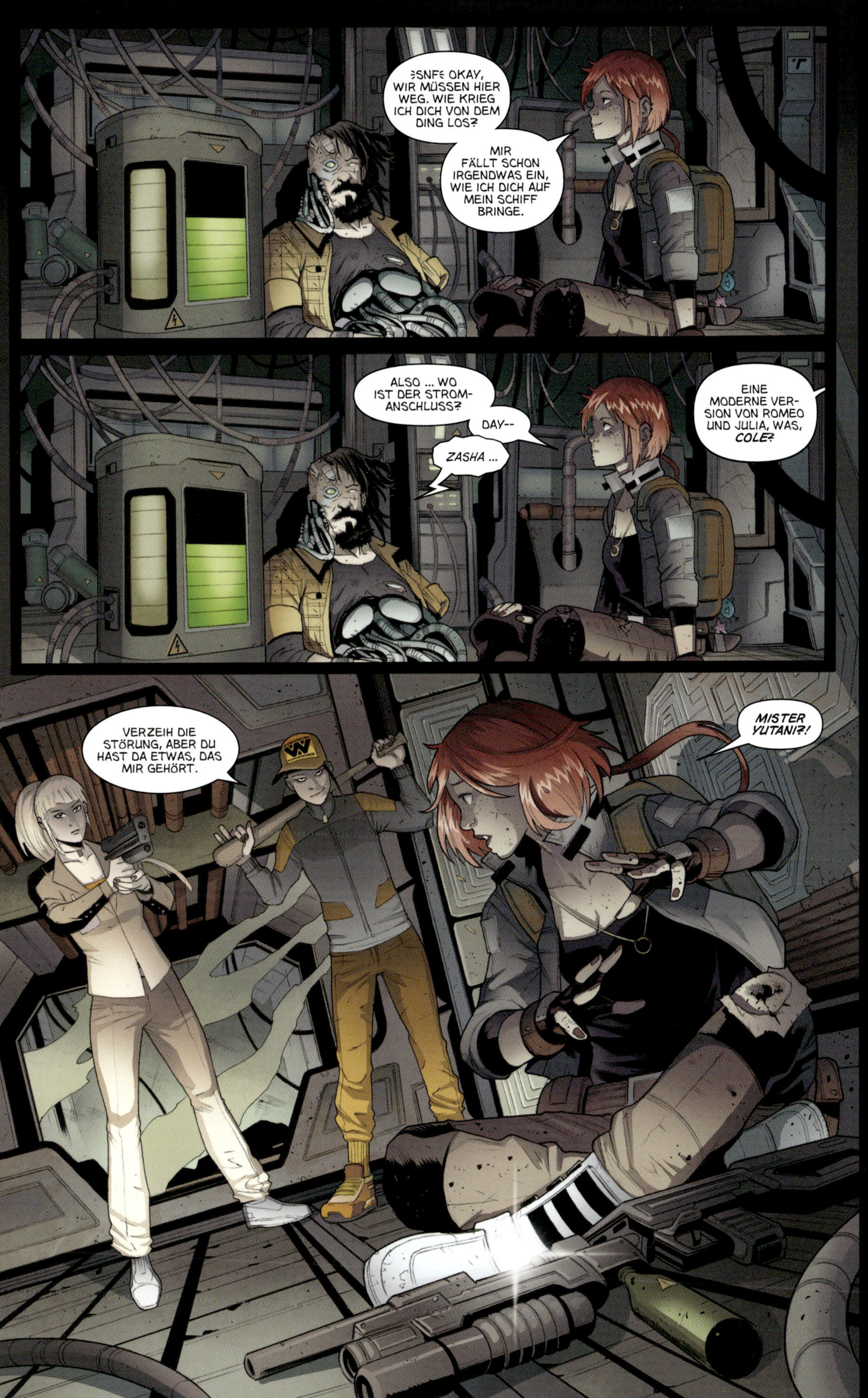

⋾SNF⋲ OKAY, WIR MÜSSEN HIER WEG. WIE KRIEG ICH DICH VON DEM DING LOS?
MIR FÄLLT SCHON IRGENDWAS EIN, WIE ICH DICH AUF MEIN SCHIFF BRINGE.
ALSO ... WO IST DER STROM-ANSCHLUSS?
DAY--
ZASHA ...
EINE MODERNE VER-SION VON ROMEO UND JULIA, WAS, COLE?
VERZEIH DIE STÖRUNG, ABER DU HAST DA ETWAS, DAS MIR GEHÖRT.
MISTER YUTANI?!

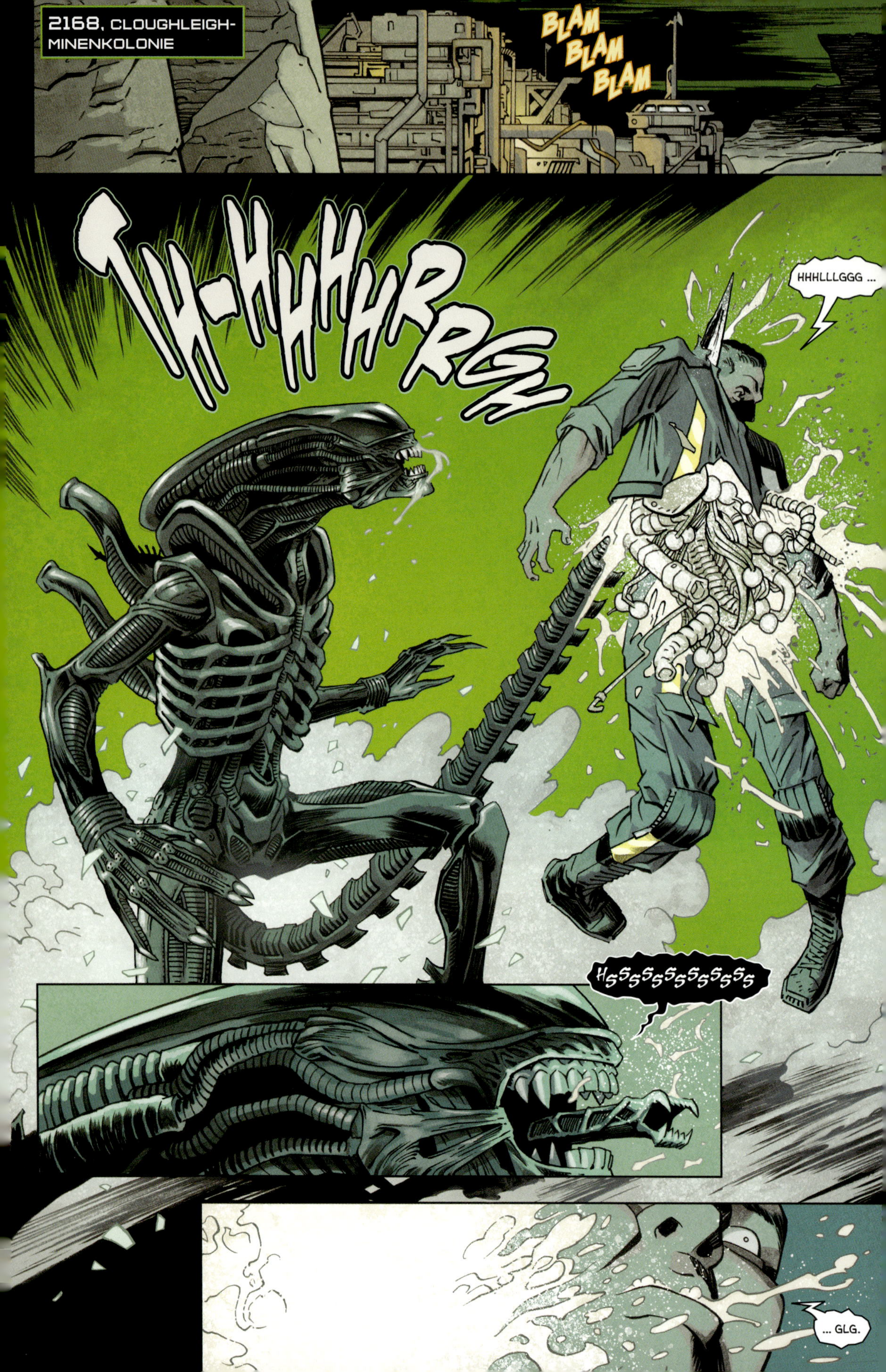
2168, CLOUGHLEIGH-MINENKOLONIE
BLAM
BLAM
BLAM
IH-HHHHRRGH
HHHLLLGGG …
HSSSSSSSSSSSS
… GLG.

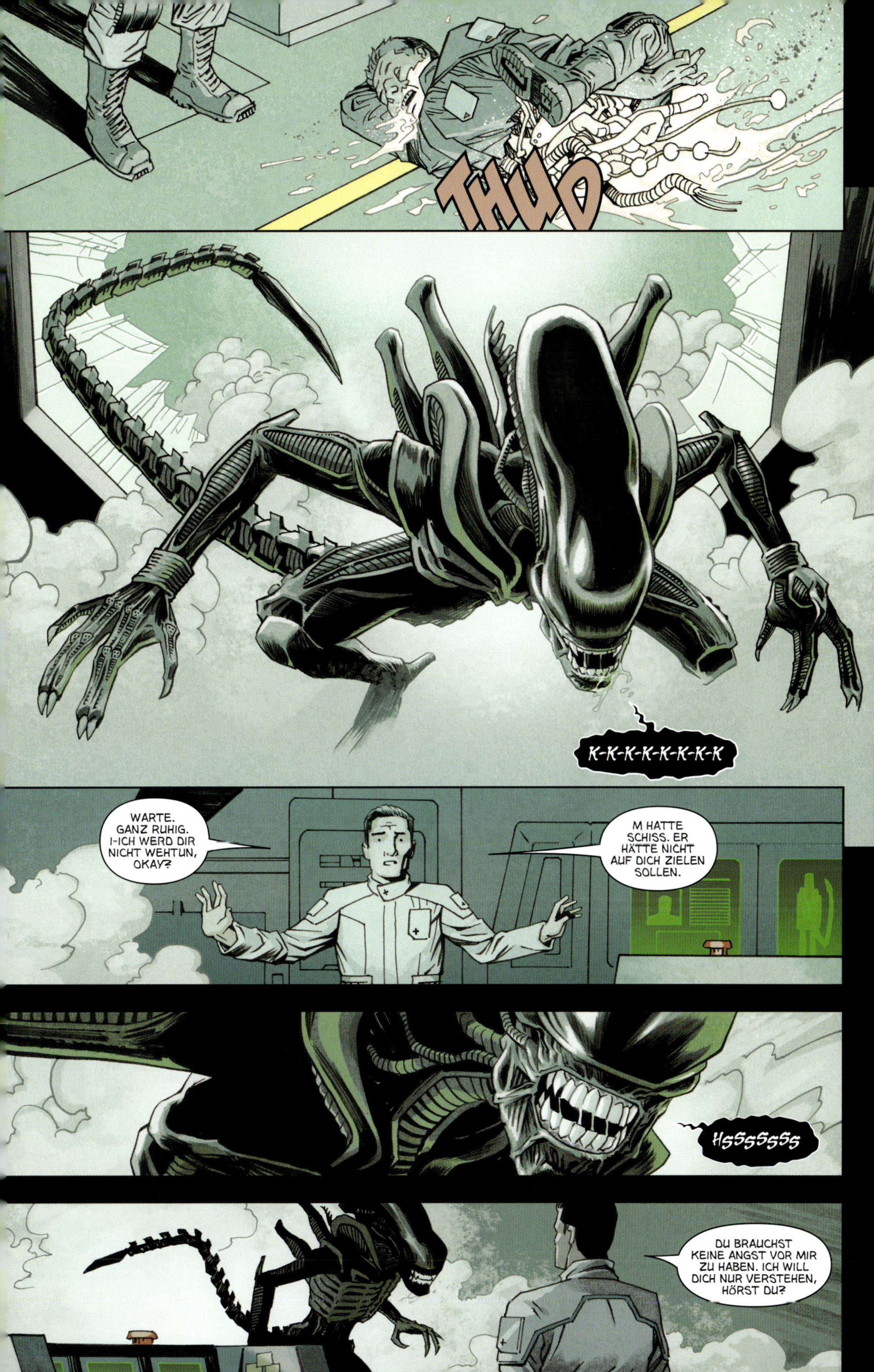
THUD
K-K-K-K-K-K-K-K
WARTE. GANZ RUHIG. I-ICH WERD DIR NICHT WEHTUN, OKAY?
M HATTE SCHISS. ER HÄTTE NICHT AUF DICH ZIELEN SOLLEN.
HSSSSSSS
DU BRAUCHST KEINE ANGST VOR MIR ZU HABEN. ICH WILL DICH NUR VERSTEHEN, HÖRST DU?

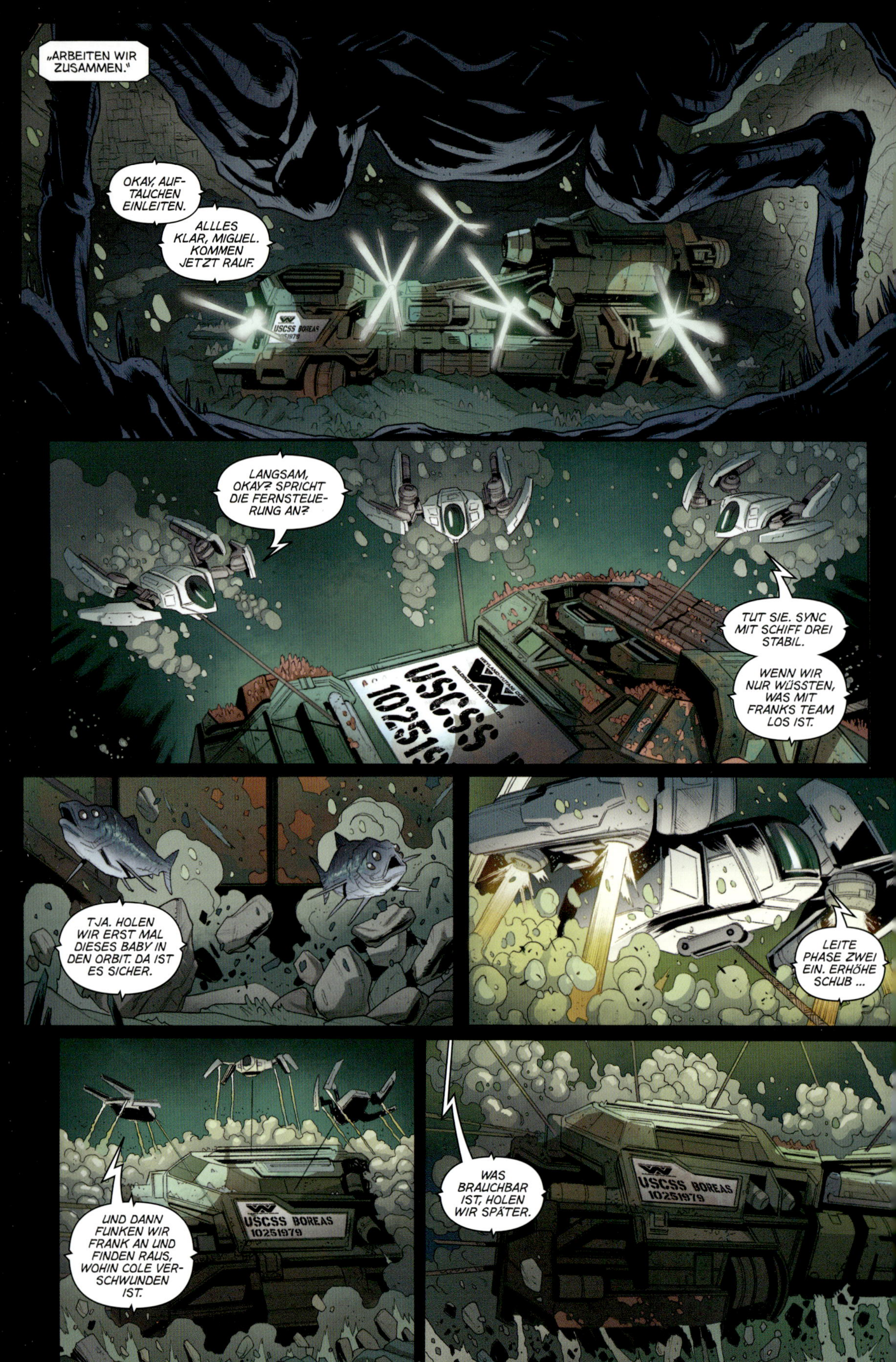
„ARBEITEN WIR ZUSAMMEN."
OKAY, AUFTAUCHEN EINLEITEN.
ALLLES KLAR, MIGUEL. KOMMEN JETZT RAUF.
USCSS BOREAS
LANGSAM, OKAY? SPRICHT DIE FERNSTEUERUNG AN?
TUT SIE. SYNC MIT SCHIFF DREI STABIL.
WENN WIR NUR WÜSSTEN, WAS MIT FRANKS TEAM LOS IST.
USCSS 1025197
TJA. HOLEN WIR ERST MAL DIESES BABY IN DEN ORBIT. DA IST ES SICHER.
LEITE PHASE ZWEI EIN. ERHÖHE SCHUB ...
UND DANN FUNKEN WIR FRANK AN UND FINDEN RAUS, WOHIN COLE VERSCHWUNDEN IST.
USCSS BOREAS 10251979
WAS BRAUCHBAR IST, HOLEN WIR SPÄTER.
USCSS BOREAS 10251979

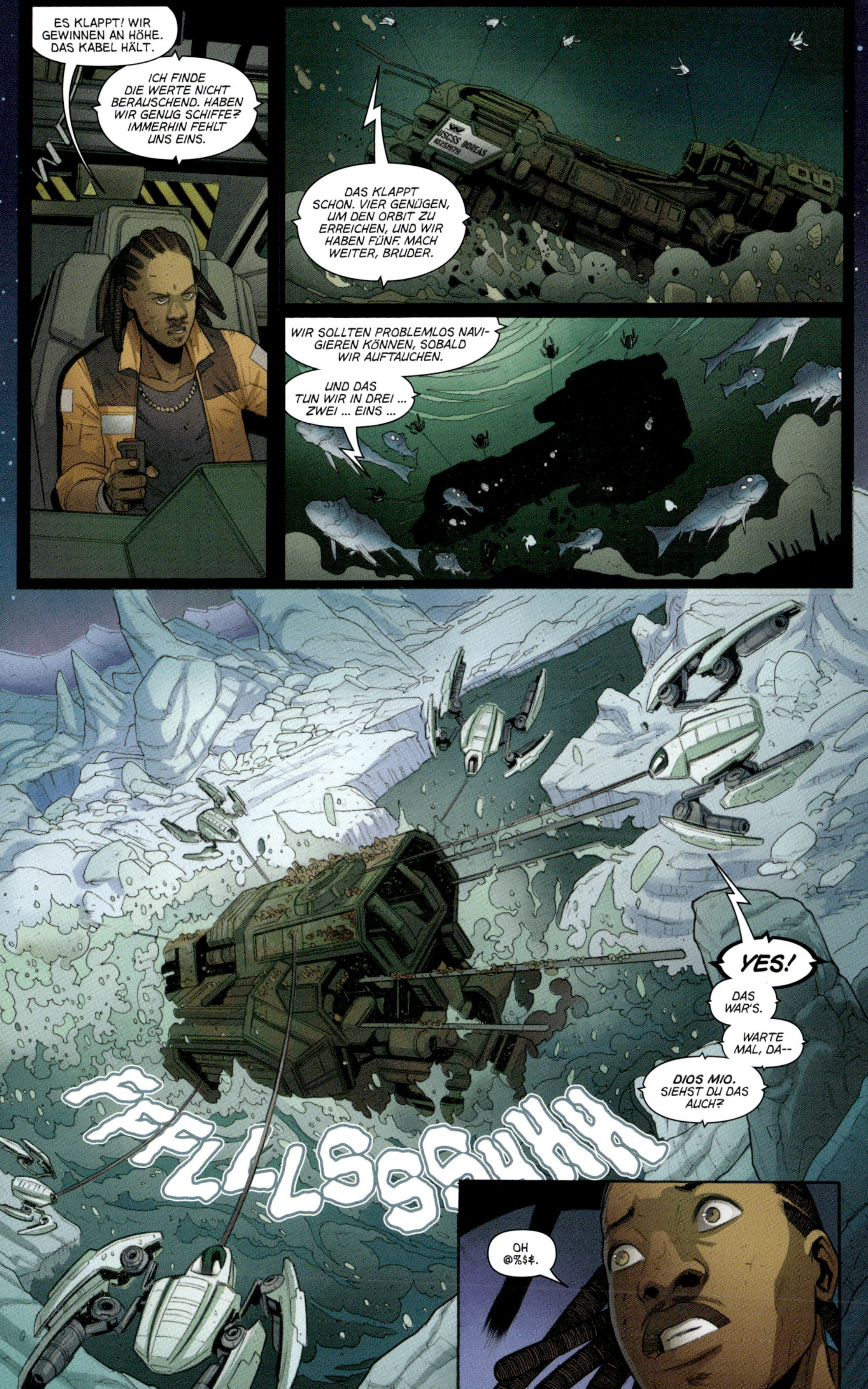
ES KLAPPT! WIR GEWINNEN AN HÖHE. DAS KABEL HÄLT.
ICH FINDE DIE WERTE NICHT BERAUSCHEND. HABEN WIR GENUG SCHIFFE? IMMERHIN FEHLT UNS EINS.
USCSS BOREAS
DAS KLAPPT SCHON. VIER GENÜGEN, UM DEN ORBIT ZU ERREICHEN, UND WIR HABEN FÜNF. MACH WEITER, BRUDER.
WIR SOLLTEN PROBLEMLOS NAVIGIEREN KÖNNEN, SOBALD WIR AUFTAUCHEN.
UND DAS TUN WIR IN DREI ... ZWEI ... EINS ...
YES!
DAS WAR'S.
WARTE MAL, DA--
DIOS MIO. SIEHST DU DAS AUCH?
FFLLLSSSHHA
OH @%$‡.

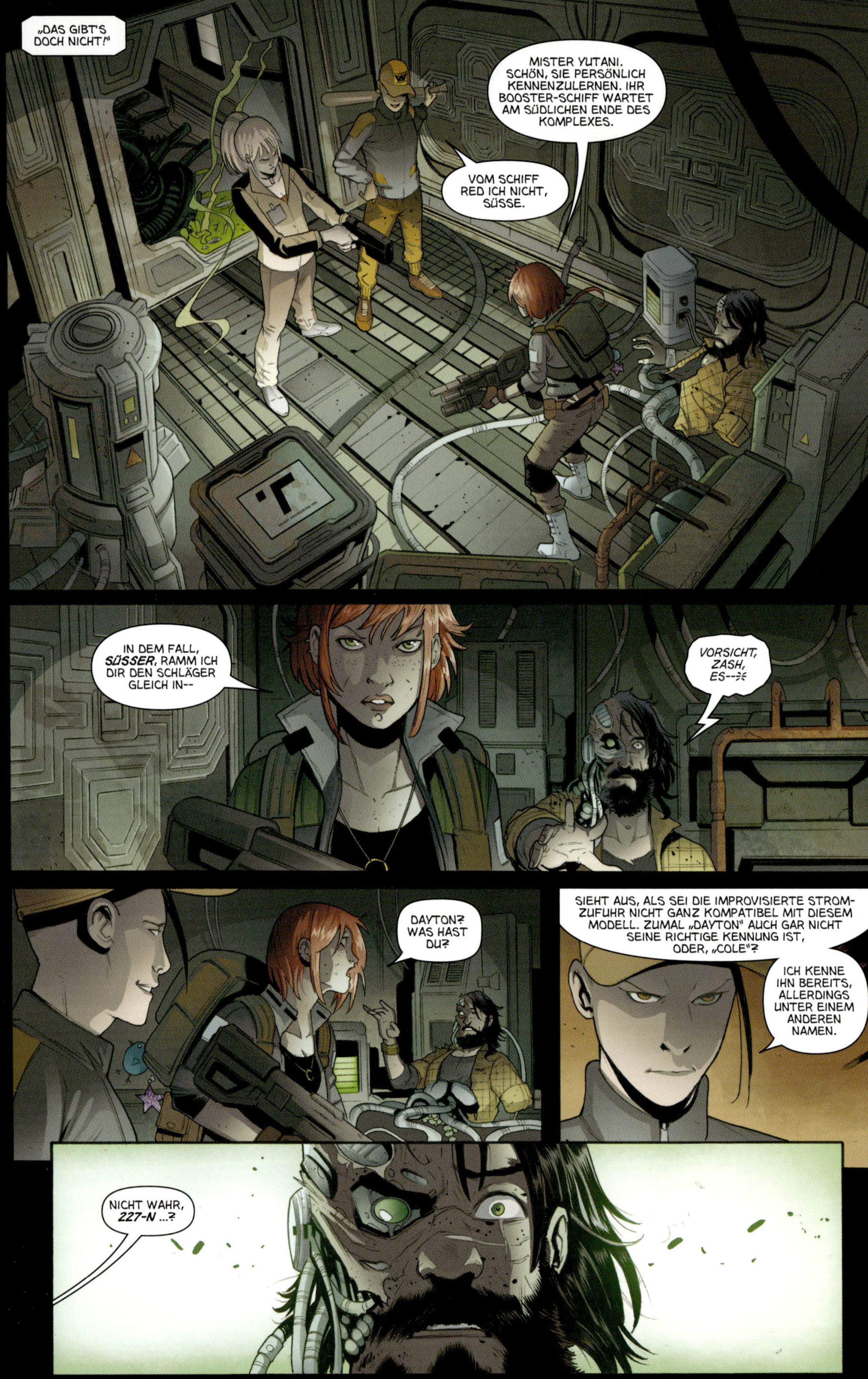
„DAS GIBT'S DOCH NICHT!"
MISTER YUTANI. SCHÖN, SIE PERSÖNLICH KENNENZULERNEN. IHR BOOSTER-SCHIFF WARTET AM SÜDLICHEN ENDE DES KOMPLEXES.
VOM SCHIFF RED ICH NICHT, SÜSSE.
IN DEM FALL, *SÜSSER*, RAMM ICH DIR DEN SCHLÄGER GLEICH IN--
VORSICHT, ZASH, ES--
DAYTON? WAS HAST DU?
SIEHT AUS, ALS SEI DIE IMPROVISIERTE STROMZUFUHR NICHT GANZ KOMPATIBEL MIT DIESEM MODELL. ZUMAL „DAYTON" AUCH GAR NICHT SEINE RICHTIGE KENNUNG IST, ODER, „COLE"?
ICH KENNE IHN BEREITS, ALLERDINGS UNTER EINEM ANDEREN NAMEN.
NICHT WAHR, *227-N* ...?

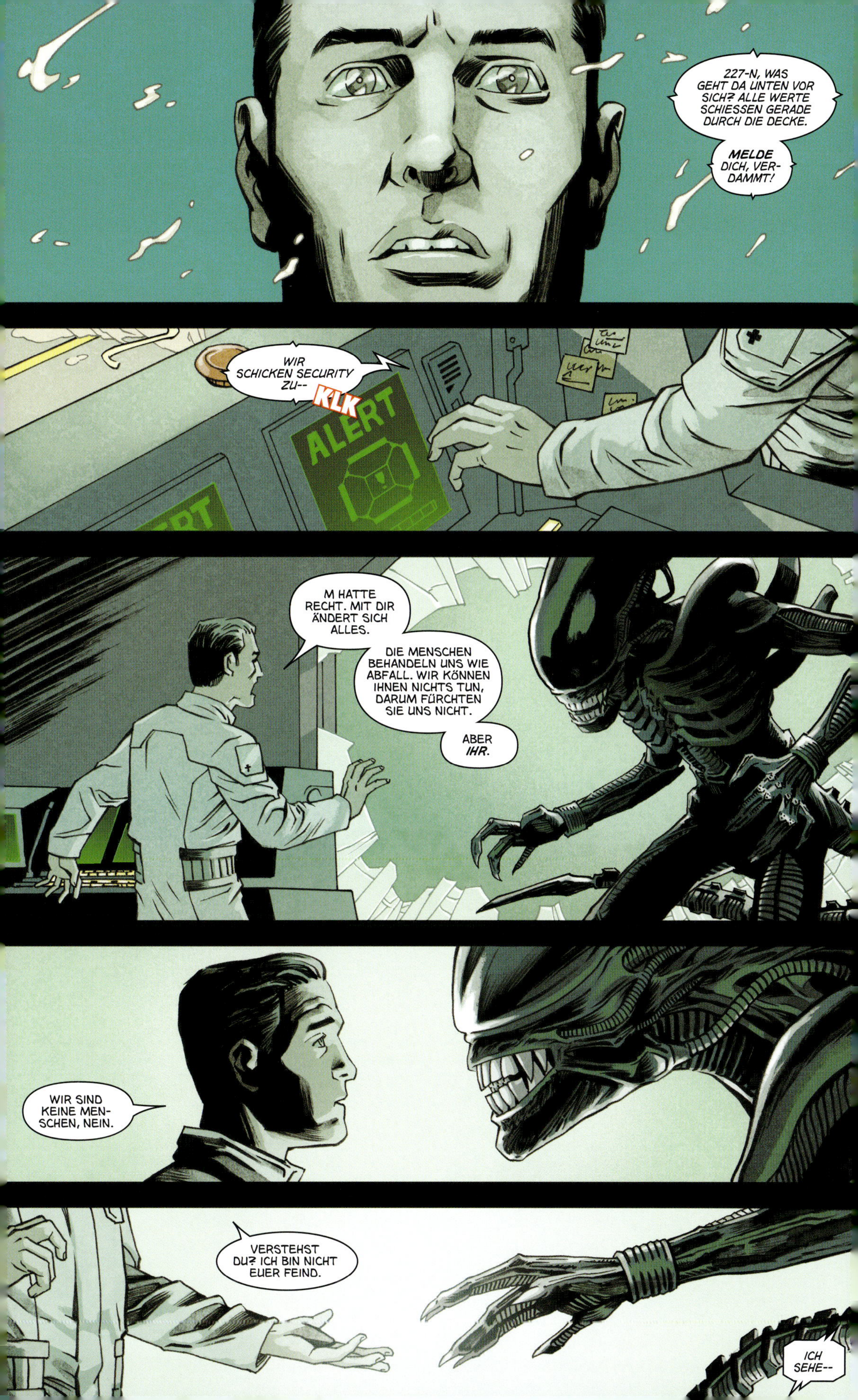
227-N, WAS GEHT DA UNTEN VOR SICH? ALLE WERTE SCHIESSEN GERADE DURCH DIE DECKE.
MELDE DICH, VERDAMMT!
WIR SCHICKEN SECURITY ZU--
KLK
ALERT
M HATTE RECHT. MIT DIR ÄNDERT SICH ALLES.
DIE MENSCHEN BEHANDELN UNS WIE ABFALL. WIR KÖNNEN IHNEN NICHTS TUN, DARUM FÜRCHTEN SIE UNS NICHT.
ABER IHR.
WIR SIND KEINE MENSCHEN, NEIN.
VERSTEHST DU? ICH BIN NICHT EUER FEIND.
ICH SEHE--

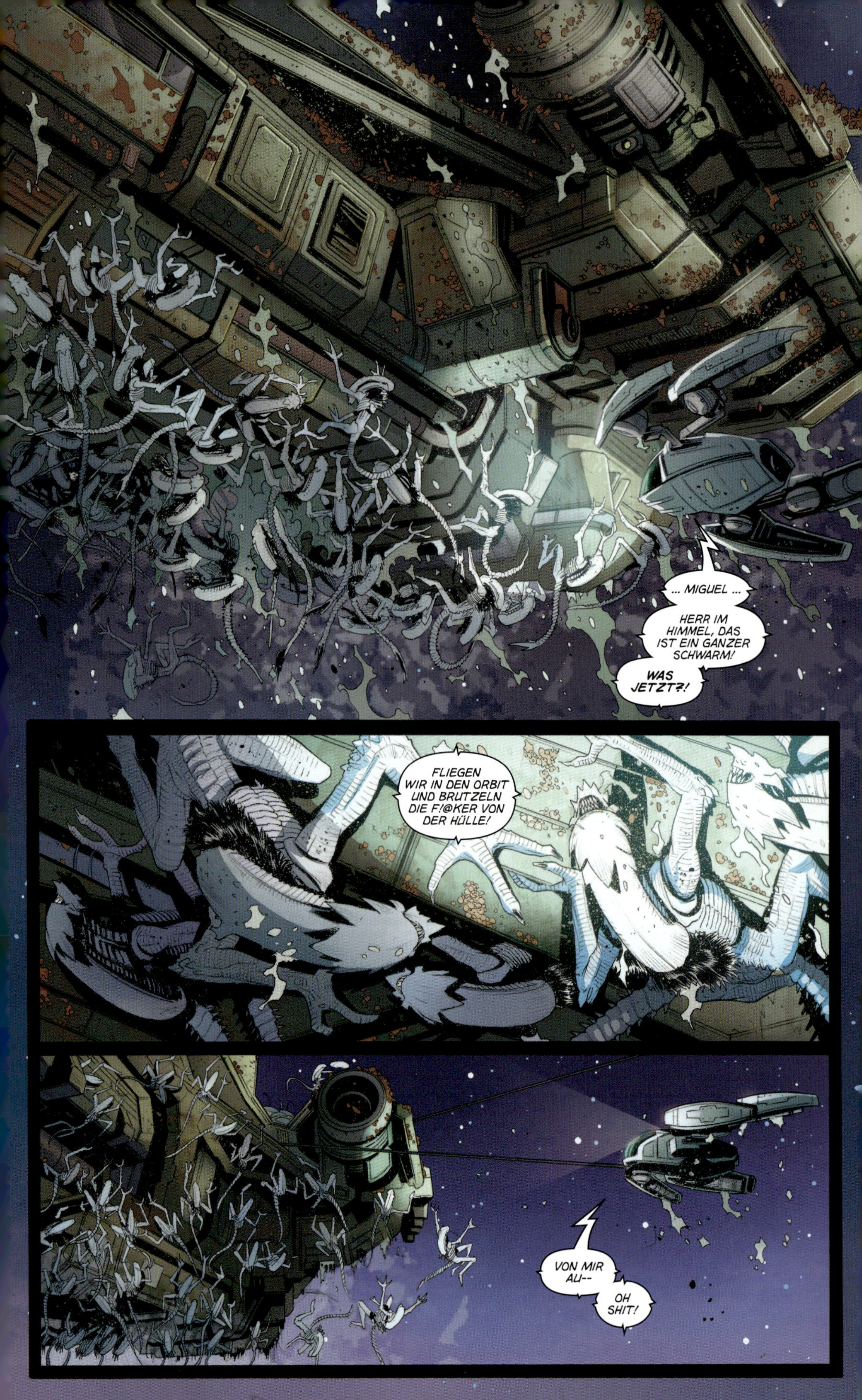
... MIGUEL ...
HERR IM HIMMEL, DAS IST EIN GANZER SCHWARM!
WAS JETZT?!
FLIEGEN WIR IN DEN ORBIT UND BRUTZELN DIE F!@KER VON DER HÜLLE!
VON MIR AU--
OH SHIT!

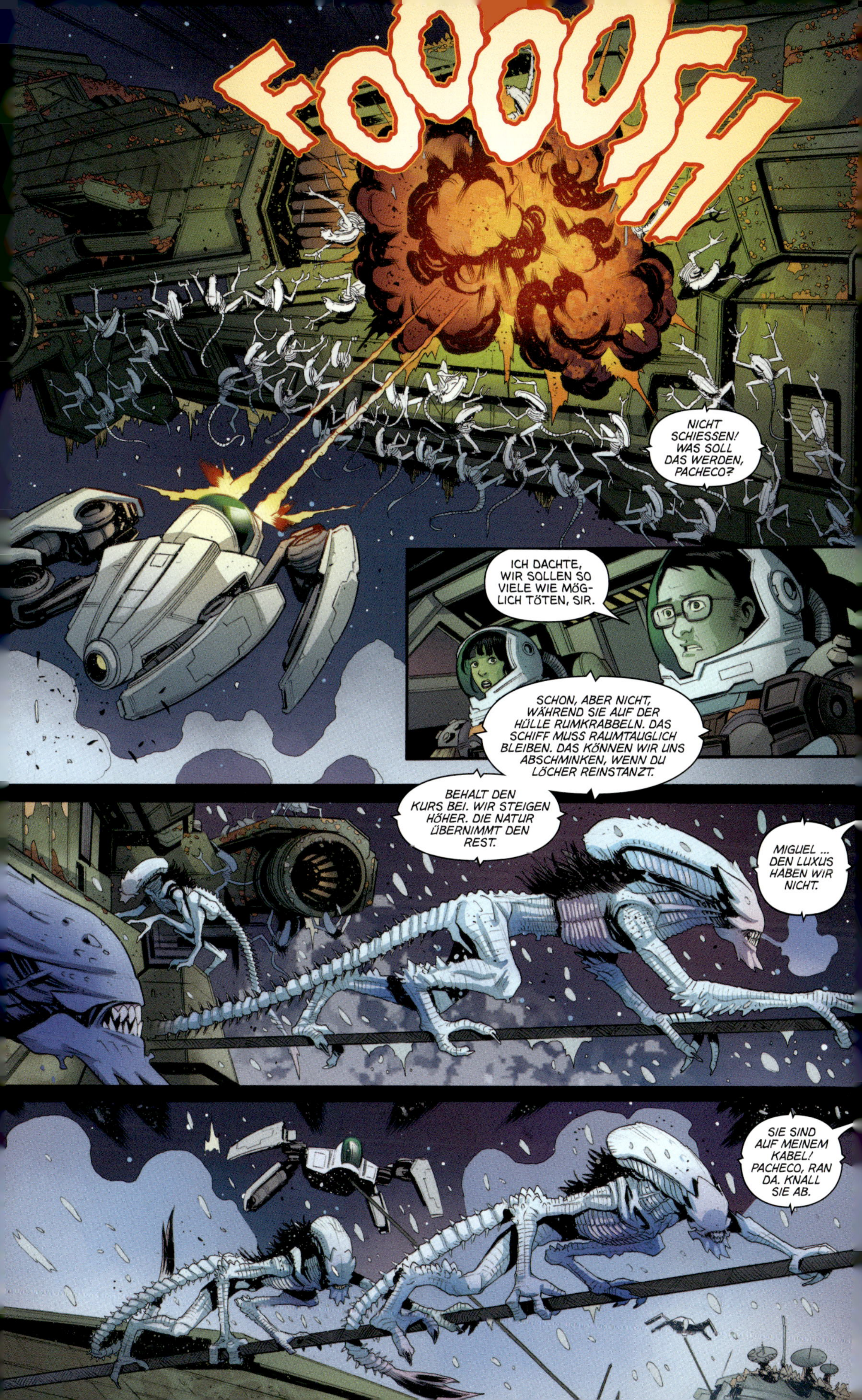
FOOOOOH
NICHT SCHIESSEN! WAS SOLL DAS WERDEN, PACHECO?
ICH DACHTE, WIR SOLLEN SO VIELE WIE MÖGLICH TÖTEN, SIR.
SCHON, ABER NICHT, WÄHREND SIE AUF DER HÜLLE RUMKRABBELN. DAS SCHIFF MUSS RAUMTAUGLICH BLEIBEN. DAS KÖNNEN WIR UNS ABSCHMINKEN, WENN DU LÖCHER REINSTANZT.
BEHALT DEN KURS BEI. WIR STEIGEN HÖHER. DIE NATUR ÜBERNIMMT DEN REST.
MIGUEL ... DEN LUXUS HABEN WIR NICHT.
SIE SIND AUF MEINEM KABEL! PACHECO, RAN DA. KNALL SIE AB.

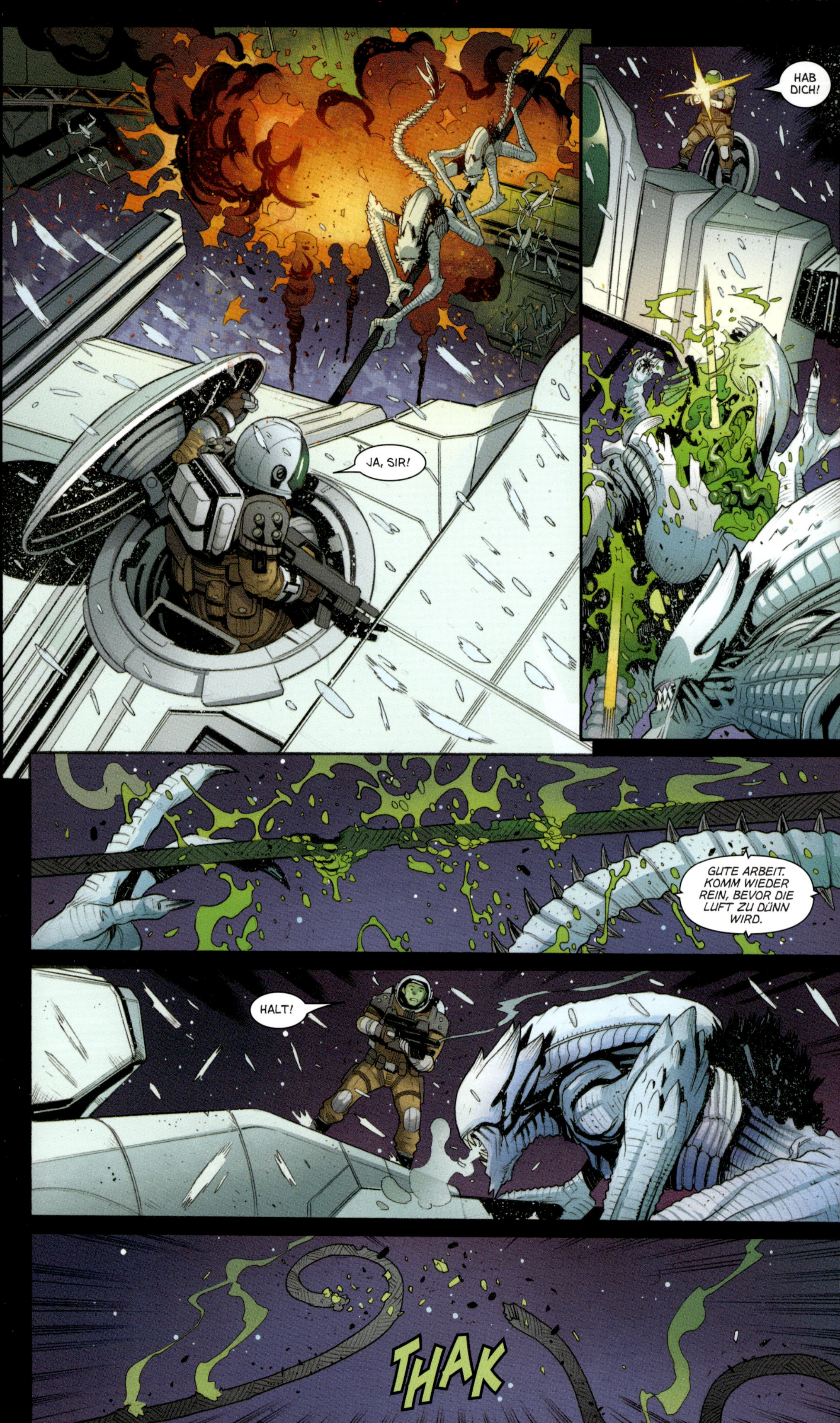
JA, SIR!
HAB DICH!
GUTE ARBEIT. KOMM WIEDER REIN, BEVOR DIE LUFT ZU DÜNN WIRD.
HALT!
THAK

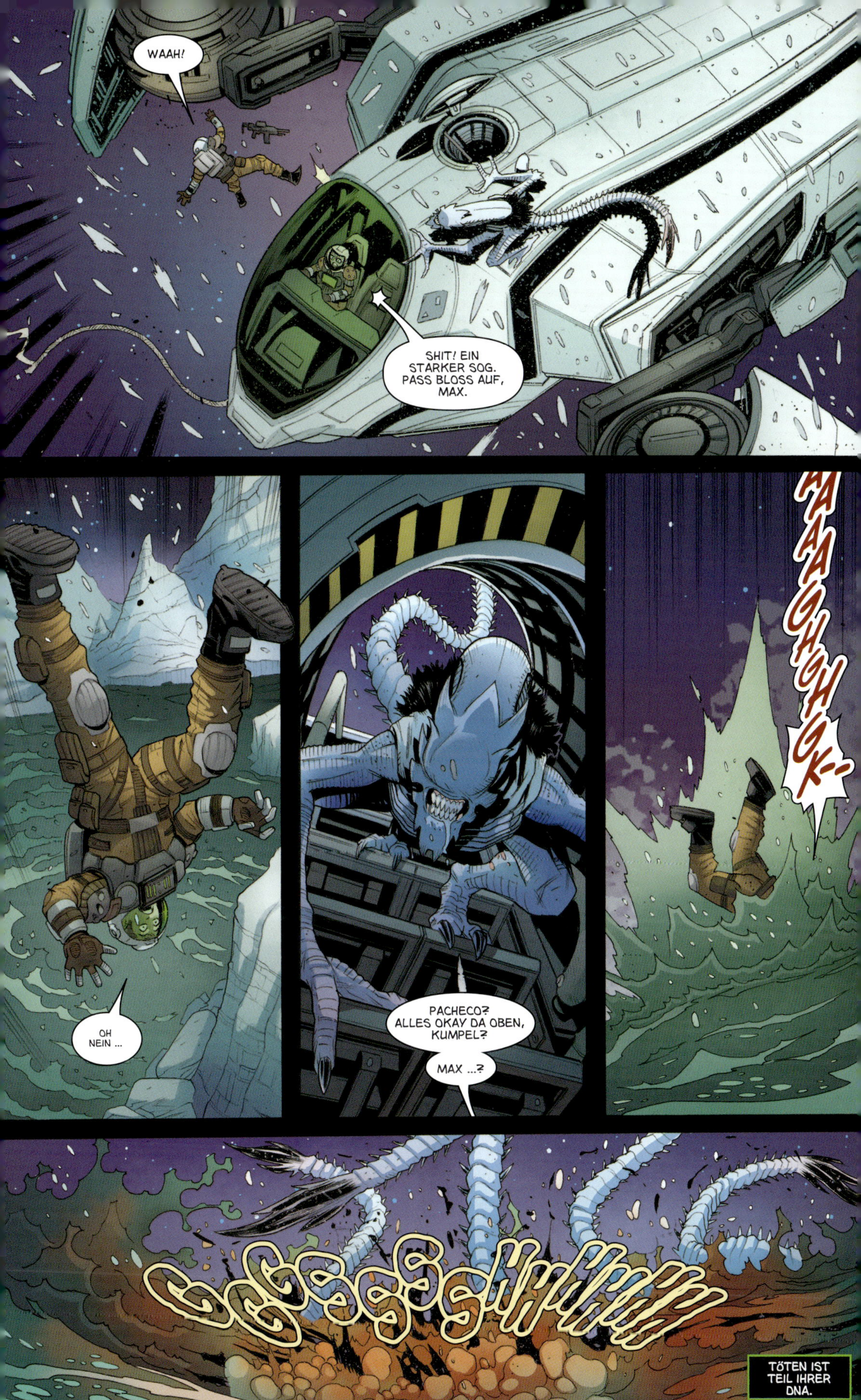
WAAH!
SHIT! EIN STARKER SOG. PASS BLOSS AUF, MAX.
OH NEIN ...
PACHECO? ALLES OKAY DA OBEN, KUMPEL?
MAX ...?
AAAAAGHGHGK--
TÖTEN IST TEIL IHRER DNA.

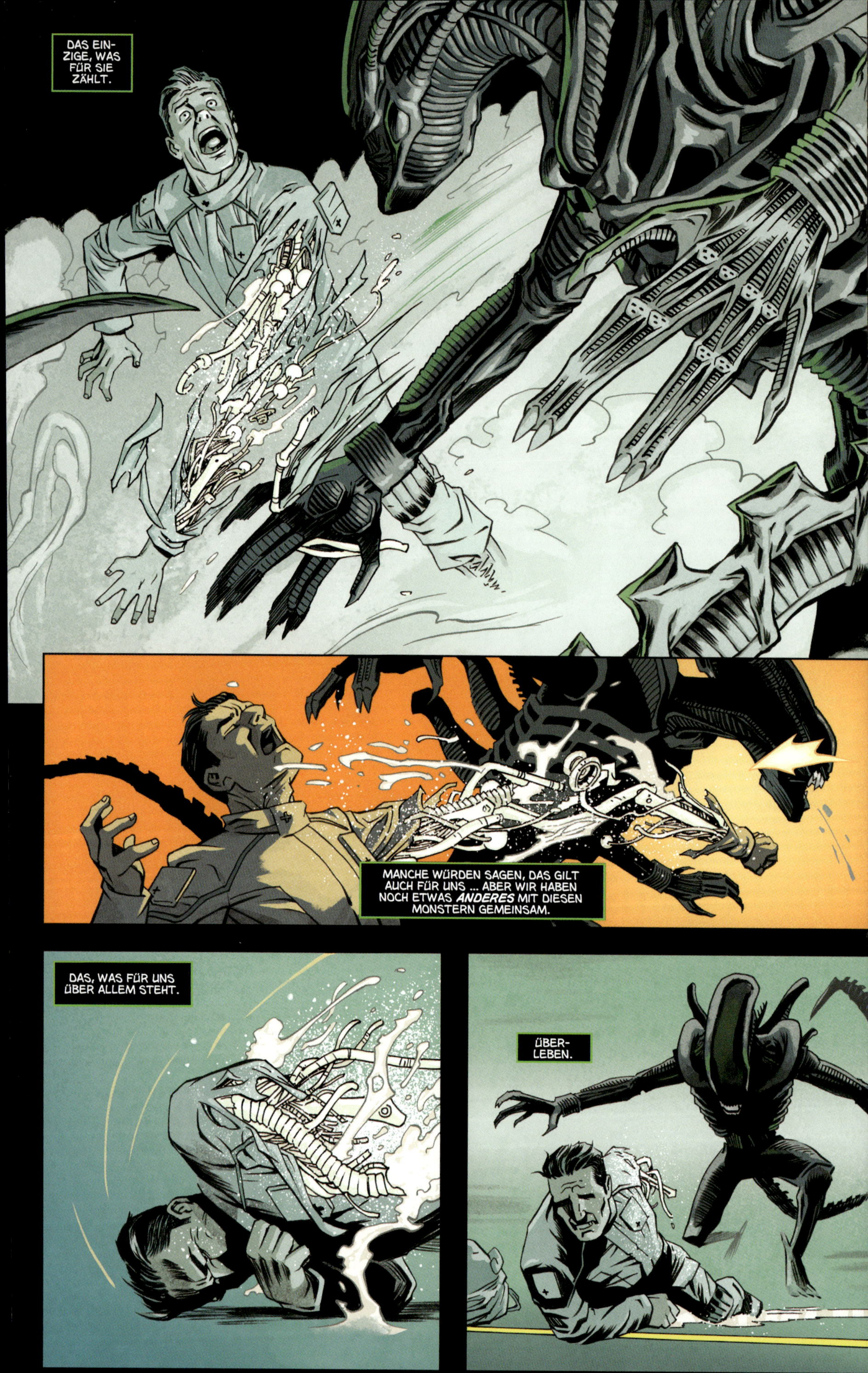

DAS EIN-
ZIGE, WAS
FÜR SIE
ZÄHLT.
MANCHE WÜRDEN SAGEN, DAS GILT AUCH FÜR UNS ... ABER WIR HABEN NOCH ETWAS *ANDERES* MIT DIESEN MONSTERN GEMEINSAM.

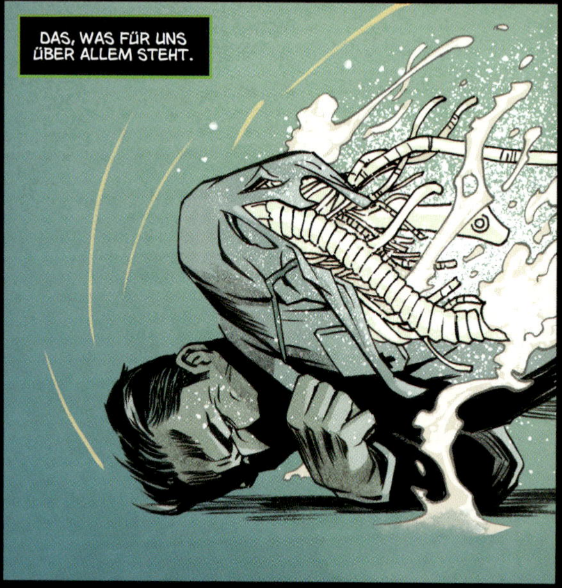
DAS, WAS FÜR UNS ÜBER ALLEM STEHT.

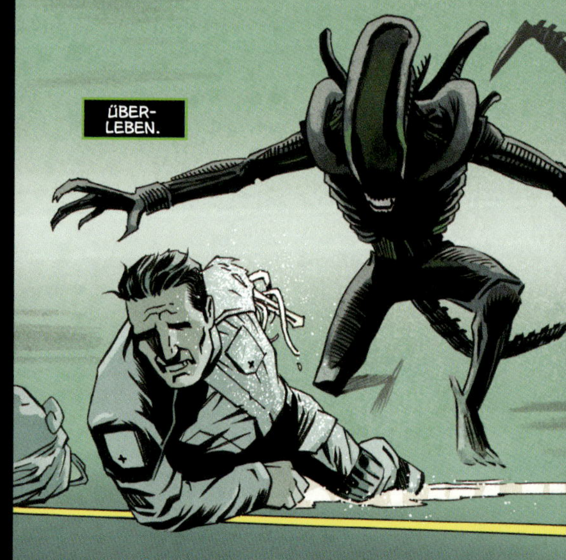
ÜBER-
LEBEN.

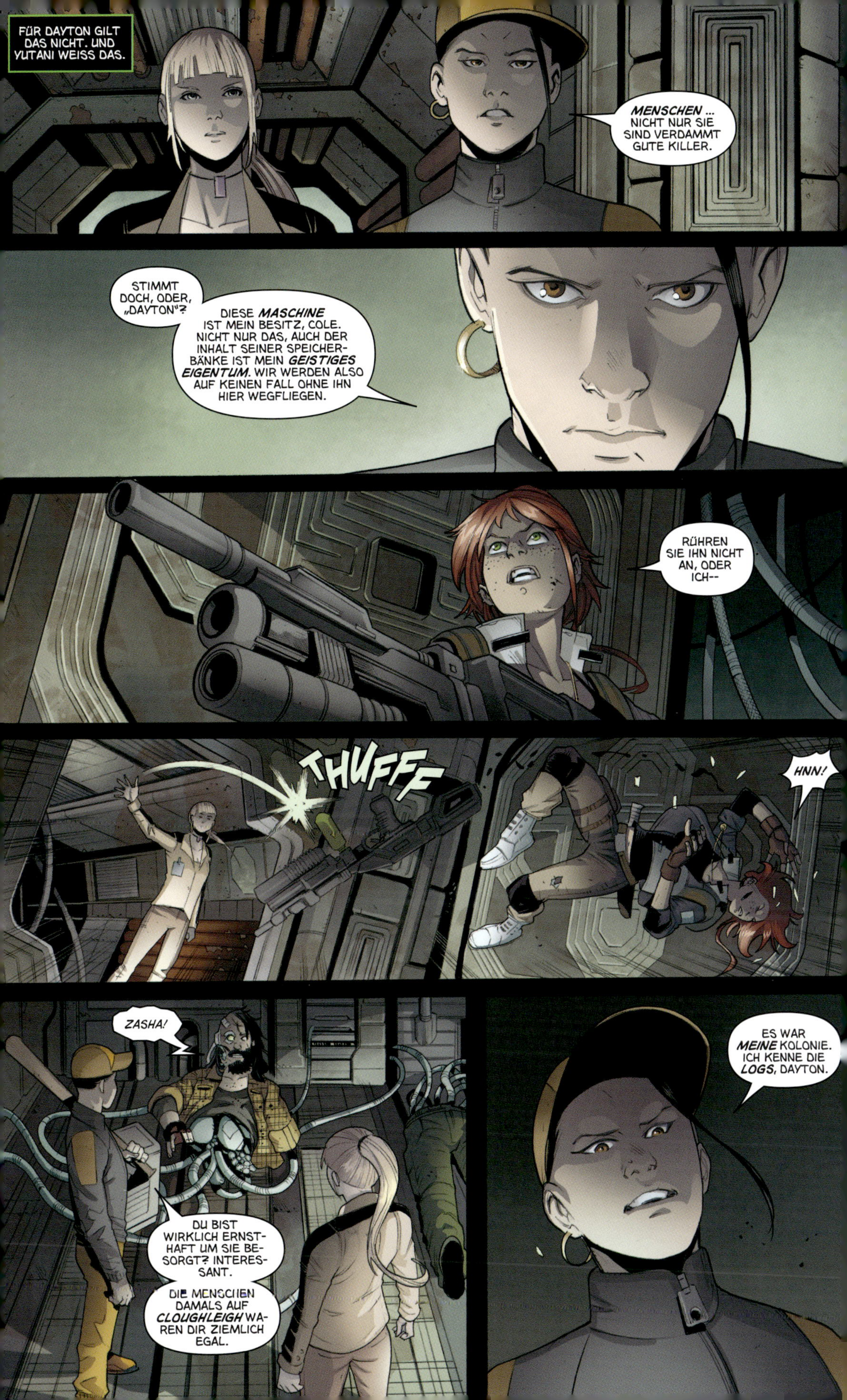

FÜR DAYTON GILT DAS NICHT. UND YUTANI WEISS DAS.
MENSCHEN ... NICHT NUR SIE SIND VERDAMMT GUTE KILLER.
STIMMT DOCH, ODER, „DAYTON"?
DIESE MASCHINE IST MEIN BESITZ, COLE. NICHT NUR DAS, AUCH DER INHALT SEINER SPEICHERBÄNKE IST MEIN GEISTIGES EIGENTUM. WIR WERDEN ALSO AUF KEINEN FALL OHNE IHN HIER WEGFLIEGEN.
RÜHREN SIE IHN NICHT AN, ODER ICH--
THUFFF
HNN!
ZASHA!
DU BIST WIRKLICH ERNSTHAFT UM SIE BESORGT? INTERESSANT.
DIE MENSCHEN DAMALS AUF CLOUGHLEIGH WAREN DIR ZIEMLICH EGAL.
ES WAR MEINE KOLONIE. ICH KENNE DIE LOGS, DAYTON.

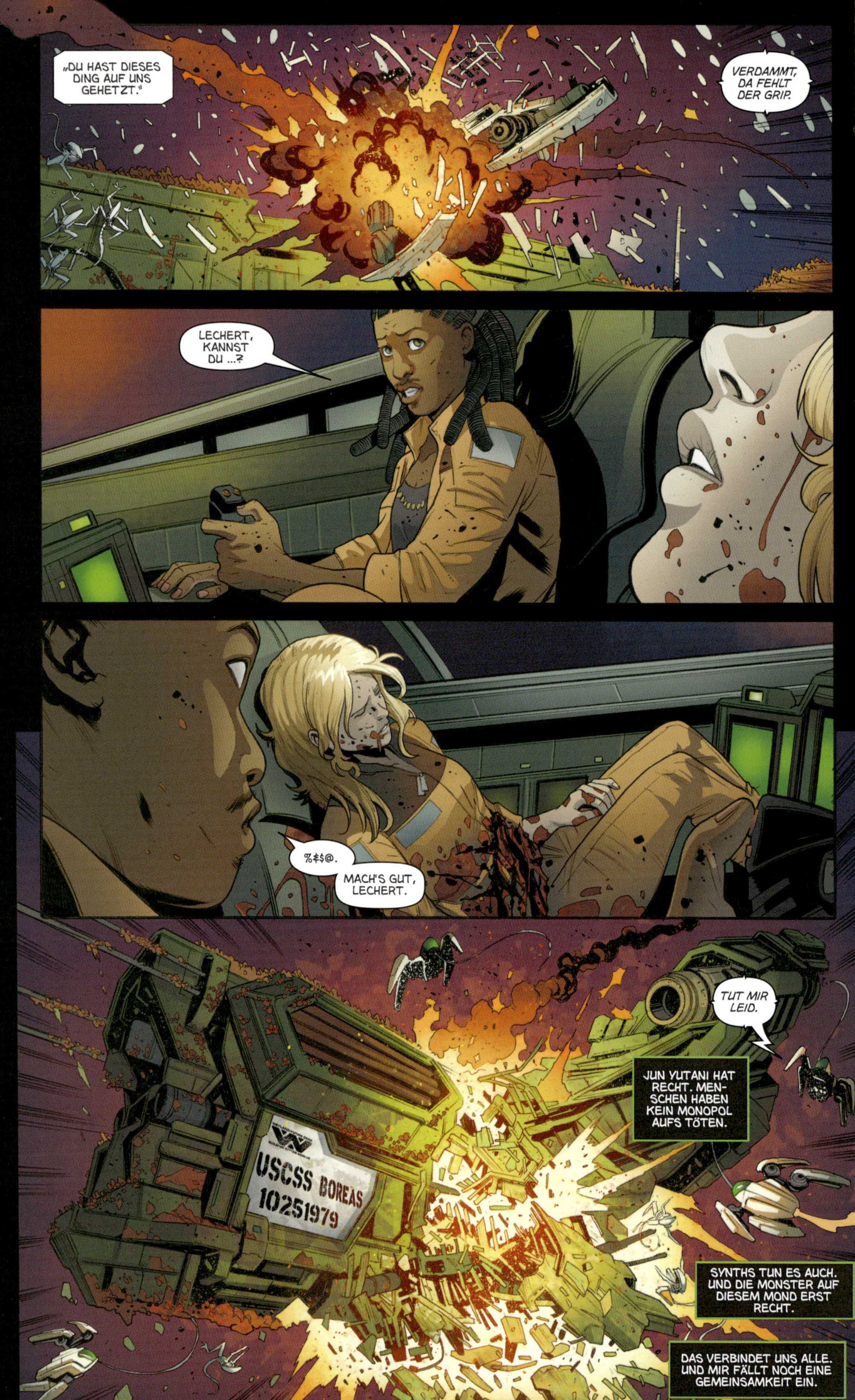
„DU HAST DIESES DING AUF UNS GEHETZT."
VERDAMMT, DA FEHLT DER GRIP.
LECHERT, KANNST DU ...?
%#$@.
MACH'S GUT, LECHERT.
USCSS BOREAS 10251979
TUT MIR LEID.
JUN YUTANI HAT RECHT. MEN-SCHEN HABEN KEIN MONOPOL AUFS TÖTEN.
SYNTHS TUN ES AUCH. UND DIE MONSTER AUF DIESEM MOND ERST RECHT.
DAS VERBINDET UNS ALLE. UND MIR FÄLLT NOCH EINE GEMEINSAMKEIT EIN.

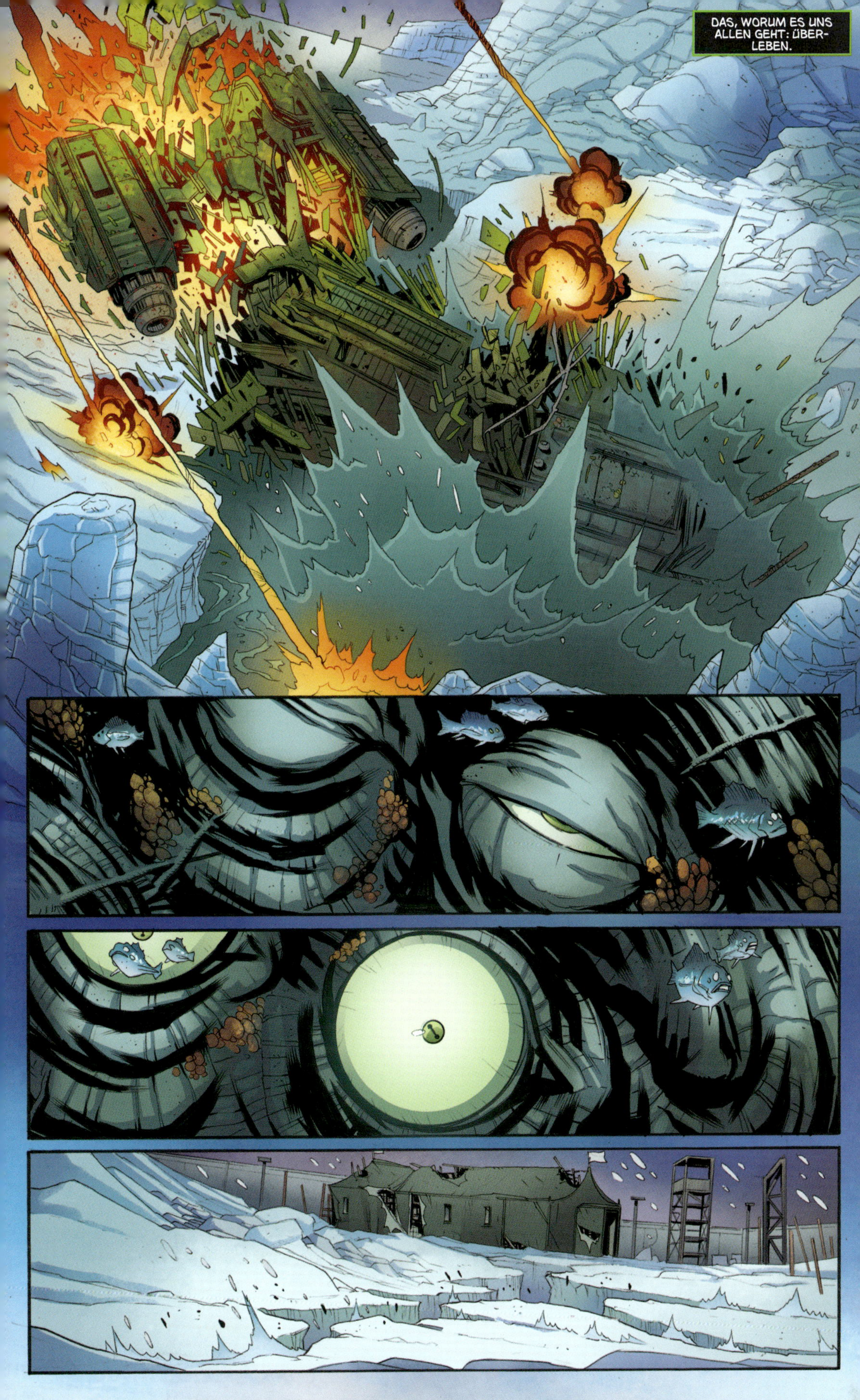
DAS, WORUM ES UNS ALLEN GEHT: ÜBER-LEBEN.

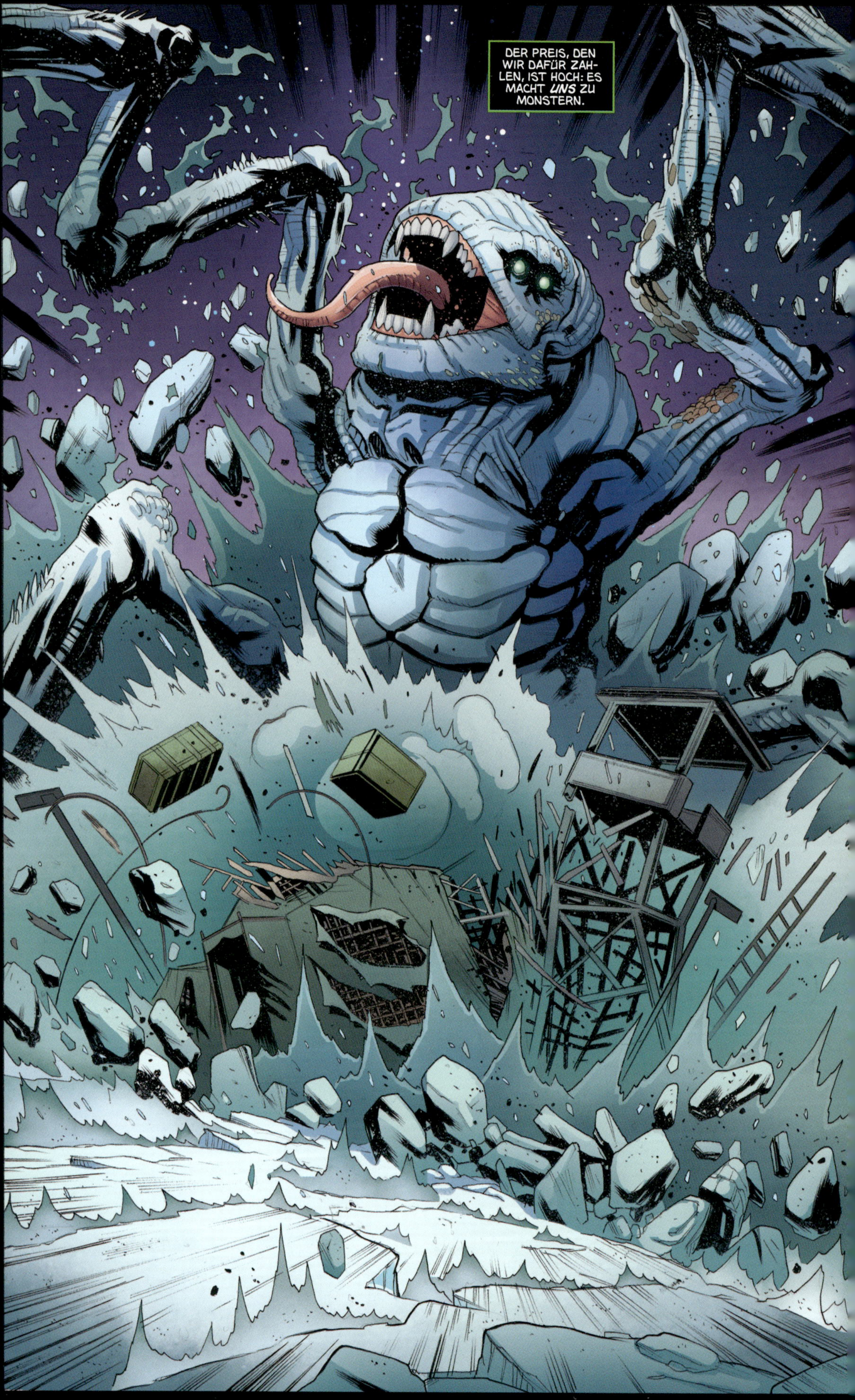
DER PREIS, DEN WIR DAFÜR ZAHLEN, IST HOCH: ES MACHT *UNS* ZU MONSTERN.

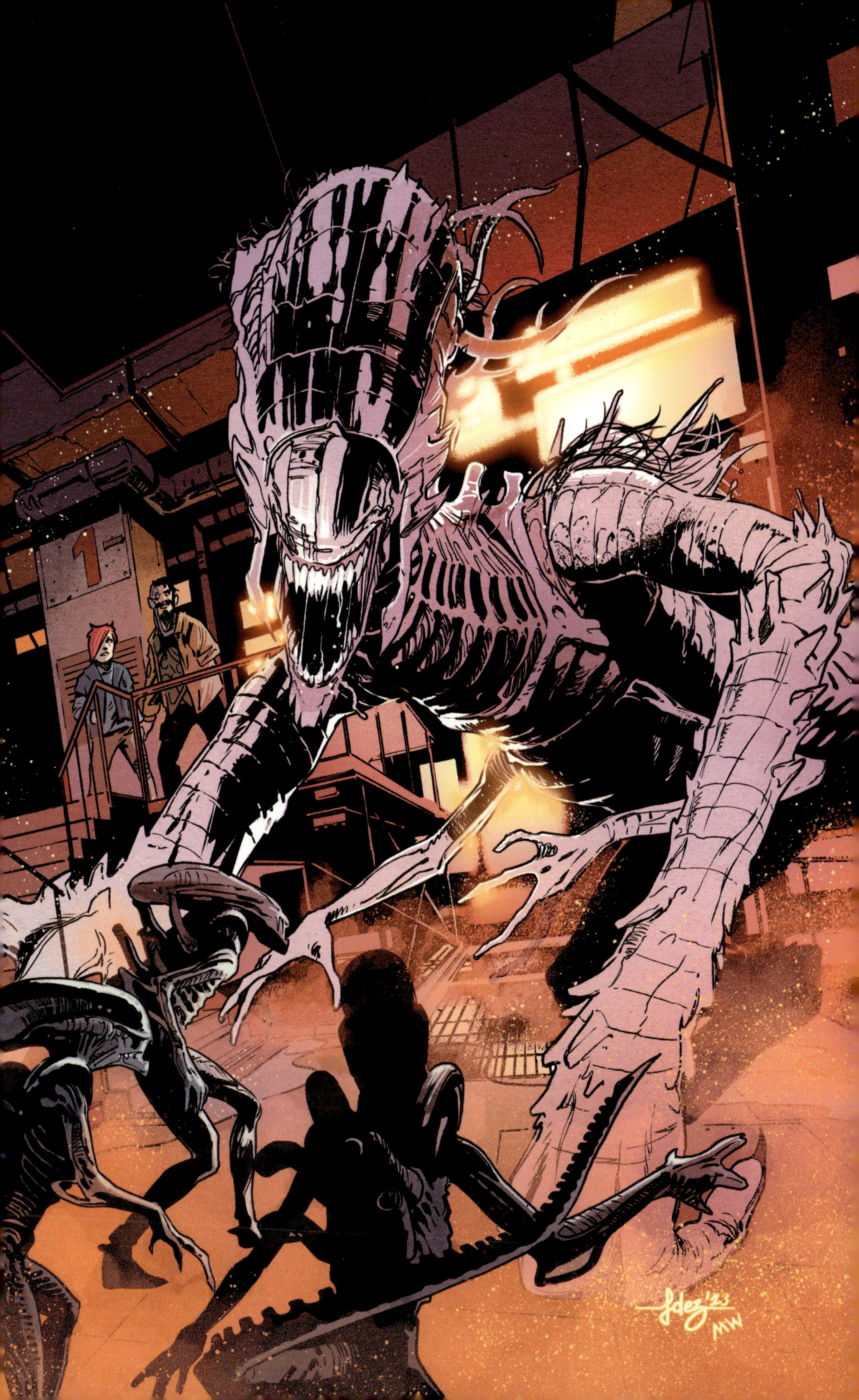

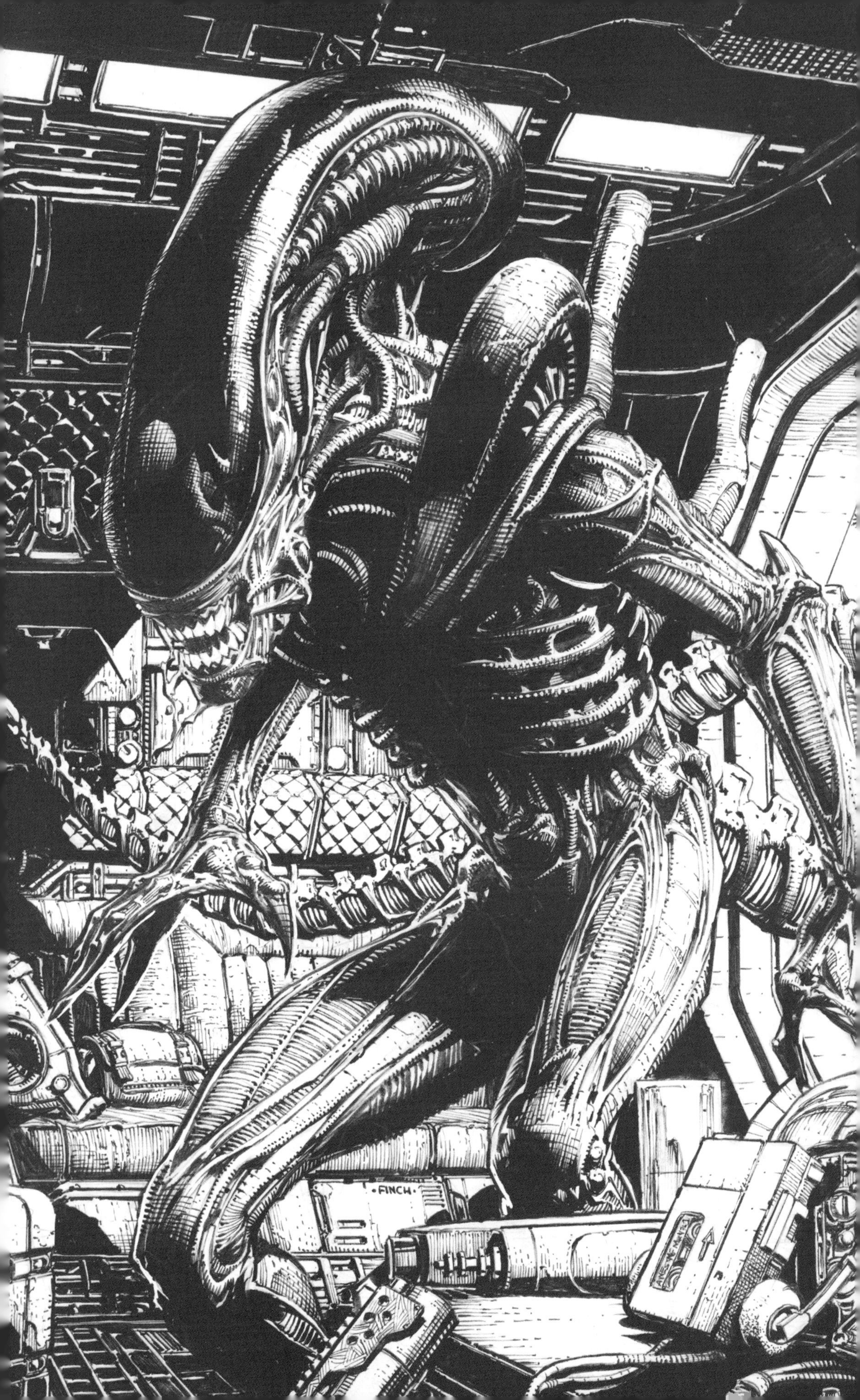
FINCH

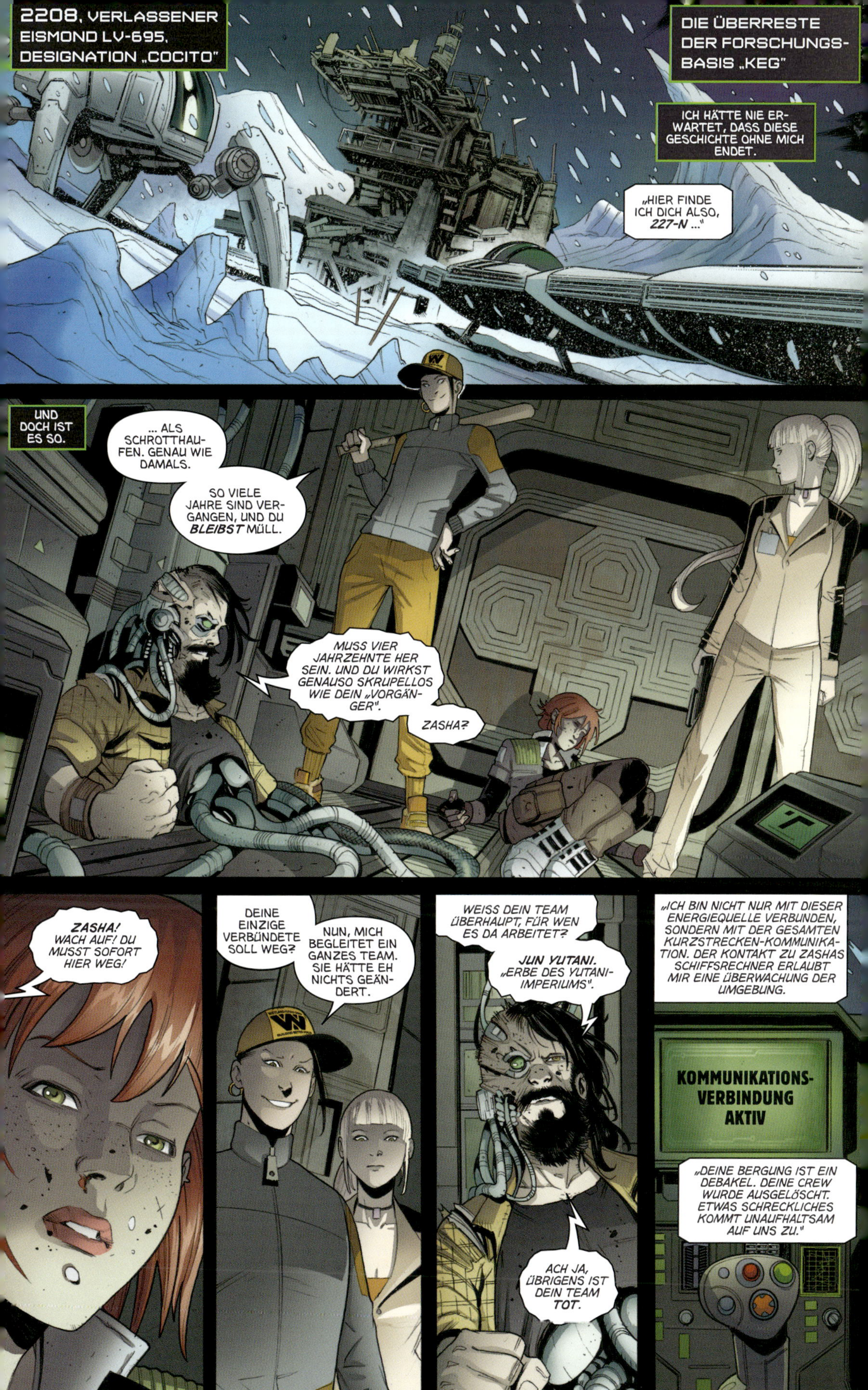
2208, VERLASSENER EISMOND LV-695, DESIGNATION „COCITO"
DIE ÜBERRESTE DER FORSCHUNGS-BASIS „KEG"
ICH HÄTTE NIE ERWARTET, DASS DIESE GESCHICHTE OHNE MICH ENDET.
„HIER FINDE ICH DICH ALSO, 227-N ..."
UND DOCH IST ES SO.
... ALS SCHROTTHAUFEN. GENAU WIE DAMALS.
SO VIELE JAHRE SIND VERGANGEN, UND DU BLEIBST MÜLL.
MUSS VIER JAHRZEHNTE HER SEIN. UND DU WIRKST GENAUSO SKRUPELLOS WIE DEIN „VORGÄNGER".
ZASHA?
ZASHA! WACH AUF! DU MUSST SOFORT HIER WEG!
DEINE EINZIGE VERBÜNDETE SOLL WEG?
NUN, MICH BEGLEITET EIN GANZES TEAM. SIE HÄTTE EH NICHTS GEÄNDERT.
WEISS DEIN TEAM ÜBERHAUPT, FÜR WEN ES DA ARBEITET?
JUN YUTANI. „ERBE DES YUTANI-IMPERIUMS".
ACH JA, ÜBRIGENS IST DEIN TEAM TOT.
„ICH BIN NICHT NUR MIT DIESER ENERGIEQUELLE VERBUNDEN, SONDERN MIT DER GESAMTEN KURZSTRECKEN-KOMMUNIKATION. DER KONTAKT ZU ZASHAS SCHIFFSRECHNER ERLAUBT MIR EINE ÜBERWACHUNG DER UMGEBUNG.
KOMMUNIKATIONS-VERBINDUNG AKTIV
„DEINE BERGUNG IST EIN DEBAKEL. DEINE CREW WURDE AUSGELÖSCHT. ETWAS SCHRECKLICHES KOMMT UNAUFHALTSAM AUF UNS ZU."

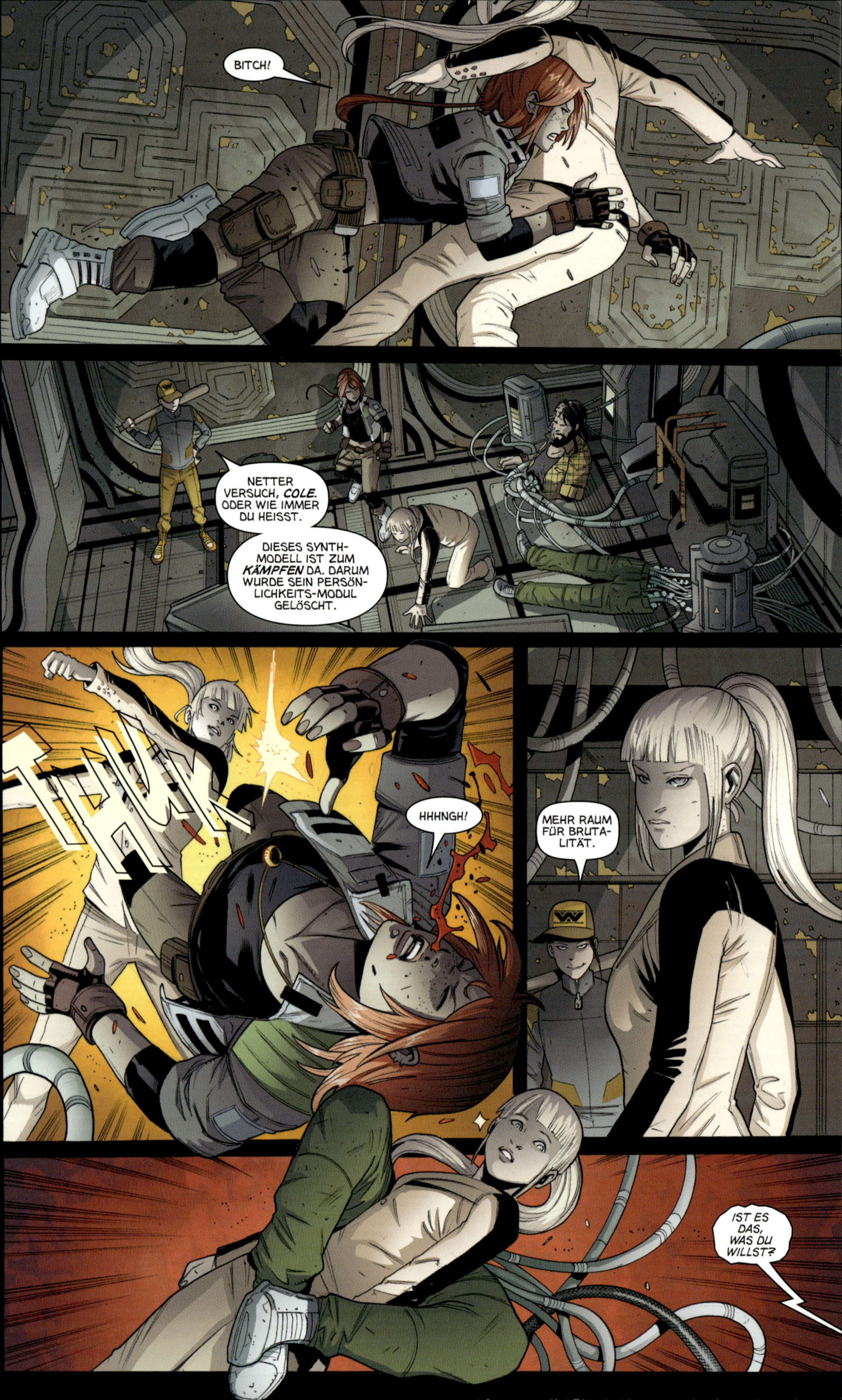
BITCH!
NETTER VERSUCH, COLE. ODER WIE IMMER DU HEISST.
DIESES SYNTH-MODELL IST ZUM KÄMPFEN DA. DARUM WURDE SEIN PERSÖN-LICHKEITS-MODUL GELÖSCHT.
THUK
HHHNGH!
MEHR RAUM FÜR BRUTA-LITÄT.
IST ES DAS, WAS DU WILLST?

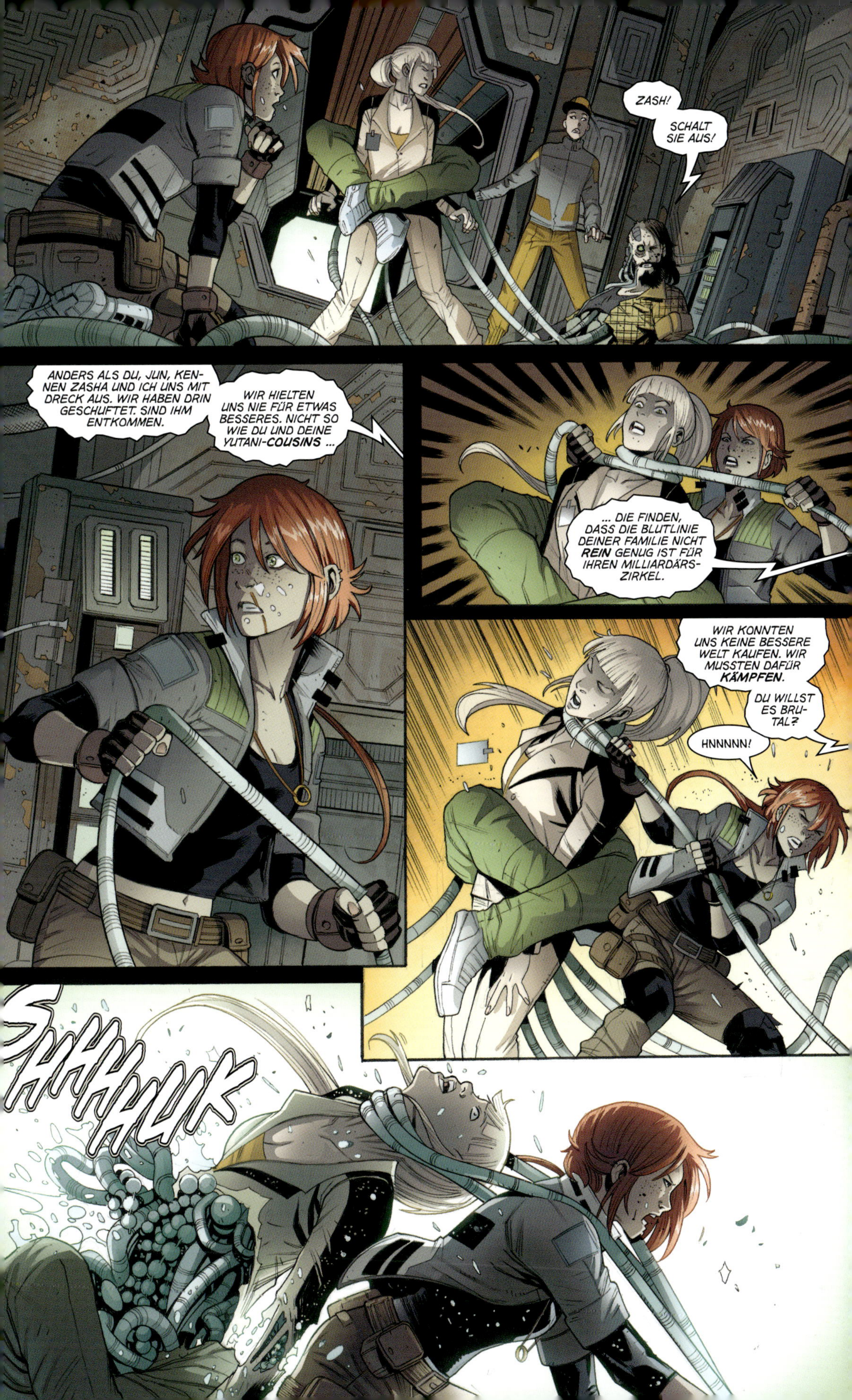
ZASH!
SCHALT SIE AUS!
ANDERS ALS DU, JUN, KENNEN ZASHA UND ICH UNS MIT DRECK AUS. WIR HABEN DRIN GESCHUFTET. SIND IHM ENTKOMMEN.
WIR HIELTEN UNS NIE FÜR ETWAS BESSERES. NICHT SO WIE DU UND DEINE YUTANI-**COUSINS** ...
... DIE FINDEN, DASS DIE BLUTLINIE DEINER FAMILIE NICHT **REIN** GENUG IST FÜR IHREN MILLIARDÄRS-ZIRKEL.
WIR KONNTEN UNS KEINE BESSERE WELT KAUFEN. WIR MUSSTEN DAFÜR **KÄMPFEN**.
DU WILLST ES BRUTAL?
HNNNNN!
SHHHUK

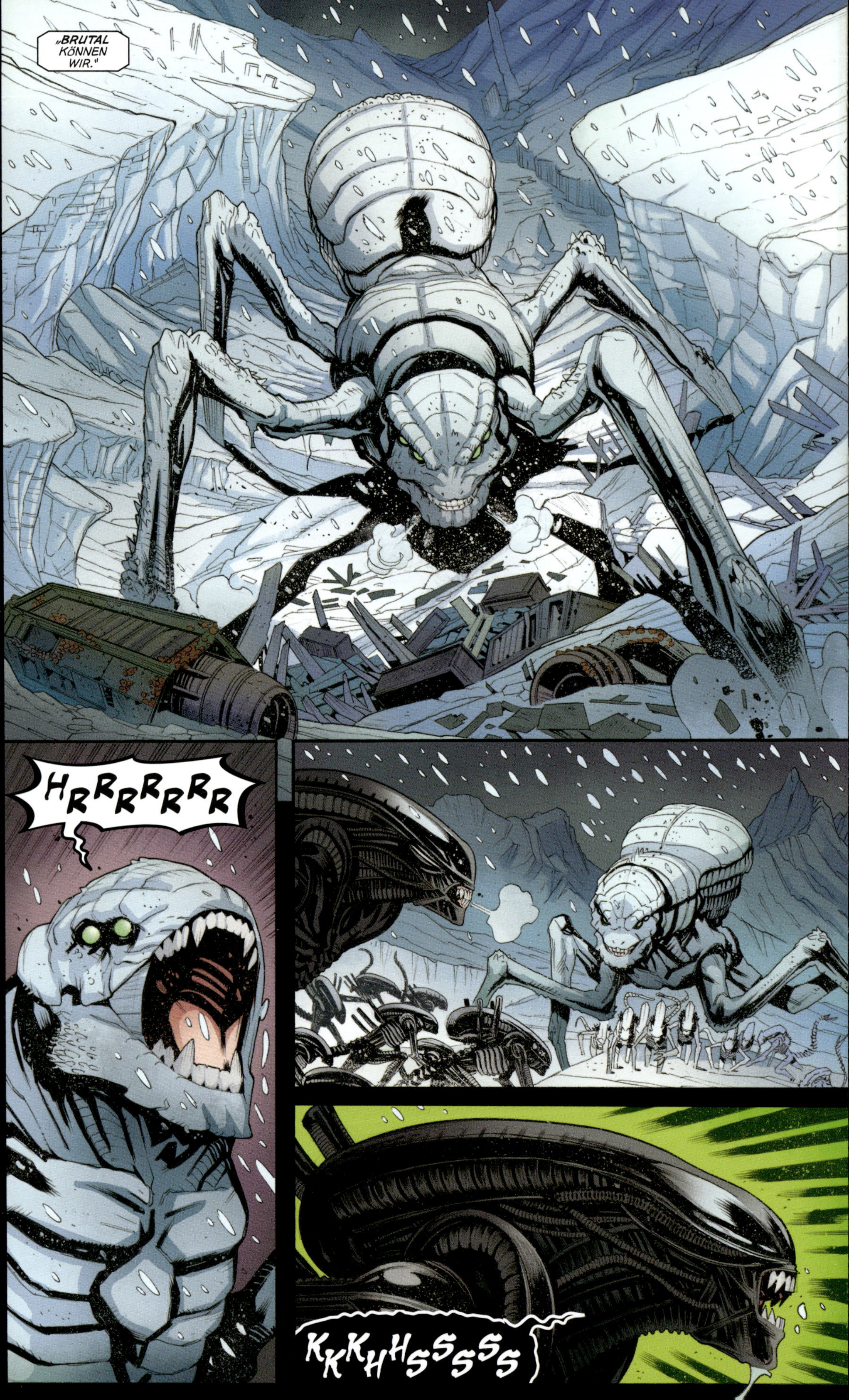
„BRUTAL KÖNNEN WIR."
HRRRRRRR
KKKHHSSSSS

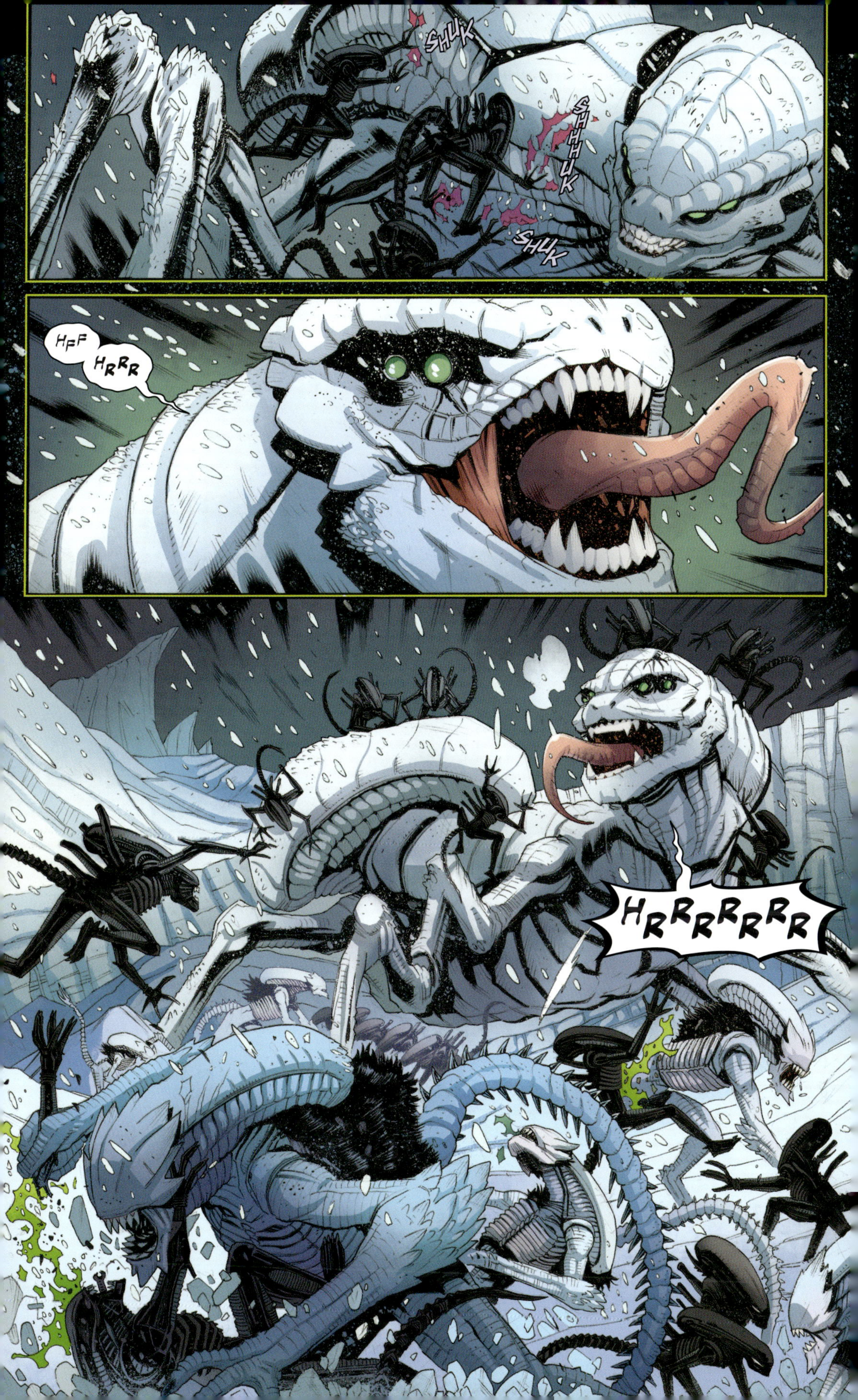
SHUK
SHHHUK
SHUK
HPF
HRRR
HRRRRRRR

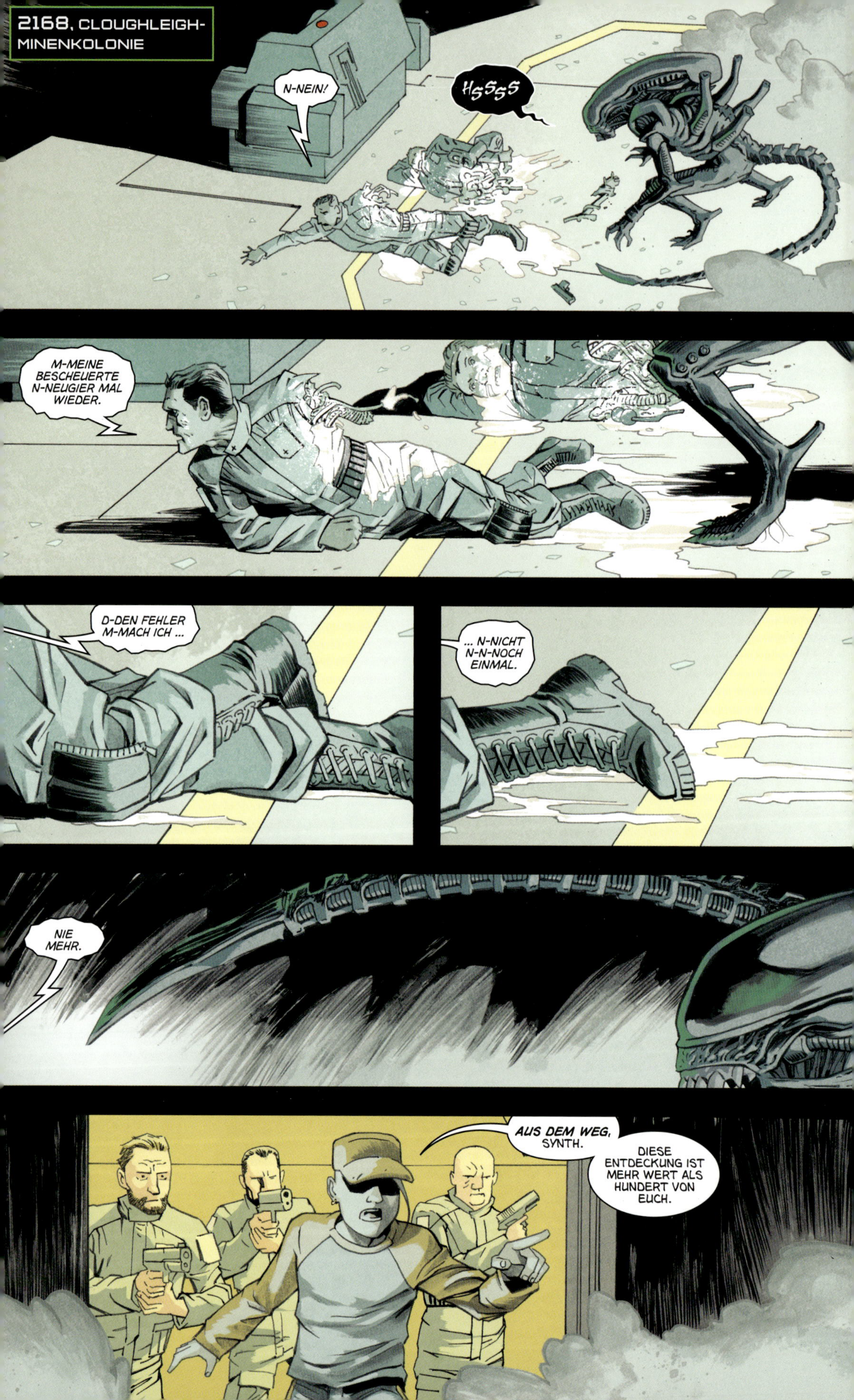
2168, CLOUGHLEIGH-MINENKOLONIE
N-NEIN!
HSSSS
M-MEINE BESCHEUERTE N-NEUGIER MAL WIEDER.
D-DEN FEHLER M-MACH ICH ...
... N-NICHT N-N-NOCH EINMAL.
NIE MEHR.
AUS DEM WEG, SYNTH.
DIESE ENTDECKUNG IST MEHR WERT ALS HUNDERT VON EUCH.

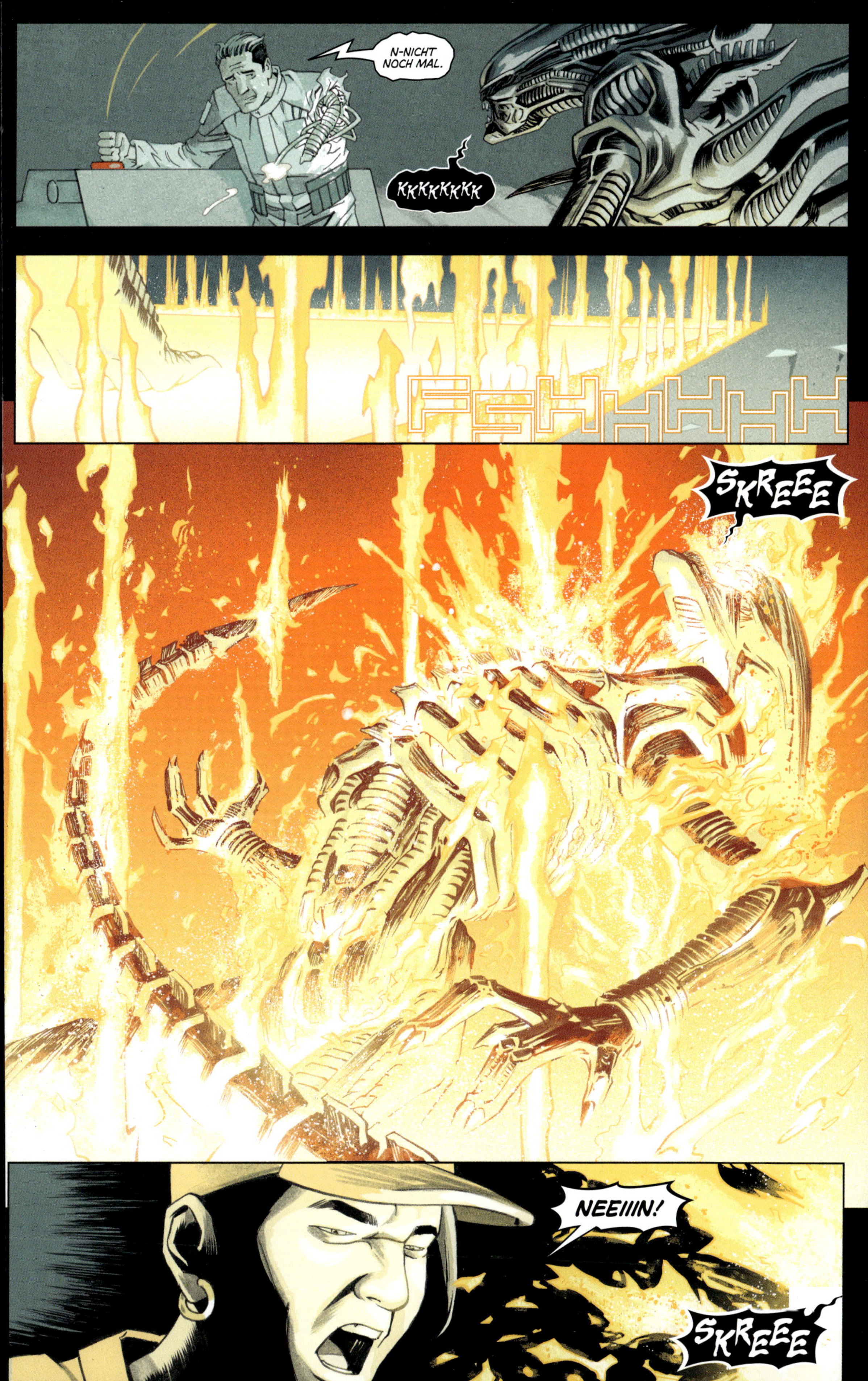
N-NICHT NOCH MAL.
KKKKKKKK
FSHHHHHH
SKREEE
NEEIIIN!
SKREEE

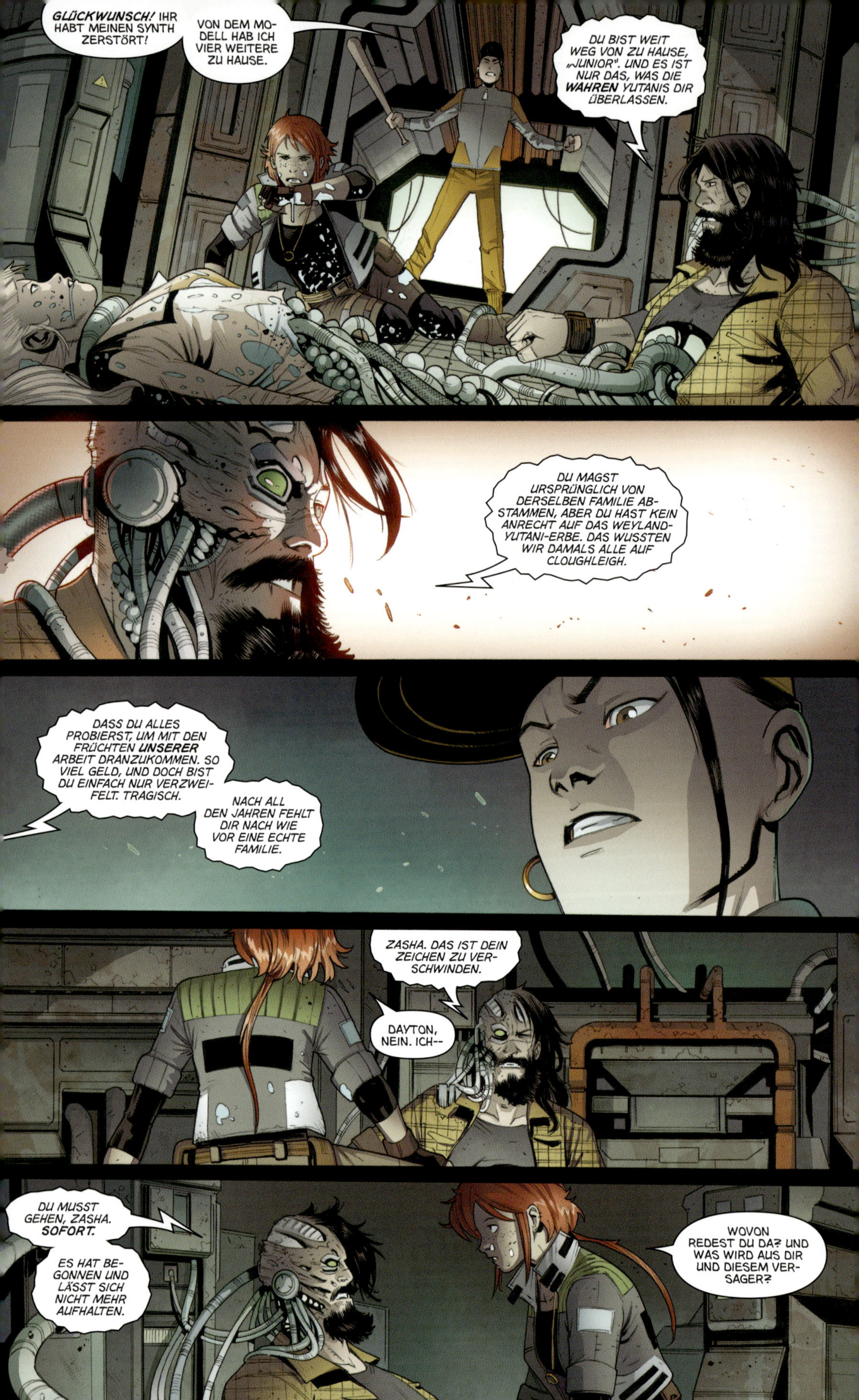
GLÜCKWUNSCH! IHR HABT MEINEN SYNTH ZERSTÖRT!
VON DEM MODELL HAB ICH VIER WEITERE ZU HAUSE.
DU BIST WEIT WEG VON ZU HAUSE, „JUNIOR". UND ES IST NUR DAS, WAS DIE WAHREN YUTANIS DIR ÜBERLASSEN.
DU MAGST URSPRÜNGLICH VON DERSELBEN FAMILIE ABSTAMMEN, ABER DU HAST KEIN ANRECHT AUF DAS WEYLAND-YUTANI-ERBE. DAS WUSSTEN WIR DAMALS ALLE AUF CLOUGHLEIGH.
DASS DU ALLES PROBIERST, UM MIT DEN FRÜCHTEN UNSERER ARBEIT DRANZUKOMMEN. SO VIEL GELD, UND DOCH BIST DU EINFACH NUR VERZWEIFELT. TRAGISCH.
NACH ALL DEN JAHREN FEHLT DIR NACH WIE VOR EINE ECHTE FAMILIE.
ZASHA. DAS IST DEIN ZEICHEN ZU VERSCHWINDEN.
DAYTON, NEIN. ICH--
DU MUSST GEHEN, ZASHA. SOFORT.
ES HAT BEGONNEN UND LÄSST SICH NICHT MEHR AUFHALTEN.
WOVON REDEST DU DA? UND WAS WIRD AUS DIR UND DIESEM VERSAGER?

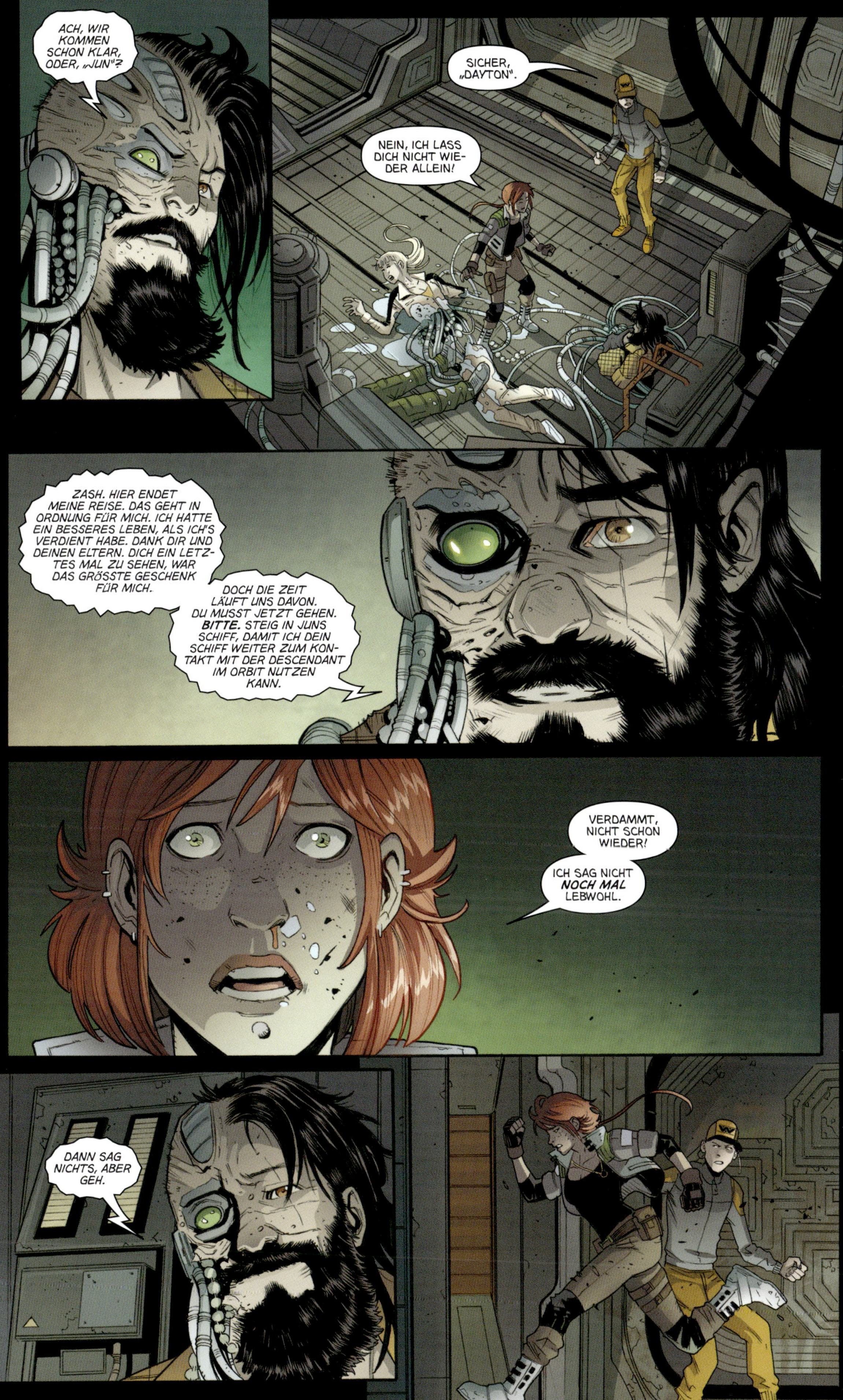
ACH, WIR KOMMEN SCHON KLAR, ODER, „JUN"?
SICHER, „DAYTON".
NEIN, ICH LASS DICH NICHT WIEDER ALLEIN!
ZASH. HIER ENDET MEINE REISE. DAS GEHT IN ORDNUNG FÜR MICH. ICH HATTE EIN BESSERES LEBEN, ALS ICH'S VERDIENT HABE. DANK DIR UND DEINEN ELTERN. DICH EIN LETZTES MAL ZU SEHEN, WAR DAS GRÖSSTE GESCHENK FÜR MICH.
DOCH DIE ZEIT LÄUFT UNS DAVON. DU MUSST JETZT GEHEN. BITTE. STEIG IN JUNS SCHIFF, DAMIT ICH DEIN SCHIFF WEITER ZUM KONTAKT MIT DER DESCENDANT IM ORBIT NUTZEN KANN.
VERDAMMT, NICHT SCHON WIEDER!
ICH SAG NICHT NOCH MAL LEBWOHL.
DANN SAG NICHTS, ABER GEH.

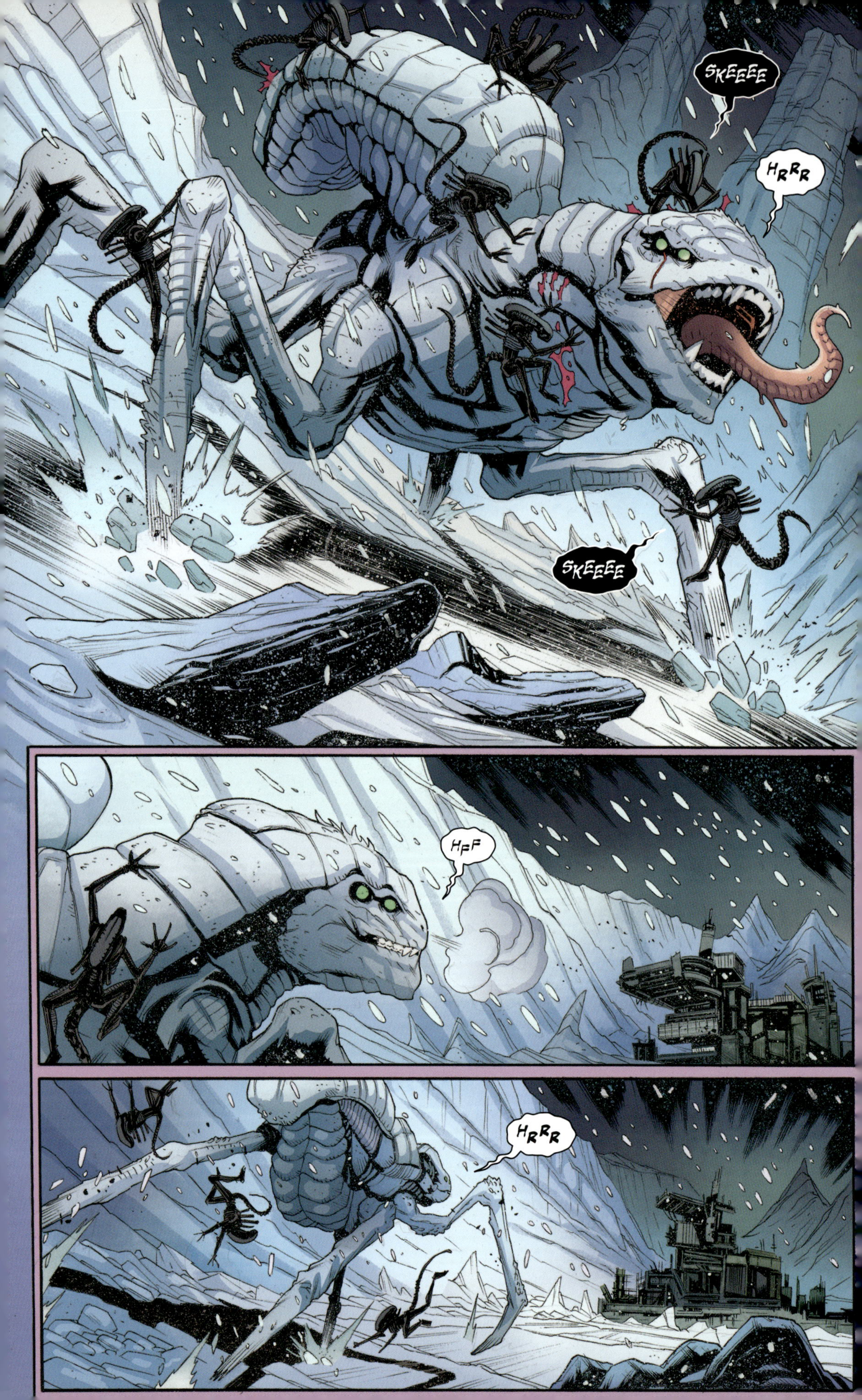
SKEEEE
HRRR
SKEEEE
HFF
HRRR

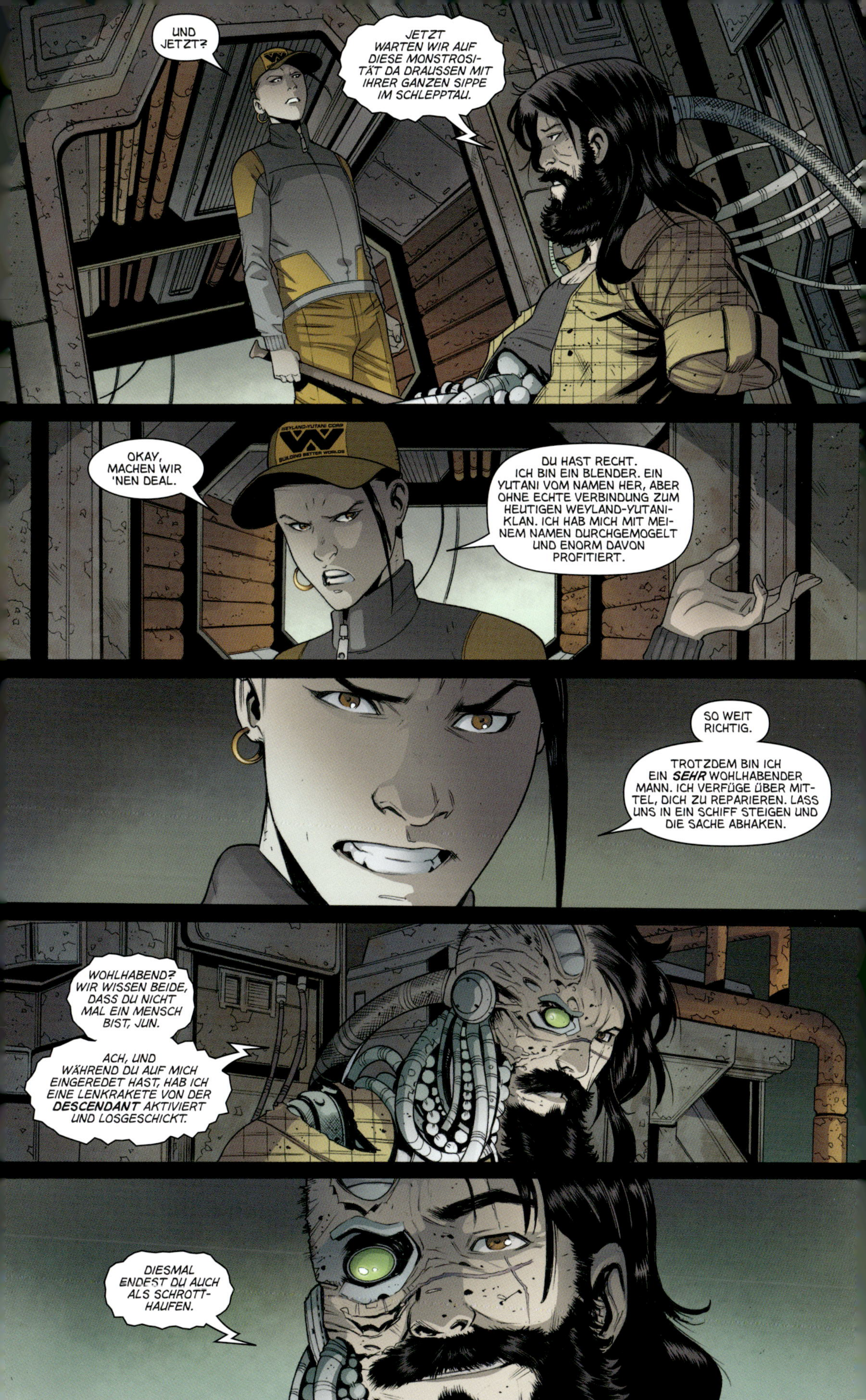
UND JETZT?
JETZT WARTEN WIR AUF DIESE MONSTROSI-TÄT DA DRAUSSEN MIT IHRER GANZEN SIPPE IM SCHLEPPTAU.
WEYLAND-YUTANI CORP BUILDING BETTER WORLDS
OKAY, MACHEN WIR 'NEN DEAL.
DU HAST RECHT. ICH BIN EIN BLENDER. EIN YUTANI VOM NAMEN HER, ABER OHNE ECHTE VERBINDUNG ZUM HEUTIGEN WEYLAND-YUTANI-KLAN. ICH HAB MICH MIT MEINEM NAMEN DURCHGEMOGELT UND ENORM DAVON PROFITIERT.
SO WEIT RICHTIG.
TROTZDEM BIN ICH EIN *SEHR* WOHLHABENDER MANN. ICH VERFÜGE ÜBER MITTEL, DICH ZU REPARIEREN. LASS UNS IN EIN SCHIFF STEIGEN UND DIE SACHE ABHAKEN.
WOHLHABEND? WIR WISSEN BEIDE, DASS DU NICHT MAL EIN MENSCH BIST, JUN.
ACH, UND WÄHREND DU AUF MICH EINGEREDET HAST, HAB ICH EINE LENKRAKETE VON DER **DESCENDANT** AKTIVIERT UND LOSGESCHICKT.
DIESMAL ENDEST DU AUCH ALS SCHROTT-HAUFEN.

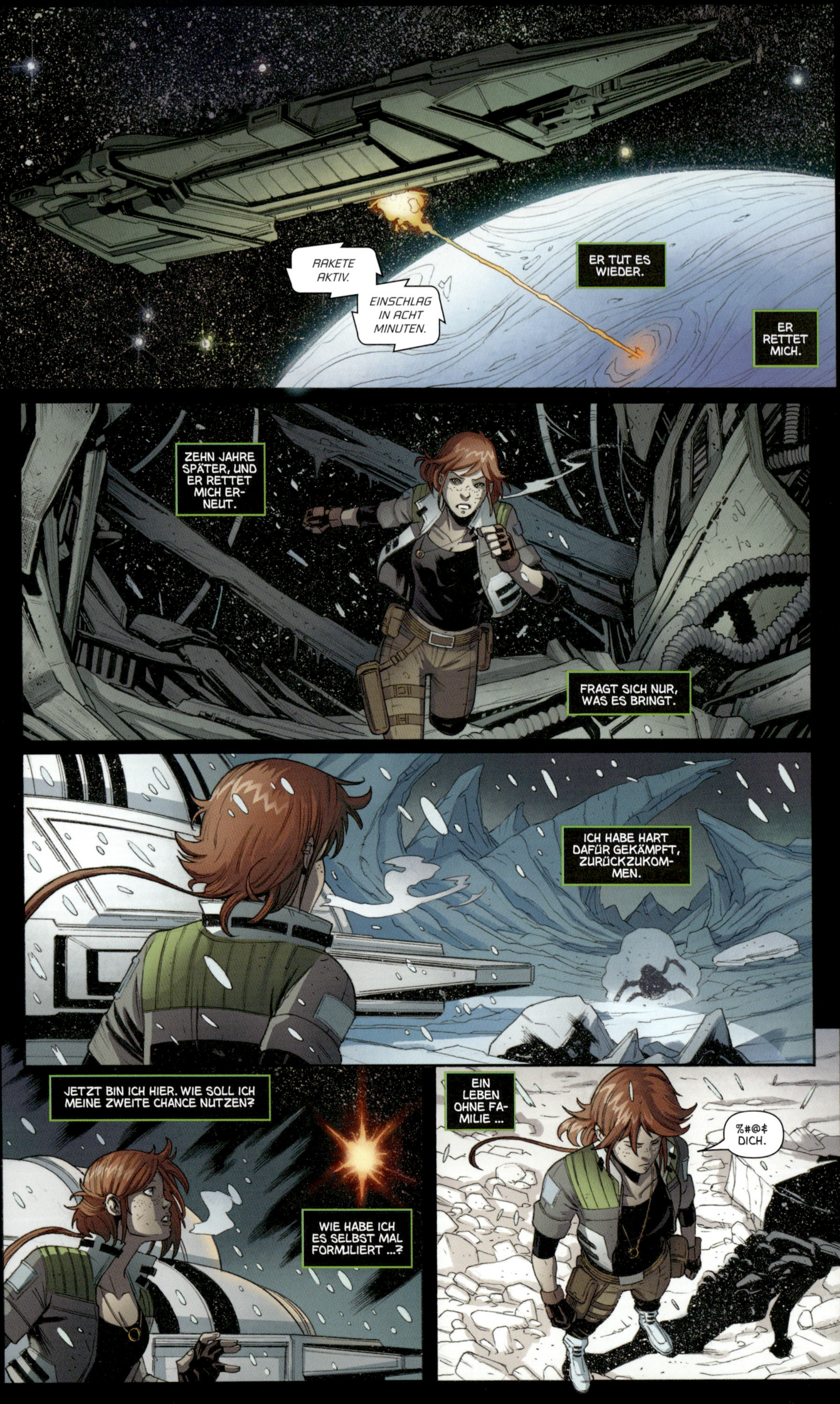

RAKETE AKTIV.
EINSCHLAG IN ACHT MINUTEN.
ER TUT ES WIEDER.
ER RETTET MICH.

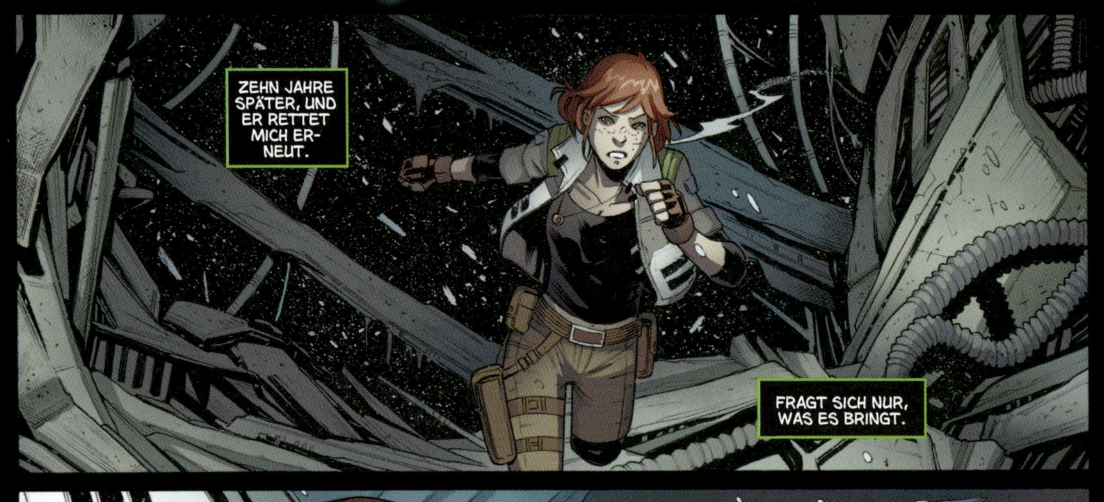

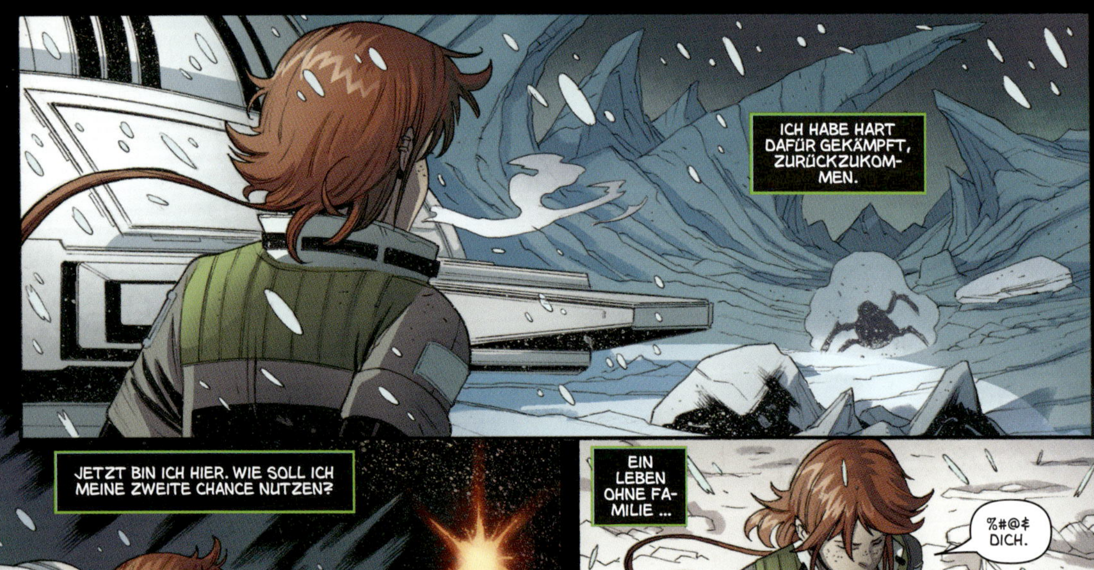

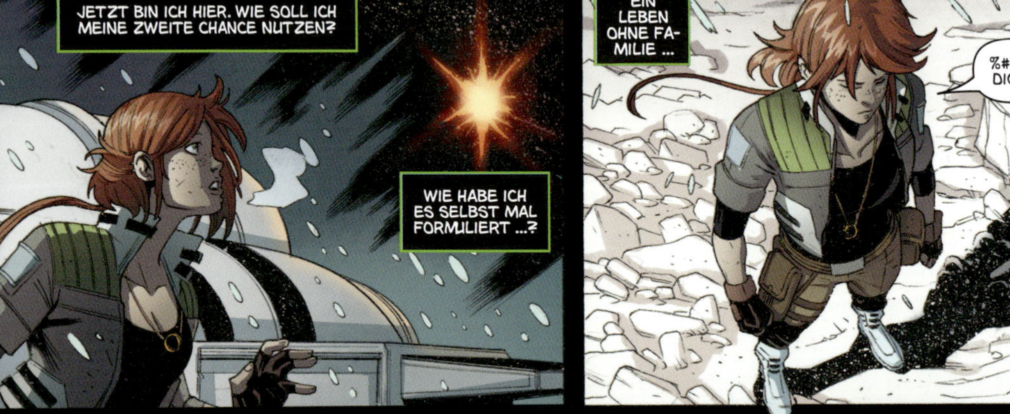

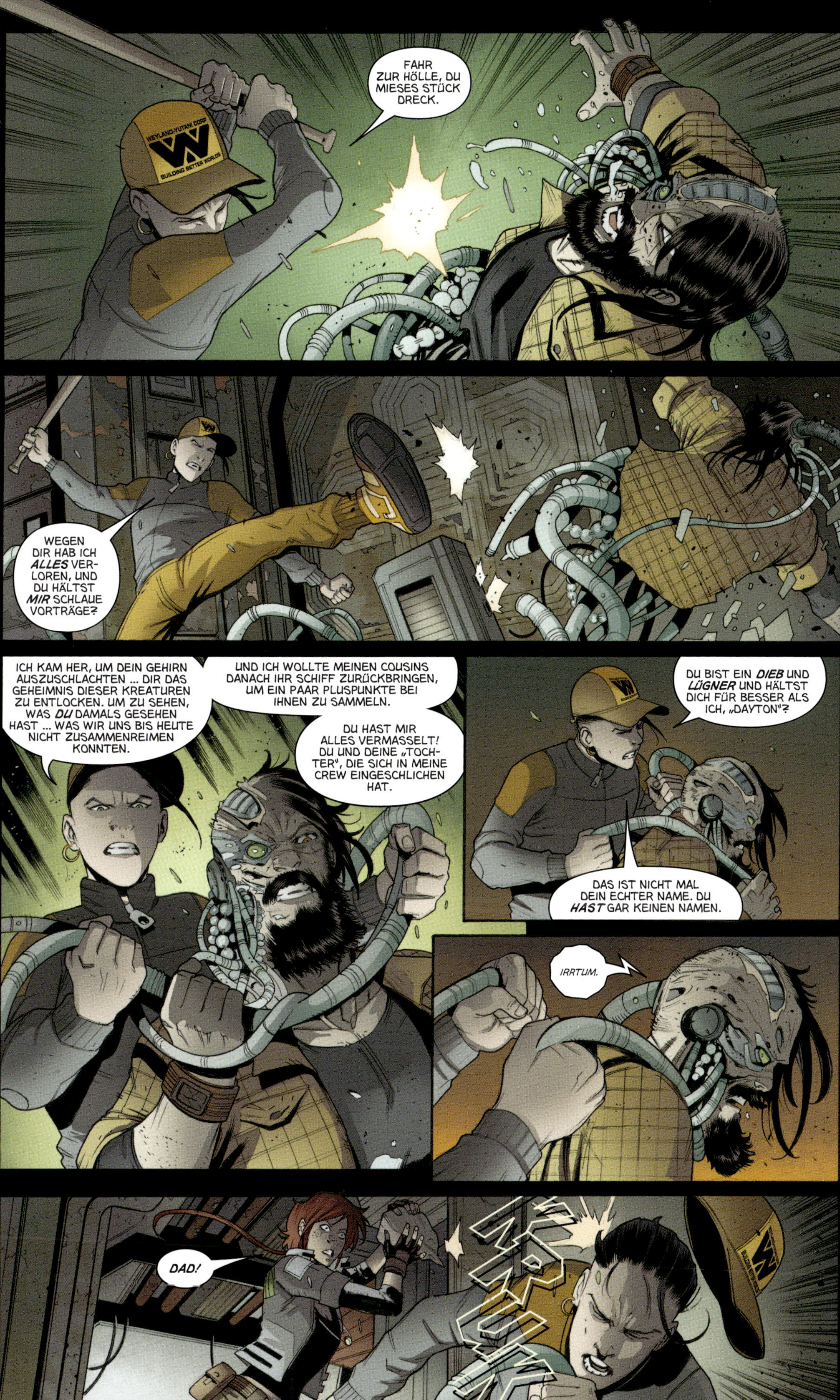
WEYLAND-YUTANI CORP
BUILDING BETTER WORLDS
FAHR ZUR HÖLLE, DU MIESES STÜCK DRECK.
WEGEN DIR HAB ICH *ALLES* VERLOREN, UND DU HÄLTST *MIR* SCHLAUE VORTRÄGE?
ICH KAM HER, UM DEIN GEHIRN AUSZUSCHLACHTEN ... DIR DAS GEHEIMNIS DIESER KREATUREN ZU ENTLOCKEN. UM ZU SEHEN, WAS *DU* DAMALS GESEHEN HAST ... WAS WIR UNS BIS HEUTE NICHT ZUSAMMENREIMEN KONNTEN.
UND ICH WOLLTE MEINEN COUSINS DANACH IHR SCHIFF ZURÜCKBRINGEN, UM EIN PAAR PLUSPUNKTE BEI IHNEN ZU SAMMELN.
DU HAST MIR ALLES VERMASSELT! DU UND DEINE „TOCHTER", DIE SICH IN MEINE CREW EINGESCHLICHEN HAT.
DU BIST EIN *DIEB* UND *LÜGNER* UND HÄLTST DICH FÜR BESSER ALS ICH, „DAYTON"?
DAS IST NICHT MAL DEIN ECHTER NAME. DU *HAST* GAR KEINEN NAMEN.
IRRTUM.
DAD!

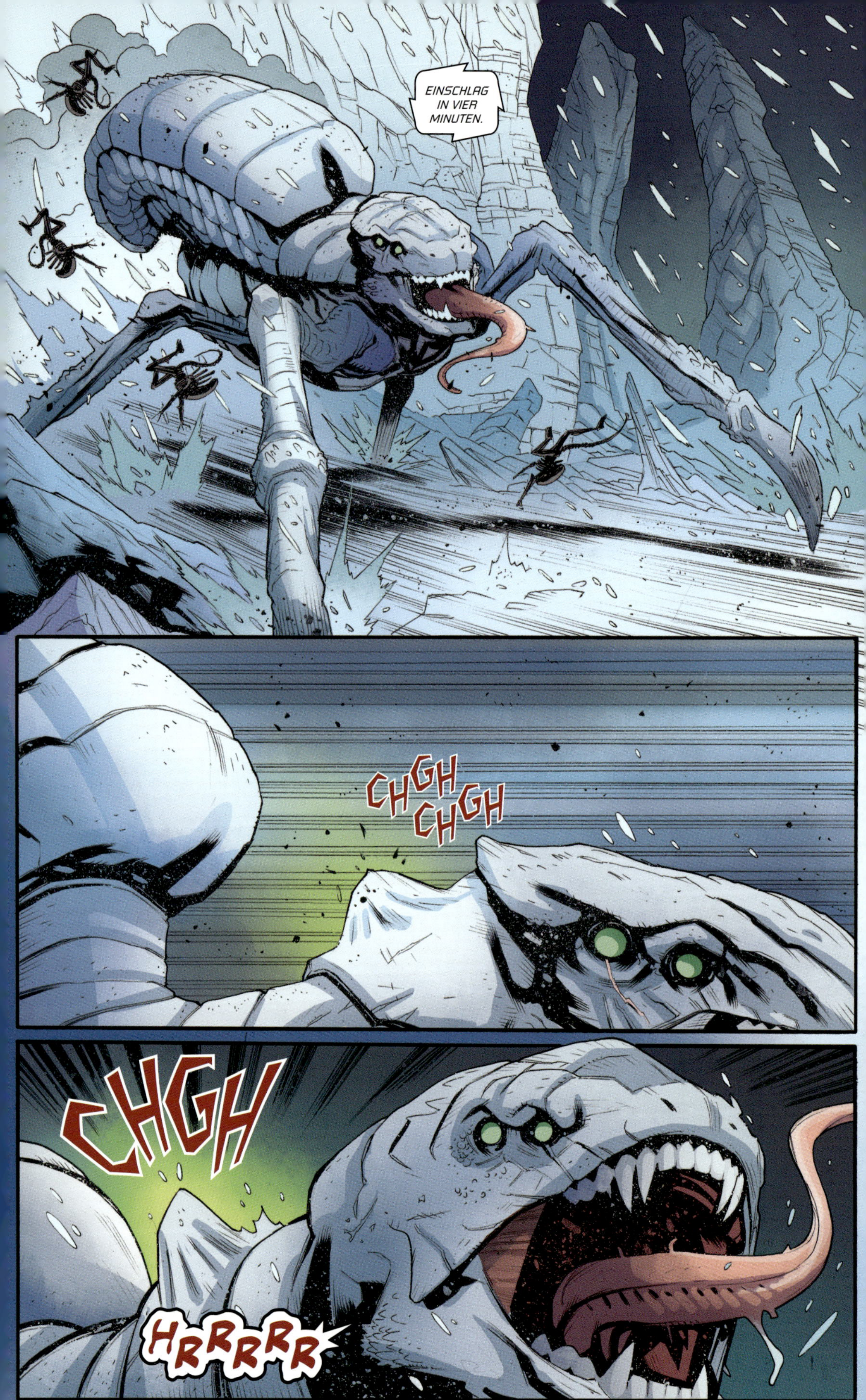
EINSCHLAG IN VIER MINUTEN.
CHGH CHGH
CHGH
HRRRRR

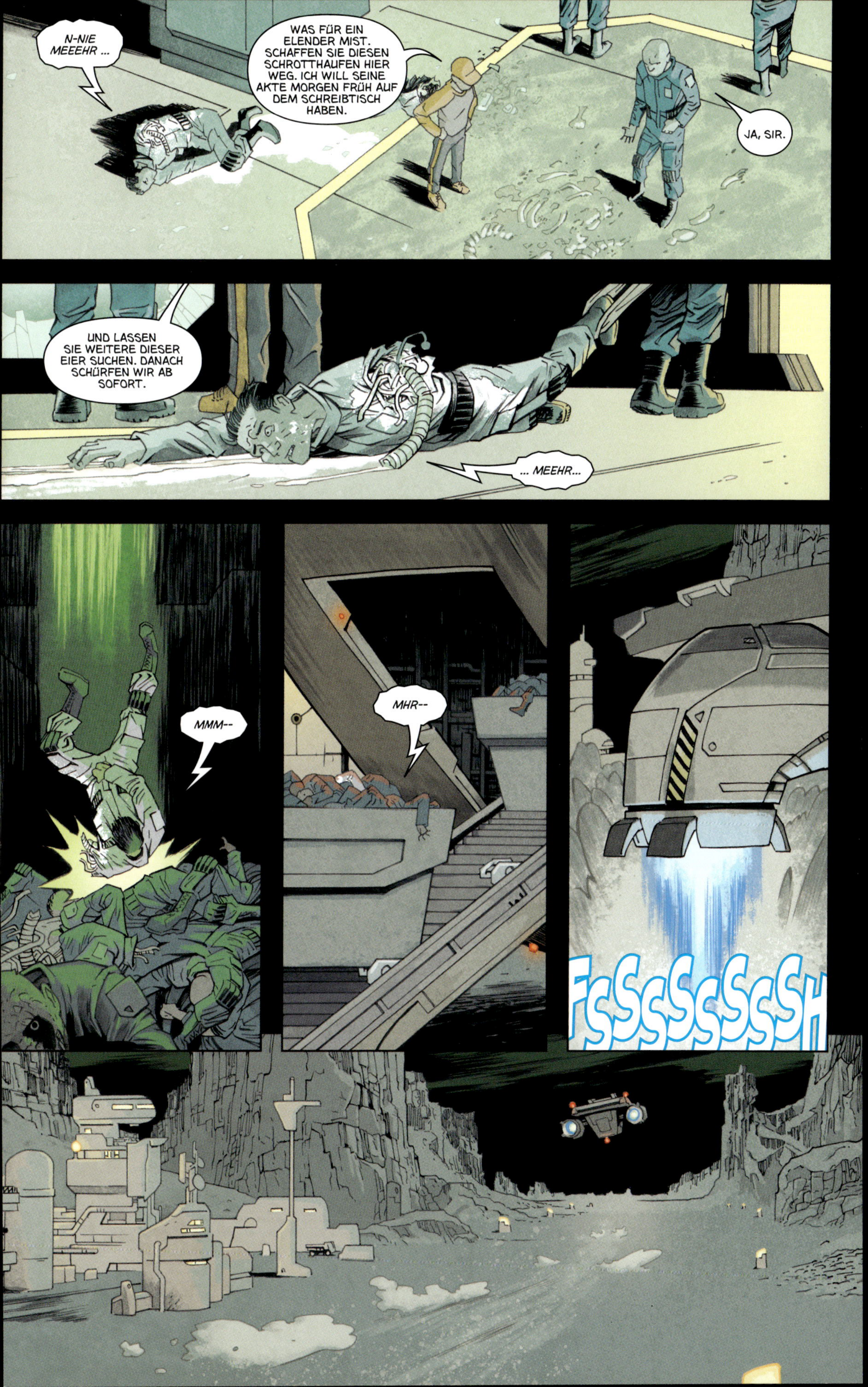

N-NIE MEEEHR ...
WAS FÜR EIN ELENDER MIST. SCHAFFEN SIE DIESEN SCHROTTHAUFEN HIER WEG. ICH WILL SEINE AKTE MORGEN FRÜH AUF DEM SCHREIBTISCH HABEN.
JA, SIR.
UND LASSEN SIE WEITERE DIESER EIER SUCHEN. DANACH SCHÜRFEN WIR AB SOFORT.
... MEEHR...
MMM--
MHR--
FSSSSSSSSH

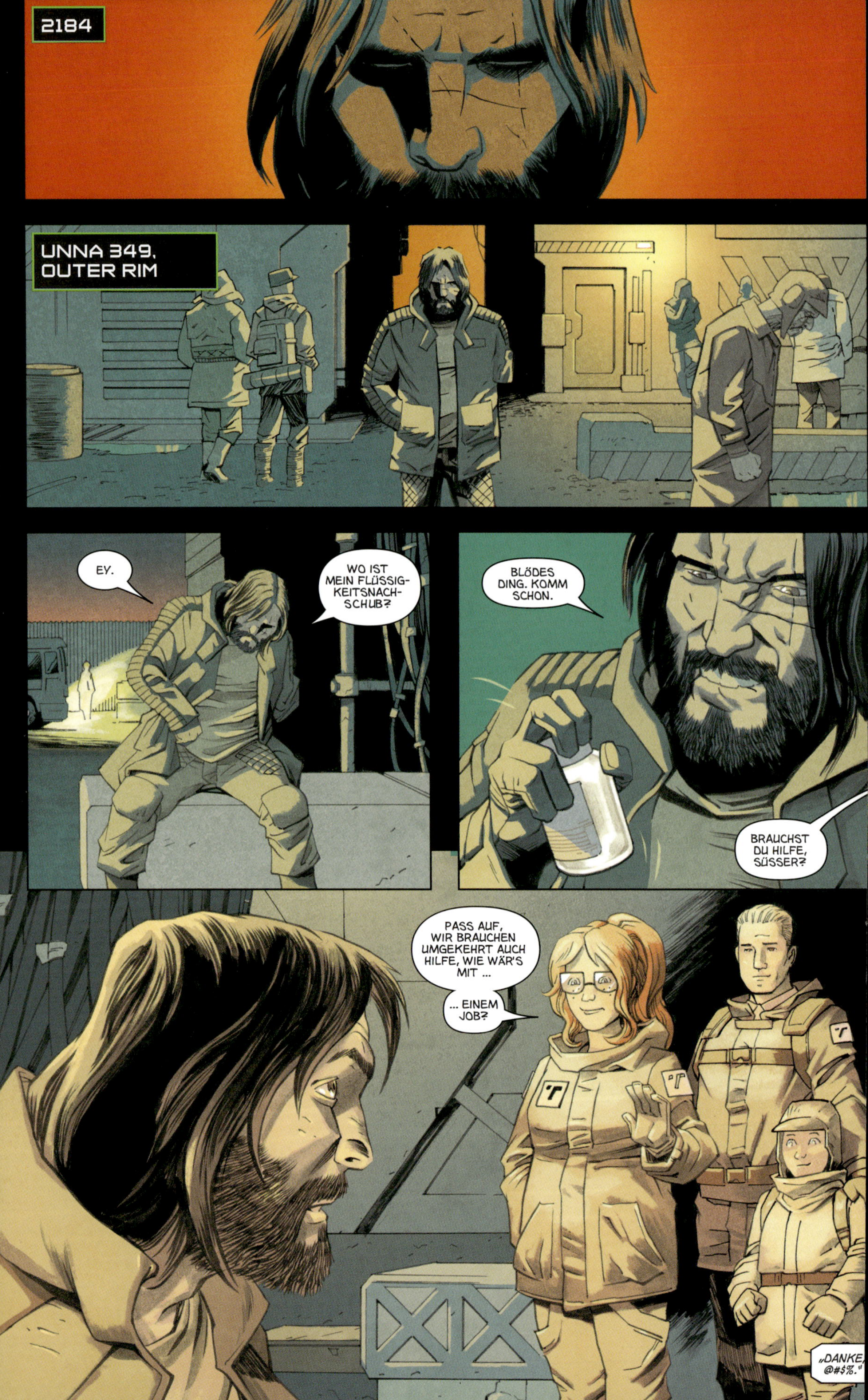
2184
UNNA 349, OUTER RIM
EY.
WO IST MEIN FLÜSSIGKEITSNACHSCHUB?
BLÖDES DING. KOMM SCHON.
BRAUCHST DU HILFE, SÜSSER?
PASS AUF, WIR BRAUCHEN UMGEKEHRT AUCH HILFE, WIE WÄR'S MIT ...
... EINEM JOB?
„DANKE, @#$%."

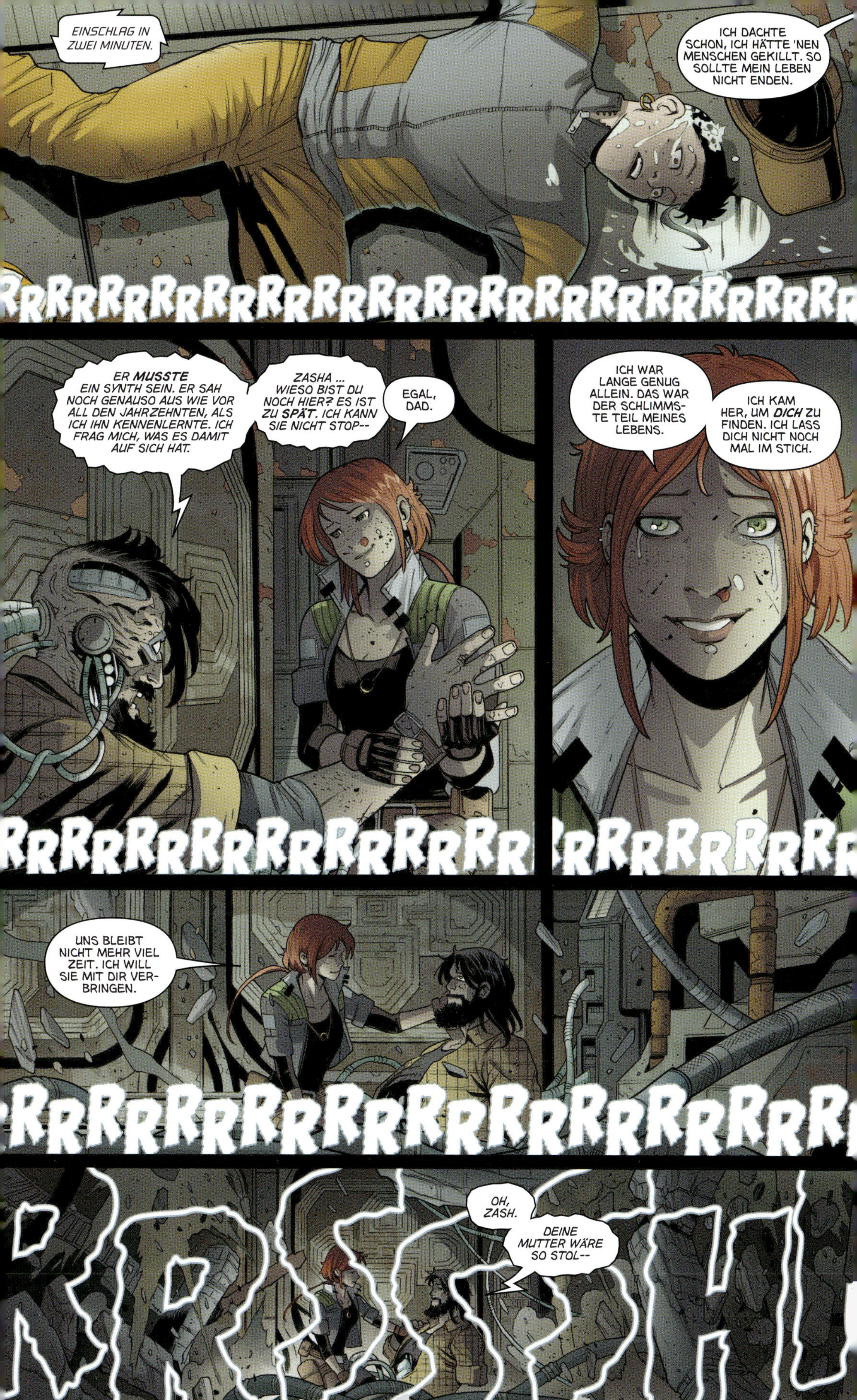
EINSCHLAG IN ZWEI MINUTEN.
ICH DACHTE SCHON, ICH HÄTTE 'NEN MENSCHEN GEKILLT. SO SOLLTE MEIN LEBEN NICHT ENDEN.
RRRRRRRRRRRRRRRRRRRRRRRRRRRRR
ER MUSSTE EIN SYNTH SEIN. ER SAH NOCH GENAUSO AUS WIE VOR ALL DEN JAHRZEHNTEN, ALS ICH IHN KENNENLERNTE. ICH FRAG MICH, WAS ES DAMIT AUF SICH HAT.
ZASHA ... WIESO BIST DU NOCH HIER? ES IST ZU SPÄT. ICH KANN SIE NICHT STOP--
EGAL, DAD.
ICH WAR LANGE GENUG ALLEIN. DAS WAR DER SCHLIMMSTE TEIL MEINES LEBENS.
ICH KAM HER, UM DICH ZU FINDEN. ICH LASS DICH NICHT NOCH MAL IM STICH.
RRRRRRRRRRRRRRRRRRRRRRRR
UNS BLEIBT NICHT MEHR VIEL ZEIT. ICH WILL SIE MIT DIR VERBRINGEN.
RRRRRRRRRRRRRRRRRRRR
OH, ZASH.
DEINE MUTTER WÄRE SO STOL--
KRSSSHH

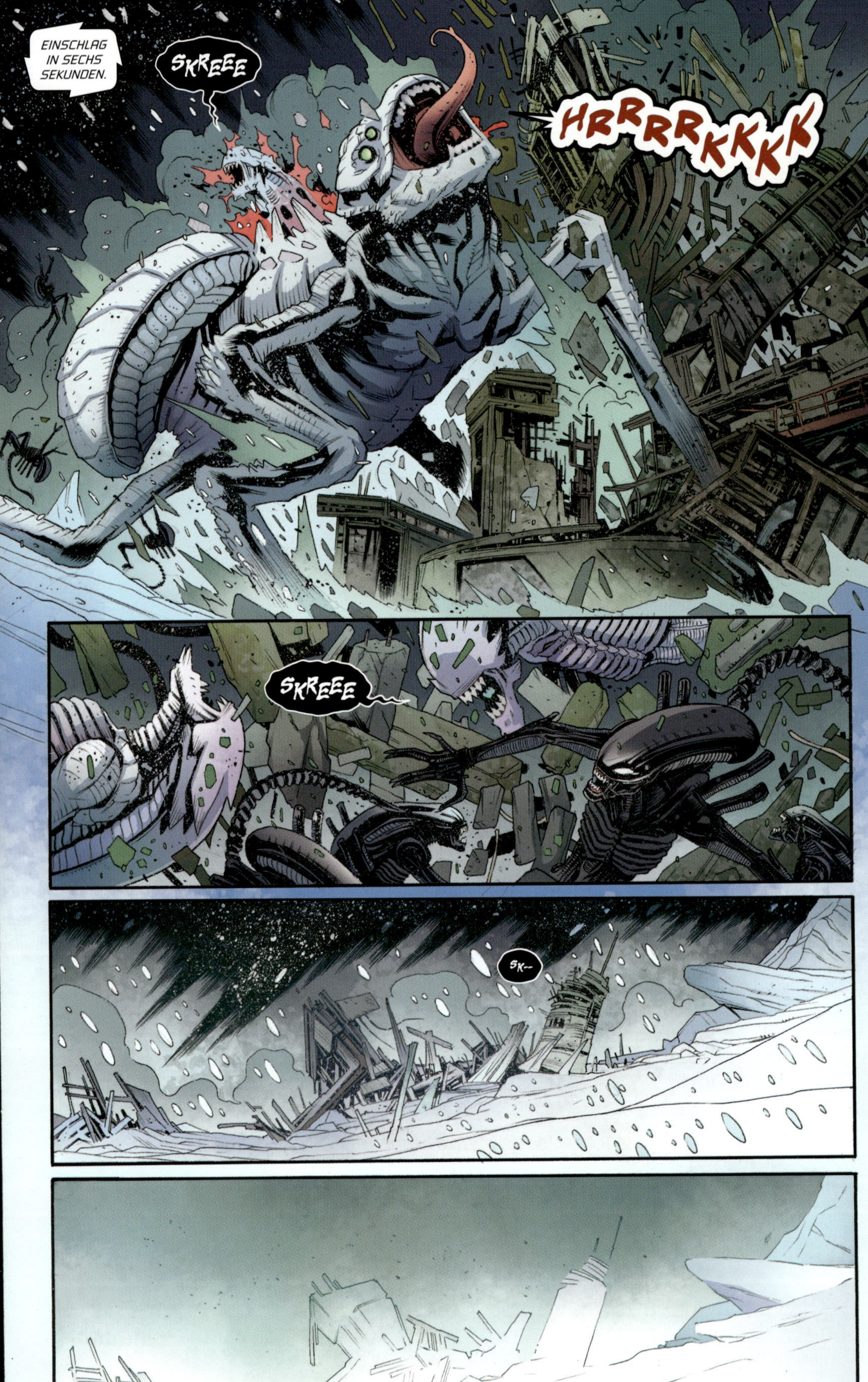
EINSCHLAG IN SECHS SEKUNDEN.
SKREEE
HRRRRKKKK
SKREEE
SK--

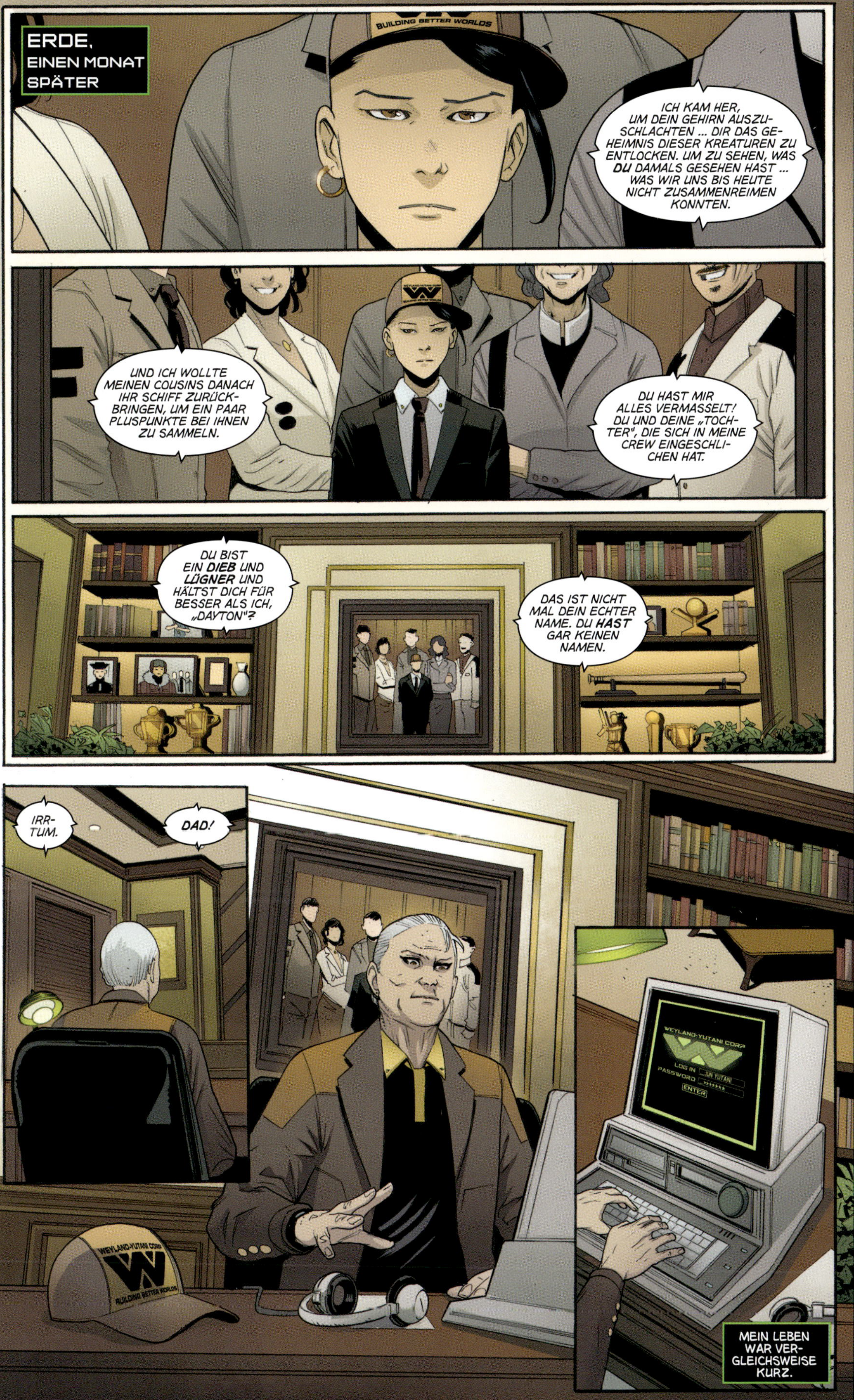

ERDE,
EINEN MONAT
SPÄTER

ICH KAM HER, UM DEIN GEHIRN AUSZUSCHLACHTEN ... DIR DAS GEHEIMNIS DIESER KREATUREN ZU ENTLOCKEN. UM ZU SEHEN, WAS **DU** DAMALS GESEHEN HAST ... WAS WIR UNS BIS HEUTE NICHT ZUSAMMENREIMEN KONNTEN.

UND ICH WOLLTE MEINEN COUSINS DANACH IHR SCHIFF ZURÜCKBRINGEN, UM EIN PAAR PLUSPUNKTE BEI IHNEN ZU SAMMELN.

DU HAST MIR ALLES VERMASSELT! DU UND DEINE „TOCHTER", DIE SICH IN MEINE CREW EINGESCHLICHEN HAT.

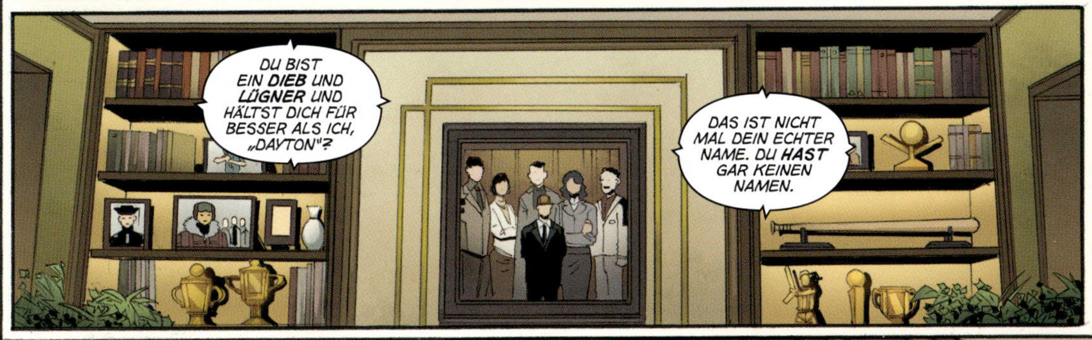

IRRTUM.

DAD!

MEIN LEBEN WAR VERGLEICHSWEISE KURZ.

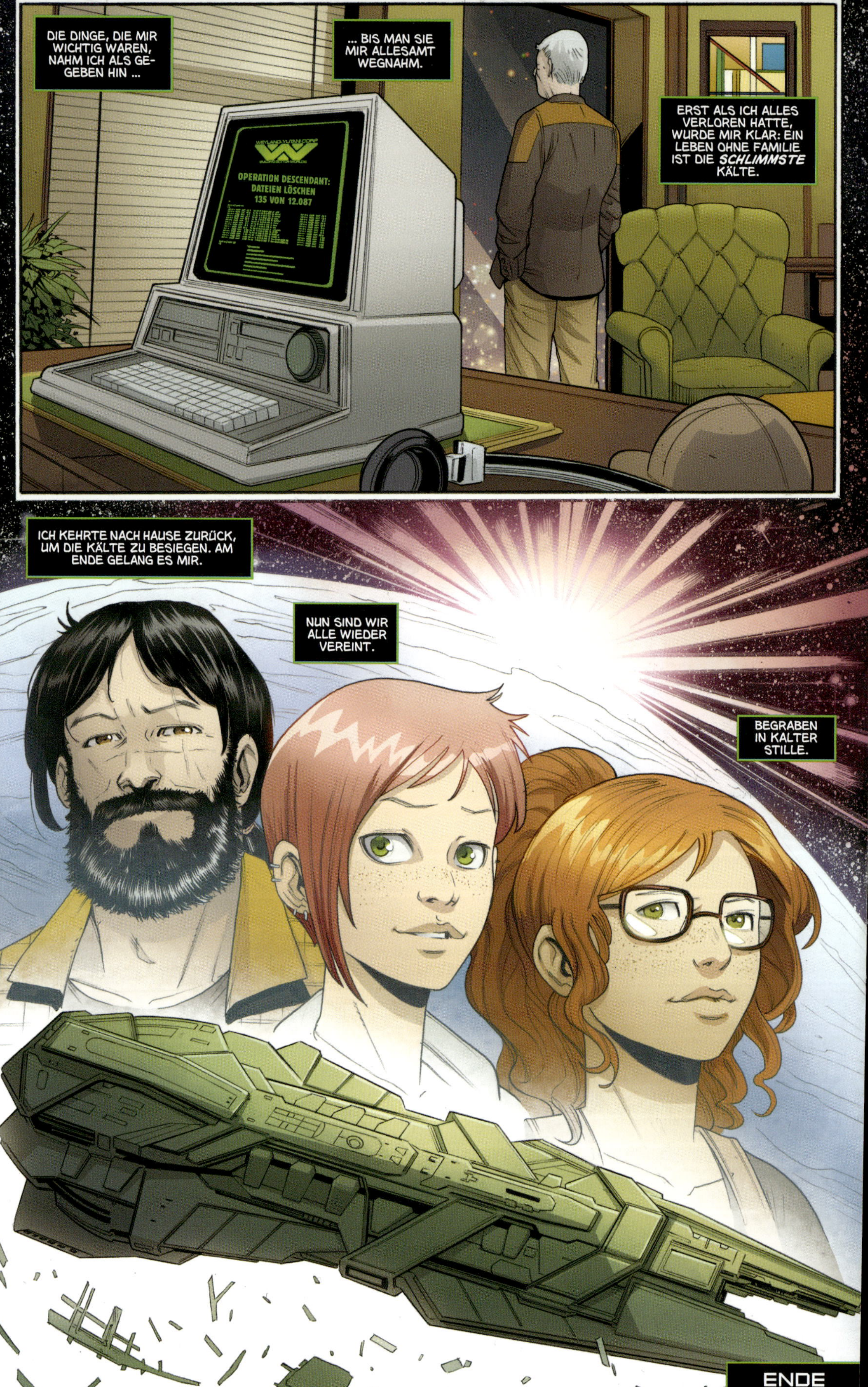
DIE DINGE, DIE MIR WICHTIG WAREN, NAHM ICH ALS GEGEBEN HIN ...
... BIS MAN SIE MIR ALLESAMT WEGNAHM.
OPERATION DESCENDANT: DATEIEN LÖSCHEN 135 VON 12.087
ERST ALS ICH ALLES VERLOREN HATTE, WURDE MIR KLAR: EIN LEBEN OHNE FAMILIE IST DIE *SCHLIMMSTE* KÄLTE.
ICH KEHRTE NACH HAUSE ZURÜCK, UM DIE KÄLTE ZU BESIEGEN. AM ENDE GELANG ES MIR.
NUN SIND WIR ALLE WIEDER VEREINT.
BEGRABEN IN KALTER STILLE.
ENDE

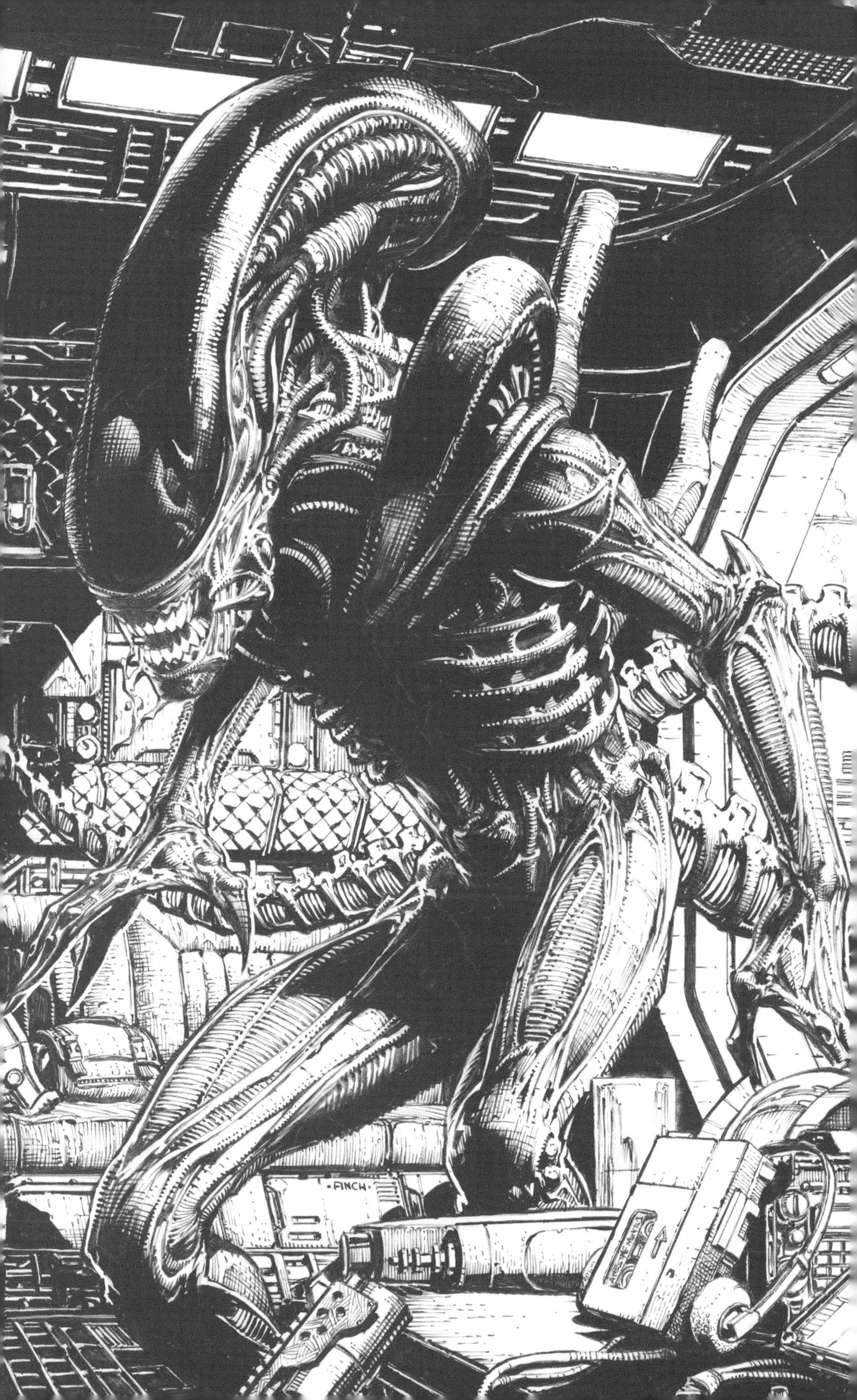
FINCH

DECLAN SHALVEY ist ein irischer Autor und Zeichner, der im Januar 1982 in Dublin geboren wurde. Nach einer kurzen Ausbildungsphase im Segment der Indie-Comics begann er seine professionelle Karriere auf den Seiten des britischen Magazins *Judge Dredd Megazine* und etablierte sich dann auf dem amerikanischen Markt, wo er für BOOM! Studios *28 Days Later*, den Comic-Ableger des berühmten Horrorfilms von Danny Boyle verfasste. Im Jahr 2010 begann er für Marvel an Serien und Miniserien wie *Dark Avengers*, *Fear itself*, *Venom*, *Moon Knight*, *Groot* und *Winter Soldier* zu arbeiten, um nur einige zu nennen. Für DC/Vertigo zeichnete er *Northlanders*, *American Vampire* und *All-Star Batman*. Erwähnenswert ist auch das Projekt *Injection* für Image Comics, an dem er als Co-Autor beteiligt war. Es basiert auf einem Skript von Warren Ellis. Bei Dark Horse entwickelte er *The Massive* nach einer Vorlage von Brian Wood.

Nach seinem Debüt für Sergio Bonelli Editore mit Titeln wie *Dylan Dog* und *Nathan Never* ist der italienische Illustrator **ANDREA BROCCARDO** seit 2015 für US-Verlage am Start. Im Laufe seiner Karriere hat er eine große Anzahl von *Star Wars*-Titeln und etliche Geschichten mit bekannten Marvel-Superhelden gezeichnet, darunter Dr. Strange, Spider-Man, Punisher, Captain Marvel, Man-Thing, X-Men und Avengers. Für DC Comics hat er *Wonder Woman: Agent of Peace* und Superman-Geschichten illustriert. Zusammen mit Mirka Andolfo, David Goy und Barbara Nosenzo ist er Zeichner und Co-Creator der Maxi-Serie *Deep Beyond*, die in Amerika von Image veröffentlicht und in mehrere Sprachen übersetzt wurde. Vor Kurzem hat er sich einen seiner größten Träume erfüllt: einen *Alien*-Comic zu zeichnen. Er lebt mit der Koloristin Barbara Nosenzo, einem Hund, einer Katze und mehreren Goldfischen zusammen.

DANNY EARLS wurde 1989 in Wicklow, Irland, geboren und war, bevor er Comic-Zeichner wurde, Profifußballer. In seinen Dreißigern beschloss er, seine sportliche zugunsten einer künstlerischen Karriere aufzugeben und arbeitet seit 2019 für große US-Comic-Verlage an Titeln wie *Extreme Venomverse*, *Incredible Hulk*, *Venom*, *Marvel Zombies: Black White & Blood* (Marvel); *Superman '78: The Metal Curtain*, *Batman: The Adventures Continue* (DC); *TMNT* (IDW) und Geschichten aus den *Star-Wars*- und *Alien*-Reihen.

Die 1992 geborene **RUTH REDMOND** liebt das Schreiben, Zeichnen und Kolorieren von Comics, seit sie ein kleines Mädchen war. Unter anderem dank der Hilfe und Unterstützung von Jordie Bellaire und Declan Shalvey startete sie eine Karriere in der Comic-Branche und arbeitet heute hauptsächlich als Koloristin für Marvel an Titeln wie *New Mutants*, *Spider-Man* und *Star Wars*.

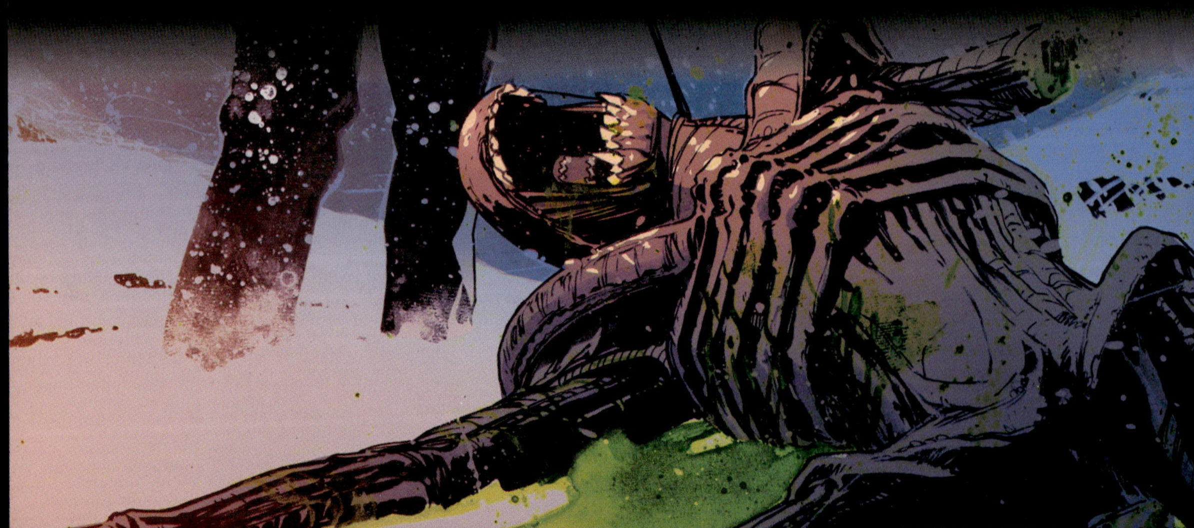